Rethinking
Reconstructing
Reproducing

*

———

"精神译丛"
在汉语的国土
展望世界
致力于
当代精神生活的
反思、重建与再生产

———

*

Metaphysische Anfangsgründe der
Logik im Ausgang von Leibniz

Martin Heidegger

精神译丛·徐晔 陈越 主编
海德格尔集

[德]马丁·海德格尔 著 赵卫国 译

从莱布尼茨出发的
逻辑学的形而上学始基

西北大学出版社

本书受教育部新世纪优秀人才支持计划项目资助,项目号:NCET-10-0559。

马丁·海德格尔

目 录

导 论 / 1
   I. 论传统的逻辑学概念 / 3
   II. 通向哲学的观念 / 9
   III. 亚里士多德对哲学的规定 / 13
   IV. 哲学的基本问题和关于人的问题 / 21
   V. 哲学逻辑学的基本问题 / 25
   VI. 逻辑学的传统划分以及
      返回这种逻辑学之基础的任务 / 29

逻辑学的形而上学始基 / 35
   前 言 / 37

第一部分
基于形而上学基本问题
解构莱布尼茨的判断学说 / 39
   第1节 一般判断结构的特征 / 44
   第2节 判断和真理的观念，真理的基本形式 / 54
   回忆马克斯·舍勒 / 72
   第3节 真理的观念和知识的原则 / 74

总结性回顾 / 80
　　第 4 节　一般知识的理念 / 81
　　第 5 节　真正的存在者之存在的本质规定 / 98
　　　　a）单子作为冲动 / 98
　　　　b）对解释存在之引线的居间考察 / 120
　　　　c）冲动的结构 / 125
　　第 6 节　对一般存在的基本理解（未完成）/ 141
　　第 7 节　判断理论和存在之理解，
　　　　　　逻辑学和存在论 / 141

第二部分
作为逻辑学之基本问题的根据律的形而上学 / 151

第一章　问题维度之发掘 / 165
　　第 8 节　根据律作为思想规则 / 168
　　第 9 节　真理的本质及其
　　　　　　与"根据"的本质关系 / 173
　　　　a）陈述的真理之本质 / 173
　　　　b）意向性和超越 / 180
　　第 10 节　超越问题和存在与时间的问题 / 190

附录　标明一种基础存在论的观念和功能 / 215

第二章　根据的问题 / 223
　　第 11 节　此在的超越 / 225

a）论超越的概念 / 225

　　b）世界的现象 / 239

　　c）自由和世界 / 259

第12节　超越与时间性

　　　　（nihil originarium）（原初的虚无） / 273

第13节　在时间性中形成着的超越和根据的本质 / 294

第14节　根据的本质和逻辑学的观念 / 300

附件　远和近 / 305

编者后记 / 307

译后记 / 313

导 论

Einleitung

I. 论传统的逻辑学概念

"逻辑学"这个词是希腊词 λογική（言语）的缩写；此外还可补以 ἐπιστήμη（知识）:科学(Wissenschaft)①，关于 λόγος（逻各斯）的科学。λόγος 在这里与话语(Rede)同义,更确切地说,在**陈述**、述谓的意义上的话语；这就是：对于某物说些什么：这个物体是重的, 这个三角形是等边的, 康德死于 1804 年,"国王"是个名词, 自然是现存的。这些陈述**把某物规定为某某**,给出某种 determinatio（规定）或表达, 我们把这种规定活动称为**思想**(Denken),因此逻辑学,关于 λόγος（逻各斯）的科学,就是关于思想的科学。而在思想中进行着的规定活动, 作为把某物规定为某某, 同时就总是**关于**……：某物的某种规定, 比如说, 物体被规定为某某, 比如被规定为重的。"关系":关于某物的（被陈述的）某某情况, 述谓, 本身就同时关系到某个存在者, 关于这个存在者的某种规定通过这种规定而被给出。所关涉者(Worüber)是存在者本身, 所针对的(Wovon)是作为述谓之对象的这个所关涉者。所以, 这关系到对存在者本身分环节的揭示和规定, 我们可以这样来展现这个存在者：

1

---

① 德文的"Wissenschaft"本身有更加宽泛的知识、学问、学识等意思, 不仅限于近代自然科学意义上的科学。——译注

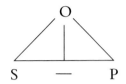

按照其特有的意向,这样理解的规定活动,谋求在陈述所指涉的对象上来衡量自己。在规定或陈述所关涉的对象上的这种衡量,adaequatio(符合),标明了我们一般称为陈述之真理的那种东西。λόγος(逻各斯、话语)可能是合适的或不合适的,真的或假的。每一个实际说出的λόγος(话语),由于本质上总是关于某物的陈述,所以必然不是真的就是假的。(当然,这是我们还要深入思考的一个命题。)

作为λόγος(逻各斯)的科学,逻辑学并不考察所有实际的陈述,每个关于所有可能的或不可能的对象而做出的,真的或假的陈述,甚至也不仅仅考察所有真实的陈述,毋宁说,逻辑学追问那根本上归属于某句λόγος(话)、某个陈述或某个规定活动的东西,思想之本质通常就存在于其中。

而思想是**关于**某物的思想,每一个现实的思想都有其主题,于是关联于某个确定的对象,也就是说,向来关系到某个与我们照面的确定的存在者,某个自然物,某个几何学对象,某个历史事件,某个"语法现象"。这些对象(自然、空间、历史)属于各种不同的领域;它们在其事实性上是不同的,鉴于其所是(Was),每一个事物都完全不同——植物是不同于几何学对象的东西,后者又与比如一本文学著作完全不同——而同样也关系到它们如何存在的方式,自然性的或历史性的。与存在者当时的存在及其如何存在之多样性相应,本就以当时的存在者来衡量的思想之规定，同样也必须考虑到这种多样性；思想的规定活动，即概念的构成，在不同的领域内是不一样的。与之相应，对于这些思想的科学考察从来都各不相同：物理思想、数学思想的逻辑学，哲学的、历史学的、神学的，尤其是哲学思想的逻辑学，这些科目的逻辑学都是包含着事实的；它们都是**质料的逻辑学**。

而一门逻辑学——一门"普遍的"逻辑学，全然既不与对自然的思想规定相关，也与空间或历史无涉——逻辑学的主题全然是关于……的思想，可究竟与什么相关呢？虽然其主题是一般性的关于……的思想——但其对象向来是某个确定的东西。可是，逻辑学的主题并不是关于这个或那个的思想，那么它的主题难道是关于虚无的思想？"无所－思想"（Nichts-denken）是模棱两可的：首先可能意味着：不思想（nicht denken）——但逻辑学作为关于思想的科学，显然根本不会讨论无思想（Nichtdenken）；其次可能指的是：思想那虚无（das Nichts denken），而这就意味着：思想"某种东西"。在对虚无的思想中，或者说，通过努力去思想"它"，我在思想活动中与虚无相关，这虚无就是所关涉的东西。

任何思想作为思想都相关于……；现在如果我一般性地理解思想，那么就是随意地相关于什么。然而，对象的这种随意性并不意味着：根本没有对象，而是说：恰恰总有那么一个，但是随意的一个——任何想得出来的什么东西。思想所相关的——逻辑地看——是随意的且不能通过一般思想的观念来决定。作为关于一般思想的科学，逻辑学当然完全不考察这个或那个，有这样或那样性质的对象的作为思想的思想，它并不注意思想所涉及事物之特殊的是什么和如何存在；而这样放弃当时所思考事物的事实状况和存在形式，并不就表明思想根本不与某种东西相关，而只是说，思想的对象之所是的东西，是随意的——如果思想之所思及者，仅仅一般地作为**某物**面对而立的话。基于这种随意性，特殊的事实状态不起作用，"质料"，对象之所是，是无关紧要的，关键只在于，某物在思想中被一般性地意指。"一般的某物"——不看重其是什么（其质料）——并非明确包含着事实的对象，而仅仅是某对象的"形式"。思想，被理解为关于某物的思想，鉴于随意的事实状况，是形式的思想，区别于质料的、包含事实的思想。这种形式的思想并非不具体，或许是更加具体的，但所包含的事实却处于随意状态。因此，普通逻辑学作为关于形式的思想的科学，就是**形式的逻辑学**。

于是，这种普通逻辑学，纯然的逻辑，讨论的就是一般性地从属于关于某物的思想的东西，讨论一般内在可能与思想相适合的东西，讨论一切思想作为思想都必须满足的规则性的东西。所以，人们也把逻辑学标画为关于思想之形式规则的科学；然而这种描画并不清楚。同样，"真理"的问题，虽然只是在形式方面，从属于逻辑学，也不仅仅就是正确性的问题。正确性和"形式的真理"（即一般真理的形式）并不就是一回事；在康德那里这个问题不清楚。

虽然严格的形式逻辑概念很少或根本没有在其原理方面发展起来，然而在其中本应被把握的东西，部分地——虽然含糊不清——就是那些在亚里士多德的推动下，自斯多亚学派以来，在公元前的最后几百年作为一种教规而形成并固化的东西。

当康德在《纯粹理性批判》第二版序言中（B VIII f.）以如下方式对之言表时，他想到的就是这种逻辑学："逻辑学从最古代以来就已经走上了这条可靠的道路，这从以下情况就可以看出，那就是，它从亚里士多德以来就不允许有任何退步了，如果人们不想把比如删掉一些不必要的细节，或对以前的表述做更清楚的规定以作改进也算上的话，这些东西更多地属于雅致，甚于对科学之可靠保障。然而同样值得注意的是，逻辑学直到现在也不可能有什么进步，所以从一切方面看都好像封闭和完成了……逻辑学如此成功，它的这种优点说到底归功于它的限制，由此，它有权，当然也得感激，抽掉了一切知识的对象及其差别，所以知性在其中除了它自己及其形式之外，不再与其他东西打交道"。康德本人，尽管不完全清楚或没有把握，已经迈出了一步，这是哲学的逻辑学从亚里士多德和柏拉图以来向前迈进的第一步，这件事情我们现在还不必讨论。

可是当人们谈及"逻辑学"时，这样被描画的形式逻辑学，在我们眼前同样也是够模糊的。直到今天，人们对它的描述——尽管也有些顾虑——仍然还是说，它是科学研究的前期准备，同时也是进入哲学之导引。

但对逻辑学的这种评价——本质上或许是正确的——与一种太过常见的经验相对立，这种经验我们无法隐瞒，那就是：这种由哲学教授们不停地讲授的逻辑学并不能使听众感兴趣，它不仅从头到尾单调无聊，而且最终让听众不知所云；他在这种逻辑学和他自己的学科之间找不到任何关联；更不理解它到底有什么用，如果只是为了考试准备一些或多或少还算方便的材料，那也太可怜了，终究是不值得的。这种技术性的和有条理的逻辑学,同样也根本得不到任何哲学的理解;忙于这种逻辑学,只能使学生处于哲学之外,如果它还没有完全使之望而却步的话。

另一方面,确切无疑的是,至少在今天,在对科学的内在抵制,反抗理性的奴隶起义,反对理智主义的斗争大放厥词的时候,还没有任何对于科学或哲学学科的纯正性和内在权利的批判,不管它们是否让听众感到满意。所以,完全或根本不是为了轻松愉快或津津有味地做一场同行讲座,而要求某种不同的逻辑学,唯一的目的在于,由于所谓的逻辑学根本就不是逻辑学,而且不再与哲学有任何共同之处。

到头来,逻辑学实际上还是一般科学研究的前期准备,并有理由同样被视为进入哲学的本质道路——前提是,它本身就是哲学。为此就要求:逻辑学应该是不同的,应该成为哲学的逻辑学!

然而,想要对两千多年的传统进行彻底改造,是怎样的一种冒险行为呢?这种企图终究不是荒谬的吗?难道要创造一种新的逻辑学,发现新的思想规则而推翻老的规则吗?比如矛盾律——用康德的话表述:"任何事物都不适合与之相矛盾的谓词。"(《纯粹理性批判》,A版151,B版190)——还能用一个更好的来代替吗?难道比如说 principium rationis sufficientis(充足理由律)(nihil sine ratione)(没有任何事物没有原因)——此外还可表述为:任何真实的陈述都要求其根据——这些规则,真的会通过某种新的逻辑被弄成可有可无的吗?而如果不是,那么这种企图究竟意欲何为?面对上述思想之基本规则,真的会有什么新的或更好的:哲学追问之更为根本的可能性吗？这些规则难道不完全是自明的，对任何人都是一目了然或确信无疑的吗？人们"表述"的：A=A，非A ≠ A，难道真还可能有超过这种说法的吗？

只是——如果把自明的弄成不自明的，把没问题的弄成成问题的,这恰恰适合于哲学之本质特性的话！如果哲学的任务，就是要把普通理智从其所想象的自以为是中惊醒！如果哲学具有唤醒功能，我们由此而变得清醒，以便看到，在大多情况下，伴随着大量热火朝天的喧哗与挥霍——我们只是在我们的此在的领域之外——同样也在精神性的事物之外四处游荡！如果哲学能放弃那样的事情，那么，我们所提到的逻辑学的观念，最终将同样或恰恰能够原始地得到把握；可以表明，我们面临的任务，丝毫不落后于古代哲学家所必然承担的。

如果我们成功地弄清楚了哲学逻辑学的观念，那么，逻辑学之真正的历史也将同时变得明朗;于是就会表明，其"发展"线索，在亚里士多德和柏拉图那里就已经勾画出来了，但从那以后就一直隐蔽着——尽管经历了莱布尼茨、康德和黑格尔，最终由胡塞尔对逻辑学进行的每一次新的推动。

II. 通向哲学的观念

但一种**哲学的**逻辑学应如何开启呢？我们又应从何处获得其观念呢？

途径似乎很简单，无非就是要界定哲学的概念，并在这种概念之光中去规定逻辑学之所是。然而，这条道路只不过是绕了一大圈；首先的问题就是，我们从何处获取哲学的概念？当然，它不是一个摆在面前的现成东西，我们可以对之有各种看法并交换意见。逻辑学的观念无疑在哲学的观念中有其源头；然而，这对于我们如何或依什么规则来把握这种原初关系的方式和方法却无所言表。

我们选择另一条途径去标画哲学逻辑学的观念：我们尝试这样去松动传统的逻辑学，即弄清楚其核心问题，我们让自己从这种问题本身的内容回溯到其前提条件，通过这种方式，我们直接达到哲学本身；于是，我们就不再需要首先去追问，这种逻辑的问题与哲学有何关系。这种处理方式好处颇多。我们首先要熟悉一下传统逻辑学中所讨论的东西，其内容可能已经枯死——它曾一度发源于活生生的哲学；现在应该使之脱离其僵化，而这样，我们同时就获得一种亲密性，由此，我们视野范围内流传下来的材料就不是随意的，而是被转为哲学的核心问题。我们最终将因此沿着具体的道路获得某种哲学的概念；我们在哲学中得到一种导引，这种导引并不停留于哲学之外，不编造人们对于哲学已经思考的或如今也许可能思考的东西之历史，而是要导入到哲学本身之中。人们根本不能"如此普遍地"进行哲学活动，毋宁说，每一个真正的哲学问题每次都要个别地确定，但另一方面，真正的哲学问题也绝不就是所谓的特殊问题，任何真正的问题都是原则性的。

请注意，有关哲学的学院式讲座之根本性贫瘠，其原因在于，人们总是力求使听众尽最大可能在一个学期之内获悉世上的一切事物，甚至比这还要多，了解其众所周知的宏大轮廓。人们据说要学游泳，但仅限于漫步河边，沉醉于潺潺流水，描述着它所流过的都市和乡村。确切无疑的是，在这种情况下，每个听众都不会被激发起灵感，不会使他内心豁然开朗，使这种光明在他的此在之中不再可能黯淡下去。

所以，通过逻辑学的具体问题，我们就可以进到哲学中。只是，人们可能会说，通过其哲学的根源和问题来松动逻辑学，同样或恰恰就已经先行设定了对哲学的某种理解，因为只有当我们选取并坚守通往那里的方向并真正走上那样的道路，松动才有可能发生。这实际上毋庸置疑。但由此首先只能得出结论，做报告的人必然已经以某种方式洞察到了前进的方向，可以说，他必然已经现实地存在于他想要导向的地方了。他进行引导的方式必然会显露出，他到底真的已经存在在那里——还是只是在描述其他那些同样不曾在那里的人对此所做的猜测。——而同样是为了使听众有某种前瞻，我们最好还是通过一种非常临时的方式，及早在有关哲学的观念上达成一致。这不仅是照顾到这个讲座的特殊进程之需要，而且更多的还是考虑到，您已经为科学或总是叫作——不管明确还是不明确——哲学的东西准备好了您当下的此在。这种事情在何种程度上通过内在的自由已经发生或将要发生，是否这种决断出自背后真实的意愿，这种此在形式的周围状况，究竟在何种程度上就普遍性本身方面被看透，还是有意识地被保留在昏暗模糊或无关紧要的状态之中，所有这一切都是个别人的事情。

如果我们试图临时性地标画哲学的观念，也就是说，指出究竟要在哪里或以何种方式去获取诸如哲学此类的东西，那么，我们就可以选择各种不同的道路，它们并非随意的或偶然的，而可以说只不过是哲学本身的返照。

由于那只有从某种清晰的哲学之观念出发才容易理解的原因,对于描画哲学之观念的一切途径来说本质性的特点在于:哲学的特性只能通过,或在某种历史性的回忆中才能够被描述;而这种回忆只不过就是其所是的东西,只有在当下的自身之领会中才是活生生的,而这就意味着,只有在自己自由地、创造性地把握哲学自身中所蕴藏的任务时才是活生生的。

历史的回忆和眼下的思考并非两条道路,而是每一条通往哲学之观念的道路的两个本质部分。对这种观念的规定,既不能这样进行,即我们想象出比如某种所谓哲学的现代概念,以便随后退回到哲学史,针对那些早先已经被思考或预料,或没有被思考或预料的东西进行拷问;也不适合采取这样的处理方式,即我们从历史中匆忙拾起随便某个哲学,柏拉图或亚里士多德的,要么莱布尼茨或康德的,像固守于臆想出来的真理那样固守于其中,以便随后同样为了现代需求再对之进行修改或扩展。根本就没有什么哲学之概念的历史学的(historische)规定,以及此外所谓的系统的规定,反之亦然,毋宁说,需要的是一种"历史性的"(geschichtlichen)规定。历史学的标画是死的,如果它不是系统的,而系统的标画是空洞的,如果它不是历史学的。这就表明,这种差别是不真实的而且必须被破除。

只有对哲学之观念的哲学的讨论:这种讨论本身**同时**就是**回忆着的 – 眼下的**(erinnernd-augenblicklich zumal)。这里形成了一种原始的统一,即进行着哲学活动的实际此在本身之时间性的统一;由于这种统一,全部的难题必然暴露出来。被回忆的东西只与自己的自由筹划相适合;而不是表面上高贵,实际上卑鄙地依靠随便什么东西，即使是非常令人敬畏的传统。

历史性的回忆之所以是必要的，并不是因为我们已经在我们后面摆出了一段长长的哲学之历史，也不是由于还要重视古人的某种虔诚之要求。甚至说，即便根本不存在明确的哲学史，也要求我们返回或接受每一个人之此在都处于其中的传统，不管我们具有或不具有某种线条清晰的历史意识，不管所要进行追忆的，特意地被称作"哲学"也好，不叫作哲学也罢。

III. 亚里士多德对哲学的规定

哲学地讨论作为回忆着的 - 眼下的哲学之观念，本身可以遵循各种不同的方向。摆在我们面前最近的道路，就是通过与非哲学的科学之比较界定去标画哲学。哲学与科学的关系，虽经一切细枝末节的变化，向来都活生生地存在着，因为它是一种本质性的关系。然而我们不想走这条路，尤其是不想在逻辑学本身的范围之内，忙于思考哲学和实证科学之间的关系的难题。

我们不妨从对哲学的一个直接"定义"出发，如亚里士多德给出的定义；我们恰好选择这种策略，是因为在古代，处于其初步的原初态中的哲学基本问题清楚而具体，当然这并不说明，所有基本问题都已经被提了出来；只是，古代哲学是伟大的开端，而作为那样的开端，其自身之中蕴含着自然还尚未发展出来的财富，以及部分完全隐蔽着的诸多可能性。古代的这种基本的原初性和可靠性，迎合了当今哲学混乱的心理学化的各种闲谈，就是说，与之相应的是**当前的必要性**：使问题回归简单性；唯以此，它们才可能锋芒毕露。

在古代哲学的范围内，我们又选择了亚里士多德，因为他展示了真正的古代哲学发展之顶点。而由于哲学是对人之有限性最根本的自由的关切，所以其本质上就比其他一切更是有限的。亚里士多德本人与某种尽善尽美，甚至他所达到的与最起码的清晰性相去甚远，这直接表现在他对哲学的标画上（形而上学 Γ 1，1003a 21f.；Bonitz）"Εστιν ἐπιστήμη τις ἣ θεωρεῖ τὸ ὂν ᾗ ὂν καὶ τα τούτῳ ὑπάρχοντα καθ' αὑτό. "有那么一门科学，研究作为存在者的存在者，以及这些存在者本身所特有的东西。"他把这门科学称作：（形而上学 E 1，1026a 30）：φιλοσοφία πρώτη——第一哲学，关于首要之物的哲学，排在第一位的或真正意义上的哲学；他在（同上，1026a 31f.）重复了同样的特性：καὶ περὶ τοῦ ὄντος ᾗ ὂν ταύτις ἂν εἴη θεωρῆσαι, καὶ τί ἐστι καὶ τὰ ὑπάρχοντα ᾗ ὄν. "这门科学的任务应当是，就其作为存在者而言去研究存在者，揭示存在者［这方面］之所是，以及作为那存在者所特有的东西。"

哲学的这种特性显得相当抽象而空洞：探究作为存在者的存在者。意思就是：所研究的不是这个或那个存在者，不是这个东西、这块石头、这棵树或这只动物、这个人；也不是研究所有物质性的物体、所有植物、动物、人——这些都是对存在着的东西或存在者的某一个明确领域的某种探究。同样，亚里士多德也没有说，哲学要探究一切存在者总和，对所有这些领域进行概括总结。而是说：被探究的应该是 τὸ ὂν ᾗ ὄν（存在者之为存在者）——存在者，就其是存在者而言，也就是说，唯一着眼于把存在者造就成其所是的存在者的那种东西:存在。

排在第一位的科学，即关于首要的东西的科学，就是关于**存在**的科学。

但"存在"指的是什么似乎仍然处于昏暗之中；对此我们可能毫无概念。某个存在者，这一个或那一个——我们无疑可以将之放在眼前——但存在呢？然而：亚里士多德肯定不会完全清晰明白地断言，存在是什么，而是说，恰恰应该去追问之。一个问题——**这个**哲学的问题就是，以恰当的方式提出这个问题，去澄清那归属于存在本身的东西。存在作为哲学的主题实际上是模糊不清的，只能听任消极的说法：凡适合于作为某个特殊存在者的存在者，都不是哲学的对象。

而同时，亚里士多德谈到了作为 θεολογικὴ（神学）的真正的哲学（φιλοσοφία）（同上，1026a 18ff.）。这种哲学与 αἴτια τοῖς φανεροῖς τῶν θείων，在显明的存在者上表现出来的超强之物的根据相关，…… οὐ γὰρ ἄδηλον ὅτι εἴ που τὸ θεῖον ὑπάρχει, ἐν τῇ τοιαύτῃ φύσει ὑπάρχει, καὶ τὴν τιμιωτάτην δεῖ περὶ τὸ τιμιώτατον γένος εἶναι（显然，如果神随处显现，那么它就显现在这类事物中，所以，最高贵的科学必然研究最高的存在者），最高贵的科学必然是关于最高贵的东西：关于最首要的东西的科学。Τὸ θεῖον（神）意味着：全然的存在者——天穹：全有者（Umgreifende）或超强者，它主宰着我们的沉浮，把我们弄得昏昏沉沉或突然侵袭着我们，它是超强之物。θεολογεῖν（神学）就是对 κόσμος（宇宙）的考察（参见，de mundo 319b 4）。所以我们要牢记：哲学作为第一哲学具有两方面的特点，它是关于存在的科学和关于超强之物的科学（这种双重特性对应于生存和被抛两方面）。

然而，通过这种规定我们只是获得了最初的定位，因为这种科学本身并不简单地明摆着；它并不是直接的财产，就像日常关于各种事物或关于我们自己的知识。πρώτη φιλοσοφία（第一哲学）是 ἐπιστήμη ζητουμένη：被追寻的科学；是那种根本不可能成为固定的财产，而本身只是需要被转送的科学；毋宁说，如果它每次都要重新被追寻的话，它就是那种只能去赢获科学；它恰恰就是一种冒险，一个"颠倒了的世界"；也就是说，对于存在之真正的领会，本身总是首先必须要被获取。

必须追寻的是，属于这种科学之本质。如果说一种追寻，一种对它的爱好是活生生的，更确切地说，这种爱好，它背后有一种关切，一种意愿的话，那么，唯有它是这样的。这种科学是自由自愿的对原始的领会活动之爱好：φιλο-σοφία（爱-智慧）。Φιλεῖν（爱）意味着喜爱，在"信赖着而致力于……"的意义上的喜爱；σοφός 意味着：领会了某种东西，能够处于某事情之前，预料其可能性，一眼就看穿它、把握它的那种人；σοφία 标明的是以恰当的概念领会本质性事物之可能性。因此，亚里士多德在《尼各马可伦理学》中把 σοφία 规定为 ἀρετὴ τέχνης（Z 7, 1141a 12），出色地自由支配自己所熟悉的东西。通常翻译的"智慧"大多不知所云或误引歧途。

在同样的章节（同上，1141b 3ff.）对 σοφός 又有说明：διὸ Ἀναξαγόραν καὶ Θαλῆν καὶ τοὺς τοιούτους σοφοὺς μὲν φρονίμους δ' οὔ φασιν εἶναι, ὅταν ἴδωσιν ἀγνοοῦντας τὰ συμφέροντα ἑαυτοῖς, καὶ περιττὰ μὲν καὶ θαυμαστὰ καὶ χαλεπὰ καὶ δαιμόνια εἰδέναι αὐτούς φασιν, ἄχρηστα δ', ὅτι οὐ τὰ ἀνθρώπινα ἀγαθὰ ζητοῦαιν. 我们解释一下这里对于我们事关重大之意：

因此人们说，阿那克萨哥拉和泰勒斯这类人是 σοφοί——通达者——，因为人们注意到，这些人不关心他们自己的利益或好处，而老是注目于 περιττά——不平凡的东西；超出普通理智的日常视野之外的东西——，注目于 θαυμαστά——令人赞叹，激起惊讶的，即不断催逼着新问题的东西——，注目于 χαλεπά——困难的东西；通过机灵或敏捷的思维方式这种平常手段所无法达到的东西——，注目于 δαιμόνια——那最终或整个总是要遭遇或侵临人的东西（参见，形而上学，A1 和 2）——；那些东西就是 ἄχρηστα——对于日常需要而言毫无用处的东西——；这些人寻求的不是人们通常或一般所重视的东西：享乐和声望。

而一切本质性的、并不明显具有决定性意义的东西，总会跟随着一些只是貌似真实或纯正的东西，**假象**（Schein）。因此，哲学任何时候都必然会有它的一帮随从，它们貌似哲学，装腔作势地效仿哲学，甚至还会凌驾于哲学——而实际上却显得狼狈不堪。φιλόσοφος（爱智慧者）的假象就是 σοφιστής（诡辩家）：他不关注真正的领会，他没有持久的决心，而是偷吃所有的东西，常常还只偷吃最新的，而且大多甚至是那些实际上很名贵的东西，但他仅仅是在偷吃，提早满足简单的猎奇和炫耀。他不是想要领会的人，即不是真正的通达者，而是明白人，在他面前没有什么是可靠的——除了那些他发觉到以他的手段得不到的东西之外；他还干脆不让那些东西存在，而且恰恰是要指出，根本就没有那样的东西，或者说，那是哲学家们的虚构。实际上有没有那种东西，对于他来说是无谓之空谈。*Οἱ γὰρ διαλεκτικοὶ καὶ σοφισταὶ τὸ αὐτὸ μὲν ὑποδύονται σχῆμα τῷ* *φιλοσόφῳ· ἡ γὰρ σοφιστικὴ φαινομένη μόνον σοφία ἐστί.*（辩证家或诡辩者与哲学家穿着同样的衣服，因为诡辩术只是智慧之假象。）(形而上学 Γ 2, 1004b 17ff.；Bonitz)

Φιλοσοφία（哲学），*τοῦ βίου τῇ προαιρέσει*（由于生活之抉择）而与 *σοφιστικη*（诡辩）不同（同上，1004b 24ff.），由于生存预先被侵袭，由于"严肃"（Ernst）。哲学家承担概念之严肃，承担根本性的追问之严肃。一切流俗的、日常的、平庸的东西（没落）都处于这种努力的对立面。与之相反，诡辩家作为明白人和无所不晓者则奉承人们，他使人们相信，他们必须互相关心其灵魂之需求。

Φιλοσοφία（哲学）是对真正的领会之可能性的关切，所以恰恰不是任何知识的名称，可以随意被轮换；不是任何知识或学说的财产。哲学本质上必然被追寻，也就是说，其对象原始地被"赢得"。但哲学从何而知，它应该获得什么样的作为其认识活动的对象呢？

对于真正领会本质性的东西之可能性的关切，或者说，对于这种领会本身之关切，其对象就是**存在**；这个对象是本质性的。针对存在的领会是**最先的**，因为它是对**先于**其他一切而出现的东西之领会，对更早的，prius，比其他一切东西，即个别存在者更早的东西之领会。而比个别存在者更早的就是存在；因为它事先就已经被领会了，可以在任何地方、以任何方式先于诸如存在者之类的东西而露面。

所以，哲学是关于存在的科学；就其致力于概念性的领会和规定，致力于 *ὄν ᾗ ὄν*（存在者之为存在者）的 *λόγος*（逻各斯）而言，就是存在论。这种概念原本绝非希腊人的创造，而是后来首先出现在17世纪,比如在笛卡儿信徒克劳伯格(Cartesianer Clauberg)那里。但只要还没有弄清楚,那样一种科学中包含着怎样的内在可能性和任务,它立于什么样的基础之上,那么仅凭这种标画我们将收获甚微。

请注意,哲学试图把握存在,而不是这个或那个存在者。只是,我们借存在和存在者之差别究竟指的是什么呢?某个现存之物的存在的情况是怎样的呢?比如这块石头:某种颜色、硬度、光泽、空间形状、重量、大小——这些都属于作为存在者的这块石头;所有诸如此类的性质它都"有"(ist),它是这样或那样的。但它的存在——其现成存在或如此这般的存在是怎样的呢?然而,石头的现成存在本身却不是现存的,就像颜色、硬度等等那样,——归石头所有,基于这些我说:它是现存的,即便我没有直接考察它,甚至我本人不存在。我用"我自己"所意指的,同样是一个存在者。如果我不存在,存在者还存在着吗?显然不——"我"属于它。但并不是两个——一个石头和一个我两个存在者。但或许,可以说"我"的那个存在者,其情况是这样的,即它委托给了它的存在,而本身要对这个存在负责。

而第一位的哲学同样也是 θεολογική(神学)。我们由此所指的,是一种附加的说法,是在凑数,是一种世界观吗?哲学是 θεολογική,难道仅仅是为了一个结论吗?还是说,哲学不是存在论就是神学?要么同时是两者?难道说,在"神学"名下所追寻的东西,实际上就包含在全面或根本地被把握了的哲学之本质之中吗?或者说,在亚里士多德那里作为神学而出现的东西,还是其早期的残留物吗?神学是古旧的形而上学,而存在论是新的吗？从一个到另一个有所发展吗？这些问题①不能仅仅通过历史学-语文学的解释②来解决——相反，这些问题本身需要通过对于从传统中生发出来的问题之领会来引导。我们必须首先赢获那些流传下来的东西。③亚里士多德把哲学模棱两可地描画为"存在论"和"神学"，等于什么都没说或者什么都说了，这要看我们自己所携带的原始领会之可能性的情况而定。在什么意义上或在何种程度上神学属于哲学之本质呢？为了说明这一点，我们必须以这样的方式，弄清楚亚里士多德那里 θεολογική（神学）与哲学非常不明确的交叉重叠部分之归属性，就是说，我们将存在论的概念极端化，这样，我们也可以为回答哲学和世界观的关系问题赢得场所。旨在我们的特殊任务，目前本质性的事情仍然是，去描画普遍的视域，哲学的逻辑学必然活动于其中——这种视域，恰恰要通过以哲学的方式具体地探讨逻辑学的基本问题，从而明显而清楚地归我们所有。

如果我们眼下就进行哲学活动的话，那么追溯亚里士多德首先就是要真正地回忆。但在这个讲座的开始，我们还不可能想着把眼下对哲学之本质的思考推进到这样的程度，即我们被置于一种境况之中，直接去领会如何可能使亚里士多德的定义和模棱两可性变得生动起来，我们现在只能指出，对于眼下的思考而言，什么是本质性的东西。

---

① 参见，P. Natorp：《亚里士多德形而上学的主题和编排》，哲学月刊 XXIV，1988：37-65，540-574.
② 参见，W. Jaeger：《亚里士多德，其发展史的奠基》，柏林，1923.
③ 参见，康德："论先验的理想"，《纯粹理性批判》，A571-583，B599-611.

IV. 哲学的基本问题和关于人的问题

哲学必须去追问存在者之存在，这绝不是亚里士多德的任意发明——古代哲学从其开端时就被这个问题所困扰。它绝非一个人们可以随意相互转换的问题；比如说这样，人们考虑一下，现在我们应该研究昆虫还是哺乳动物。

出于同样的原因，由于对存在的追问不是随意的，也不是从外部强加给人的，毋宁说，就其毕竟作为人生存着而言，或多或少在他心中是觉醒的，因为人之此在可以说通过其生存承担了这种追问，所以这种追问作为觉醒中的问题，有其自身的必然性。这种必然性甚至在哲学迈出第一步时就已经展开了，在这里，虽说还不确定，但**战场**首先就变得清晰可见，在其中，关于存在的巨人之战上演了。

在巴门尼德那里，对存在的澄清是沿着思考关于"思想"、*voεῖv*（觉察、思考）、对存在者（*εἶναι*）的认识、关于存在者的知识而进行的。柏拉图揭示的"理念"，是对存在的规定，定位于灵魂与自己的对话（*ψυχη-λόγος*）（灵魂－逻各斯）。由关于 *οὐσία*（实体）的问题所引导，亚里士多德着眼于理性之陈述着的认识活动而获得诸范畴（*λόγος-voῦς*）（逻各斯－努斯）。基于对 substantia（实体）的探究，笛卡儿明确地把第一哲学（prima philosophia）建立在 res cogitans（思想物）、animus（思想、灵魂、精神）上。康德在意识、在自由活动着的主体（自我的自发性）之维度中，先验地，即存在论地走向了定位于存在的难题（经验之可能性问题）。对于黑格尔来说，则从主体出发来规定实体。

关于存在之战集中于思想、陈述、灵魂、主体……的领域，人之此在被推到了中心！这是为什么呢？战争在这个领域中展开，这是偶然的吗？难道这在于哲学家们的喜好，按照其所谓的世界观或伦理道德，依他们个人恰好视"自我"之重要程度而定吗？是对于灵魂内在状态的特殊幻想，还是对自由人格的特殊高估，或者是盲目的主观主义，那时就这个基本问题，选择了人之此在本身作为战争的场所？都不是！而是基本问题的事实内容本身，或者说唯有这种东西才要求这样的战场，将人之此在本身造就成这种突出的领域。因为这个领域不是这场战争曾被置于其中的漠不相关的看场，而是说，战争本身就是从这个领域的土壤中生长出来的，它从人之此在本身中爆发出来——更确切地说，之所以明显，是因为关于存在的问题，对存在之领会的关切，就是生存之基本的规定。

人们一旦理解了这些，那么，目前唯一的任务就是要认识到，这样的人之此在本身是一种存在者，因此本身就落入到关于存在者之存在的问题之中。而如果此在本身表现为哲学核心难题的战争地，那么，战争地本身——**着眼于存在之引导性问题**——越是清楚、严格、原始地被草拟出来，这种难题必然就越可能更清楚、严格、原始地形成。这就是说：考虑到存在的引导性问题，那种本质上是问题之根据和基础的存在者，即人之此在，其特殊的存在首先就被充分地确定下来。

沿着这个基本问题的方向，人之此在的决定性规定在于洞见到，我们称作**存在之领会**的那种东西，属于此在之存在状况。人之此在是那样一种存在者，它本质性地归属于那种存在方式本身，即去领会诸如存在那样的东西，我们称之为此在的超越，原始超越（见 II，讲座的主要部分）。基于这种根据，此在与存在者相关，它向来已经被抛向存在者之整体。

对存在的领会并非多种禀赋之一，而是此在本身之可能性的基本条件。由于去领会存在属于人的本质状况，那么以上述形式对于存在的追问，当然就是那对于人本身的追问。人之此在在自己本身之中，通过其最本己的历史，承载着哲学之命运；人之此在只转交给这种命运，而它反过来交送出人的诸多可能性。

哲学的基本问题，关于存在的问题，本身就是正确理解了的关于人的问题；正确地理解，它是一个关于人的问题，人隐蔽地生活在哲学之历史中并在其继续前行，但每时每刻都想要被重新置于光明之中。然而，关键在于，我们要着眼于存在的问题而提出关于人的问题；于是，这个问题将远离那些就自己或他人内心生活嘈杂喧闹的装腔作势。

这个关于人的基本哲学问题先于一切心理学、人类学和性格学，但同样先于任何伦理学和社会学。只要在这个问题或多或少明确活跃起来的地方，到处都会以其随从的形式出现上述学科，甚至代替它而被当作是本质性的东西，但这只能说明这一点：即这个问题——因而哲学的基本问题——并非或根本不是显而易见的。为此，它同时还不停地遭到诡辩术的威胁。使人以一种懒散而有趣的方式对人感兴趣，当着他的面清算其复杂性、能力、立足点、片面性和不彻底性，并且说，这就是哲学，还有什么比这更容易的吗？关键在于，在正确理解了的关于人的基本哲学问题中，这种诡辩意义上的人完全是无关紧要的。哲学根本不会"忙于"这种忙忙碌碌意义上的人,在这种意义上,他根本不可能得到足够的重视。

我们当前的根本错误之一就在于,认为只要在浅滩上翻来覆去地寻找,就可以由此获得对人的"深度"把握。人之此在,只有当他本身通过其生存,首先成功地把自己抛得高于他自己——即投向其界限时,他才能获得深度。只有从这种高抛的高处,才能看到其真实的深度。

在哲学之存在论的基本问题那里,无论如何都会同时涉及存在者之整体,因此同样涉及人之生存,也就是说,进行着哲学活动者之生存向来由此而被决定,在亚里士多德那里是这样表述的,即"第一哲学"同时就是 $θεολογική$(神学)。哲学就其最内在的根据而言,是最根本的、普遍的和严格的概念性的知识——而这种知识之真理,绝不是那种漂浮不定的、随意就可知的、关于随便什么事实状况的说教。哲学真理的试金石唯一就在于,个别做哲学活动的人对自己本身的忠诚。

我们做哲学活动不是为了成为哲学家,同样也不是为我们或其他人谋得什么救苦救难的世界观,人们可以像斗篷或帽子一样添置。哲学的目的不是有价值的知识之体系,也不是对踌躇之灵魂的感伤振奋。只有已下决断之人才能进行哲学活动,赋予此在其根本或普遍的-本质可能性以自由的身份,只有这种身份才适宜于顶住持续的不可靠性和被撕裂的冲突,与此同时,尤其还要对于日常空谈保持无动于衷。实际上确有一种哲学的世界观,但它不是哲学的结果,也不能将之另作为对生活的实践指导,毋宁说,它就在于哲学活动本身之中。因此,哲学的世界观也绝非拿着哲学家有关伦理问题或许明确说过的话照本宣科，而是只有在哲学工作整体之所是中才会公开出来。

所以，哲学关切之成果与具体科学之掌握，具有根本不同的特点。虽说哲学活动必然——或恰恰——总是要贯穿严格的概念性知识或必须以之为媒介，但这种知识其真正的内容，只有当完整的生存同时通过这种知识，在其由哲学所追寻的根源处被侵袭时——处于自由之中时，才能够得到把握。

关于存在的问题及其变化和可能性，其核心是正确理解了的关于人的问题。和宇宙天体世界之持久相比，人之生存及其历史当然终究是最短暂易逝的，只是"一瞬间"而已——但这种短暂易逝可以说是存在之最高形式，如果它成为从**自由**所出而向自由所归的生存活动的话。存在和存在方式之高度并不取决于持久！

V. 哲学逻辑学的基本问题

对哲学的粗略勾画可能明显造成了两重意思：1. 哲学是关于存在之严格的概念性知识，2. 但只有当这种把握本身以哲学的方式侵袭处于自由之中的此在时，它才是那种知识。

请注意，您不能通过阅读大量的或各种不同的哲学书籍而达到哲学，同样也不能通过为宇宙之谜伤脑筋而接近哲学，唯一而可靠的方式是，您不要回避那本质性的，在您目前准备进行本质性钻研的此在之中所迎向的东西；不回避是决定性的，因为哲学潜在于每一个人的生存之中，它无需从随便什么地方才被搬来。

所有这一切与"逻辑学"何干？逻辑学与生存之自由有什么关系？这里关于此在的基本问题应该是怎样的？逻辑学恰恰不讨论存在，而是思想。"思想"当然是人的一种活动或行为，而且只是其中之一，所以，对思想的考察，作为一种人的行为，就应该落到关于人的科学，人类学的领域中。这些考察当然不以哲学的方式为主，而只是报道人们在思考时所具有的一些表征，描述人们可以怎样多种不同的方式进行思想，所以原始人的"思想"不同于我们而遵循着其他的规则。无疑，这种人类学的或心理学的关于思想的形式和类型问题都不是哲学的——悬而未决的是，这些问题是否就是唯一的，甚至唯此才是根本性的问题。

如果思想是此在的一种行为方式，如果它绝不会被托付给任意性，而是服从规则的话，那么问题就变成了：属于思想本身的基本规则是怎样的，这些法则或规范之特点究竟是怎样的呢？我们只能通过解释思想之基本规则的途径来赢获答案，这些基本规则根本地从属于其本质。

"基本－原则"（Grund-Sätze）意味着什么，其本质是什么？有什么样的基本原则呢？流传下来的有：principium identitatis（同一律）、principium contradictionis（矛盾律）、principium exclusi tertii（排中律）和 principium rationis sufficientis（充足理由律）。全部就这些吗？它们有什么顺序，有什么样的内在关系？它们的基础和必然性何在？它们与自然规律、心理学的或道德的法则有关系吗？它们有何种特性，以至于此在要服从它们？

思想的这种合法性特点，要返回到其可能性之条件的问题：如何去撰述那种服从那些规则的存在者，即此在本身，以便能够处于那样的合法性之中。此在如何依其本性而"存在"，以至于诸如逻辑合法性之类的那种约束，得以从此在中或对于此在而生发出来。

这种基本-原则（Grund-Sätze）不是除去思想之外的、从其他什么地方被规定的规则，毋宁说，它们是一般原则（Sätze）之根据（Gründ），使思想得以可能之根据；而之所以如此，又只是因为它们是对于领会、生存、存在之领会、此在、原始超越而言的根据。

现在清楚了，随着那样的难题，我们已经直接处于此在之存在状况的问题领域之中了。更为明确的是：约束或合法性本身，在自身之中先行设定了自由，作为其自身得以可能之根据。只有那作为自由生物而生存着的东西，才可能作为有约束性的东西，与某种合法性有根本的牵连，只有自由才可能是约束之根源。**逻辑学的基本问题，思想之合法性，自行揭示为人之生存其根据的问题，揭示为自由的问题。**

在最初标画形式逻辑的观念及其对象时我们就看到：在作为关于某物的思想的思想中包含着这样的意图，即，去衡量思想所关涉的以及通过思想所规定的东西，也就是说，弄清楚自在的思想所关涉的东西本身，去揭示并作为被揭示的东西使之变得可通达。思想着的规定活动就是揭示着的，或者说，遮蔽着的，也就是说，是真的或假的。假是真的消极方式，是不-真。思想本身无论如何总是一种揭示着的存在，**真的存在**（Wahrsein）。

这如何可能，诸如此类的东西如何可能接近作为此在之行为的思想：成为真的，或者说，活动于真或假的选择之中呢？真理是什么？真理究竟以何种方式"存在"，当然它不是什么物件或诸如此类的东西？真理如何属于人之此在本身？这种关于在－世界－之中－存在的问题返回到此在之超越的问题上，而如果思想之真理由于其合－规则性被共同规定的话，真理的问题就与合法性，即自由问题结合到了一起。

真实的思想，通过在思想所关涉者上的衡量，在存在者本身中，寻找它所依靠或以之为根据的东西。一切真实的思想都自行奠－基或具有确定的奠基之可能性。我们又要问：思想之真理以及这思想本身必然——或可能拥有某种像**根据**这样的东西，原因何在？根据究竟意味着什么？根据或此在彼此如何相处？根据、真理、合法性和自由如何因与思想相关而关联在一起？

思想活动，我们说，是规定活动，determinare；最简单的形式是：把某物规定为某某——"作为某某"的意思是：作为这样或那样。问题是：这种"作为某物"意思是什么？返回到另外一个东西，从这另一个东西出发，先前给予的东西得以规定，这说明什么？我们称之为把握或**概念**的那种理解某物的基本形式，何种程度上在这里事先形成？把握活动如何与奠基活动，并因此与真理或合法性相关？概念和自由如何相互归属？

最后：规定着的思想作为关于存在者的思想，以某种特有的方式表述存在者之存在；简单的陈述：A **是** b，以最基本的形式表明了这一点。然而，这个"是"没有必要诉诸语言表达出来，它甚至就包含在诸如"车在走""天在下雨"这样的话语之中（pluit）（在下雨）。这种在话语中直接出现的"存在"

被标画为 Kopula（系词）。规定着的思想以其基本形式就这样直接与"是"、与存在连生在一起，这表明，思想和存在之间必然存在着某种特有的关系；我们完全不必考虑，思想本身就是一种存在者或本身就指向存在者。问题产生了：这种作为系词的存在，如何与概念、根据、真理、合法性、自由相关？

于是，对于思想的非常粗略的考察，就已经预见了全部本质性关系的多样性，直接指点着哲学基本问题的维度。**哲学逻辑学**的可能性和必然性已经更加不陌生了。

同样变得清楚的是：只有当我们现实地以哲学的方式，事先为领会那些在真理、根据、自由、概念、存在的名下所意味着的东西做好准备，才会有可能赢获对此在之形式的领会，我们作为对科学负有义务的人，就是以这种形式活动着。

我们是否在真正的意义上通过逻辑学而学会思想，这取决于，我们是否足以领会了思想其内在的可能性，也就是说，着眼于合法性、真理、根据、概念、存在和自由而去领会。如果我们将这种领会活动据为己有，哪怕只是一点儿基本特征，那么，我们才可以保证从其内在界限出发，彻查我们所从事的每一门实证科学，只有这样，我们才能够获得在我们之中的科学，即获得自由的财富。而这样被占有的科学，唯有这种科学，才向来是思想之真正的磨炼。

VI. 逻辑学的传统划分以及
返回这种逻辑学之基础的任务

通过返回到诸如真理、根据、概念、合法性、自由此类的东西，我们寻求哲学的逻辑学，或者更准确地说：**逻辑学的形而上学的始基**（initia logicae）。

我们试图通过批判性地拆除传统逻辑学其隐蔽的基础的方式，返回到这些基本问题，并由此返回具体进入哲学本身的入口。

而现在的情况恰恰是，逻辑学的历史，如果人们不仅看到结果，而且看到其当时或多或少明确从哲学中的生发，那它就不仅仅是非常详尽和错综复杂的；它同样显示出许多重要的阶段，我们首先通过一些名字来标画：柏拉图、亚里士多德、斯多亚、中世纪、莱布尼茨、康德、黑格尔、19 世纪以及向 20 世纪过渡时期：洛采、西格瓦特、胡塞尔。我们不可能在这个讲座中除了处理问题本身之外，还勾画出这种逻辑学历史的图景，我们必须尝试着瞄准核心问题，力求为进行历史性回忆赢得一个合适的位置。

一个合适的位置——这就是说：我们似乎必须在这里找到那样一个传统逻辑学的课题分类，只有从其出发，才可能稳妥地返回前面指出的各种基本问题。那样的一个历史性位置，实际上我们可以找得到：在莱布尼茨（1646—1716）那里。古代和中世纪传统逻辑学不仅以一种自明的、新的形式汇集在他那里；他同时推动了新的问题之提法，指出了部分最近的时代才开始着手的任务。所以，我们从莱布尼茨出发，返回到古代并前进到当代，为逻辑学的基本问题谋得重要的视角。

当然，我们并没有莱布尼茨关于逻辑学的系统描述；和通常情况一样，他遗留下来的本质性的东西，都散落在书信、小短文或即兴手稿、计划纲要中。所以，我们不要想着详尽地去组织呈现他的学说，我们也不想要历史的报道，而是抓住机会以推进问题本身。

但如果我们已经想好首先瞄准莱布尼茨，那么总还会有问题：我们应该选取什么样的传统逻辑学的对象？它究竟在讨论些什么？

让我们再次面对已经描述过的形式逻辑学。如前所述，它是关于 λόγος（逻各斯）的科学，关于以陈述的方式将某物规定为某物的科学。这里的"陈述"模棱两可，可以指的是：做一个陈述，不同于沉默或矜持的**传达活动**；这种陈述必然总是一种语言的表达。但"陈述"同样也可以，甚至这里主要是指：关于某物说些什么，"A 是 b"，b 从属于 A 而得到规定——在述谓意义上的陈述。λόγος（逻各斯）的这种陈述-特性，最清楚地出现在亚里士多德所给出的描画中。

亚里士多德在一篇短小而难解的论文中专门讨论了 λόγος（逻各斯），其标题是：περὶ ἑρμηνείας（de interpretatione，《解释篇》）。在那里（章 4, 16b 26ff.; Waitz）亚里士多德说：*Λόγος δέ ἐστι φωνὴ σημαντική, ἧς τῶν μερῶν τι σημαντικόν ἐστι κεχωρισμένον, ὡς φάσις ἀλλ' οὐχ ὡς κατάφασις. λέγω δέ, οἷον ἄνθρωπος σημαίνει μέν τι, ἀλλ' οὐχ ὅτι ἔστιν ἢ οὐκ ἔστι· ἀλλ' ἔσται κατάφασις ἢ ἀπόφασις, ἐάν τι προστεθῇ.* 我们翻译为：话语，陈述，是一种有声的语言表达，示意着某些东西，自身中隐含着某种意义内容，固然，这种话语的每个部分本身还分别具有某种含义，作为简单的关于某物的言说（φάσις）（言词、陈述），但不作为认可（Zu-sage）（κατάφασις，"人在那里被激发"；κατά：自上而下落到某物上）。所以比如"人"这个术语本身就意味着某种东

西（我们说：当我们听到这个词的时候，我们就此可以想到某种东西），但单纯说出这个孤立的词却表达不出，某人活着还是没活着，而当某某被添加到这个孤立的词上的时候，这个言说就变成 κατάφασις（应和）或 ἀπόφασις（否决），变成认可（Zusage）或拒绝（Absage）（即他活着或者没活着）。

据此，每一个陈述作为把某物规定为某某，都要么是认可，要么是拒绝；完全严格按字面理解这个表述：认可意味着归属的被判给，拒绝意味着不归属的被剥夺。波埃修（Boëthius，约 480—524）在他翻译亚里士多德著作及其对逻辑学书籍和波菲利（Porphyrius）进行评注时，用 dictio 翻译 φάσις（言词、陈述），用 affirmatio（肯定）翻译 κατάφασις（应和），用 negatio（否定）翻译 ἀπόφασις（否决），这个区别就对应着后来的肯定和否定的判断。"判断"就是如今大多惯用于表达 λόγος（逻各斯）的术语。

我们同样看到亚里士多德的这种考查方式，是多么坚决地定位于 λόγος（逻各斯）的话语形式方面，据说，逻各斯表达了若干本身含义丰富的词的紧密结合（σομπλοκή；nexus、connexio）。比如拉丁语 "pluit"，在下雨（es regnet），同样是一句 λόγος（话），更确切地说，一种 κατάφασις——尽管只有一个 "词" 组成。当然，这是一个特殊的问题：下雨之陈述所指究竟是什么；"在下雨"——这个 "es" 意味着什么？

总而言之，最初对 λόγος（逻各斯）的重要标画，就把它理解为**表象的连结**，理解为意义的结合，概念的联系。因此，这些个别的表象、意义或概念就成了 λόγος 的基本组成部分；*τὰ μὲν οὖν ὀνόματα αὐτὰ καὶ τὰ ῥήματα ἔοικε τῷ ἄνευ συνθέσεως καὶ* διαιρέσεως νοήματι.(《关于解释》1，16a 13f.)(一个名词或动词本身非常类似于一个既不结合也不分离的概念或思想。)于是，似乎可以通过这样一条道路着手对 λόγος 进行说明，那就是，人们可以从 λόγος 由以组成的东西出发：λόγος 的基本要素就是概念，所以，关于（作为判断）的 λόγος 的学说，就把关于概念的学说放在前面。另一方面，思想也发生在个别陈述的结合或连结中，具有确定的关联形式——A 是 B，B 是 C，所以 A 是 C。这种判断之连结，人们称之为推论。

这样就形成了逻辑学的三个主要部分：关于概念、关于判断和关于推论的学说。虽然亚里士多德探讨了所有这三个主要部分——但他并没有计划要建立这样一门学科，这只是发生在后来学院式地消化亚里士多德哲学中。对那些讨论本质性的逻辑问题的著作的整理和命名，同样出自这段时间，它们被冠以标题："Organon"（工具论）。在这个标题中，已经表达出对逻辑学肤浅的一技术化的理解。从那以后"工具论"就是指：亚里士多德的逻辑，这"工具论"包括五个，或者说六个关于逻辑问题的不同的探究和讨论；传统的编排来自于系统化的观点："Categoriae"（范畴论）、"De interpretatione"（解释论）、"Analytica priora"（先天分析论）（关于推论）、"Analytica posteriora"（后天分析论）（证明和认识的原则；与存在论的关系比与第一个分析论更紧密）、"Topica"（正位论）（概率推论）以及"De sophisticis elenchis"（辩谬论）（关于虚假推论；大多算归正位论）。①

---

① 总还算最好的带注释的单行本是：Th.Waitz, Aristotelis Organon Graece, 2Bde, Leipzig 1844 u. 1846 [Nchdruck Aalen1965].

那么，亚里士多德就已经确信，在陈述着的规定、判断的意义上的 λόγος（逻各斯）明显表现着逻辑的基本现象。因为首先，它是一种原始的统一；即使可能分散在个别的概念中，所以还没有使这些分散的要素构成整体，所缺的恰恰是其本质的统一。λόγος 不是两个概念的相加或相互并列，而统一的结果，最终恰恰是思想、νοεῖν（觉察、思考）或 διανοεῖν（通察）之本质性的东西。第二，只有这种统一才可能是真的或假的；所以它是那种特性的承载者，而那种特性突显着知识本身。

同样的思考也直接导致了近来在判断或关于判断的学说中寻找逻辑学的核心问题。对判断（陈述）学说的这种偏爱，无疑蕴藏着某些正确的东西——尽管对此的奠基仍然停留在表面上。

所以，我们就想借助莱布尼茨关于判断的学说，专注于我们在逻辑学基本问题上最初的定位，并尝试着由此出发，将主要线索纳入到上述问题：原则之合法性、真理、概念、根据和自由的哲学维度之中。

逻辑学的形而上学始基

Metaphysische Anfangsgründe der Logik

前　言

　　形而上学的概念，包含前面所描述过的意义上的"存在论"和"神学"的统一。除此之外还要注意，这个概念本身有其书籍编纂方面的来源：$μετὰ\ τὰ\ φυσικά$ ——物理学之后的一些论文；由于它们具有一些特殊的内容，即存在论和神学。书籍编纂的标题变成了内容的标志：$μετά$ ——"在之上"，$φυσικά$ ——存在者的一切存在性质种类；形而上学的主题是，"位于"存在者之上的东西——在哪里或如何，并没有说。这关系到：a）存在本身，b）存在者之整体。书目之前后接续变成了上下相叠，变成了存在与存在者之等级。

第一部分

基于形而上学基本问题解构莱布尼茨的判断学说

Destruktion der Leibnizschen Urteilslehre auf die Metaphysischen Grundprobleme

如果我们现在想要弄清楚莱布尼茨的判断学说，那么绝不是要获得某种随意的信息，获得以前众多哲学家之一给我们关于判断的教导，而是思考那使一般思想得以可能的东西之具体途径。因此，我们必须特别注意，在这里思想如何被收入视线，规定了什么样的基本结构，它在何种程度上被奠基，以及是什么给思想的这种特性提供了根据。

思想总是关于对象或关于存在者的思想，作为关于……的思想，思想处于与存在者之关系之中。思想如何与存在者相关？思想本身是此在的一种行为，因而是一种去存在的方式——作为面对其他存在者的存在者（此在）而去存在。如果思想成为主题，那么各种存在关系由此就成为主题性的。

我们应该从何处出发规定思想和存在的关系，什么是最切近的？对于笛卡儿、斯宾诺莎和莱布尼茨来说，思想最切近。所以存在后于思想吗？于是，存在者通常或原则上必须这样存在，即无一例外地可以在思想中得到规定。按照这种普遍清晰性的假定，真理的条件就是存在之先行条件。Cum Deus calculat et cogitationem exercet, fit mundus。[①] "当神（借可见的标志）预

[①] 《哥特弗雷德·威廉·莱布尼茨的哲学著作》，Hrsg. Von C. I. Gerhardt, 7 Bde., Berlin 1875—1890 [Nachdruck Hildeheim 1960—1961]；Bd. VII, S. 191 Amm。这段话：Cum Deus calculate…fit mundus是众所周知的；它也用于 L. Couturat: La Logique de Leibniz《莱布尼茨的逻辑学》一书的题词，D'après des documents inédits, Paris 1901 [Nachdruck Hildeheim 1960—1961].

计并将其思想转化为事实的时候,世界就产生了。"①要从思想之本质出发,从界定那些属于一般被思想的东西出发,从被思想的东西本身出发,去规定存在者本身,即存在。道路是,从思想之本质到存在之本质,从逻辑学到存在论。

难道要反过来,逻辑学立足于存在论?人们知道,逻辑学的生成史,很大程度上就是通过这种关系被规定的;说亚里士多德的逻辑学基于他的形而上学,这是老生常谈。当然,近代笼罩在cogito-sum(我思–我在)中的理性主义,所面临的任务就是要使逻辑学摆脱这种约束。

在莱布尼茨那里,对逻辑学和形而上学之关系的评判是有争议的②,然而,借助这种二选一的抉择将毫无进展。学科之间的关系必须通过问题和事实内容本身来决定;这些学科不能被视作固定的标志;两个学科当然可能有这种情况,其边界不足以得到明确规定。我们想要展现莱布尼茨的判断学说及其维度,就此而言可能只是略微触及那种争议。

我们追问判断之维度,也就是说,追问那种关系,以之为基础,某种诸如一般判断那样的东西得以可能。我们已经多次指出:判断或陈述,本身具有某种结构;作为陈述着的规定活动,其目标指向知识,旨在真理;作为行为,它服从某种基本原则;作为关于存在者的知识,它根本性地与那种存在者相关。因此,我们

---

① 按照,D. Mahnke:《莱布尼茨对普遍数学和个体形而上学的综合》,出自《哲学和现象学研究年鉴》第VII卷或单行本,Halle 1925 [Nachdruck Stuttgart-Bad Cannstatt 1964],43.

② 《作为莱布尼茨形而上学基础的逻辑学》——同样 B.Russel:《莱布尼茨哲学的批判性阐释》,Cambridge 1900;同样,前面已经提到 L.Couturat 的书:La Logique de Leibniz《莱布尼茨的逻辑学》,或许是最有价值的关于莱布尼茨的研究。迄今为止所尝试进行的反证都不成功。

对莱布尼茨判断学说的解构将分为以下几个方面：

1. 一般判断结构的特征——包含论（Inklusionstheorie）。

2. 判断和真理的观念，真理的基本-形式——veritas rationis（理性真理）和 veritas facti（事实真理）或者 vérité de raision（理性真理）和 vérité de fait（事实真理）。

3. 真理的观念和知识的原则——principium identitatis（同一律）、principium contradictionis（矛盾律）和 principium rationis sufficientis（充足理由律）（Die mathesis universalis［普遍数学］和知识的统一）。

4. 一般知识的理念——der intuitus（直观）。

5. 真正的存在者之存在的本质规定作为知识之可能的对象——die Monade（单子）。

6. 对一般存在的基本理解——essentia（本质）和 conatus existentiae（追求存在）。

7. 判断理论和存在之理解——逻辑学和存在论。[①]

[①] 以下著作提到了逻辑学的近代发展和当前状况：Die Logik von Port Royal《波特·罗伊尔的逻辑学》：La Logique ou I'Art de Penser，1662；经常被再版。——Kants Vorlesung über Logik《康德关于逻辑学的讲座》，hrsg. V. Jaesche 1800；Aad.-Ausg. Bd. IX. ——C. Sigwart：Logik《逻辑学》，2Bde.1873；4. Aufl. 1911. ——H. Lotze：Logik《逻辑学》，1874，2. Aufl. 1879；1912年由G. Misch 重新出版，带有一个很有价值的导言；还有1843年的die（kleine）Logik《简要逻辑学》。——W. Schuppe：Erkenntnistheoretische Logik《知识论的逻辑学》，1878. ——J. Bergmann：Reine Logik《纯粹逻辑学》，1879. ——Husserl：Logische Untersuchungen《逻辑研究》1900/01；目前第4版。——A. Pfänder：Logik《逻辑学》（Jahrbuch für Philosophie und phänomenologische Forschung《哲学和现象学研究年鉴》Bd. IV u. separat，1921）；是一本真正的手册。——除此之外，作为资料汇编，C. Prantl：Geschichte der Logik im Abendlande《西方逻辑学史》，4 Bde. 1855—1870.

第 1 节 一般判断结构的特征

今天，我们将学着更清楚地看待近代哲学与中世纪经院哲学，并由此与古代哲学，特别是亚里士多德的关系。可以预料，莱布尼茨的判断学说不完全是新的，而是被传统，被中世纪和古代传统所规定的。莱布尼茨在青年时期恰恰深入研究过经院哲学①，特别是弗朗西斯科·苏阿雷兹（Francisco Suarez），反宗教改革时期晚期经院哲学的重要代表。他 1597 年的博士论文《形而上学辩驳》，将有关形而上学的传统理论进行了系统化，受笛卡儿和 16 世纪、17 世纪新教经院哲学影响甚大。而莱布尼茨同样也直接研究过亚里士多德，因此我们必须，虽说已经有所涉及，还是要事先简短追述一番。

我们已经听到：继亚里士多德把 λόγος（逻各斯）看作一种 συμπλοκή（连结，nexus，connexio）或 σύνθεσις 之后，判断就被规定为 compositio（连结）或 divisio（分开）；托马斯在（Quaestiones disputatae de veritate《关于真理的论辩》），q. XIV, A. 1）中说：der operatio intellectus, secundum quam componit vel dividit, affirmando et negando（思想的活动，通过它连结或分离，肯定或否定）。在最宽泛的形式的意义上，判断是诸表象之间的关联，诸概念的关系。这是完全相同的表述，看起来好像说着同样的事情，然而背后却隐藏着理论之巨大的不确定性和不一致性。康德也这样说（《纯粹理性批判》，B 140/41）："我从来都

---

① 参见，莱布尼茨的博士论文：《个体原则的形而上学辩驳》，1663，Gerhardt IV，15-26。

不能对逻辑学家们关于一般判断所给予的说明感到满意：如他们所言，判断是两个概念之间的某种关系的表象。现在不……对之进行驳斥……我只是觉得，这里并没有确定这种关系之所在。"说明之尝试如今仍是有争议的；根本缺陷在于，问题之条件还没有弄清楚。

主词和谓词的关系就是 λέγειν τι κατά τινός：关于某物（de aliquo）说些什么。所关涉的是位于下面的基础（Zugrundeliegende），ὑποκείμενον，主体。谓词是关于某物所说的东西；因此，谓语词可以说是这样被言说之物的"标记"，如亚里士多德所言（《关于解释》3；16b 10f.；Waitz）：ῥῆμα…καὶ ἀεὶ τῶν καθ' ἑτέρου λεγομένων σημεῖόν ἐστιν, οἷον τῶν καθ' ὑποκειμένου ἢ ἐν ὑποκειμένῳ——它"总是关于另一个东西，即位于**下面的基础**所言说的东西之标记，或者是那位于下面的基础［之所是］的标记"，换句话说：关于躺在下面的基础所陈述的内容，或作为在其中存在着的东西。这里首先会有肤浅的考虑：关于某物，更确切地说，关于某物正确地——真实地——本应可以被陈述的东西，必然应属于主体（esse de ratione subjecti），也就是说，包含在它里面（ὑπάρχειν αὐτῷ）。

如果我们追问：主体（Subjekt）①指的是什么？那么，这种貌似清楚的思考立刻就变得不甚明确或意义模糊。在"这块板是黑的"这句话中，板本身是主体还是表象，是被表象的内容，还是"板"这个词的含义？与之相应，对于"黑"及其包含在主词中的状况也可以追问：所关系到的是诸表象、诸概念还是

---

① "Subjekt"兼有主词和主体的含义，本书根据上下语境翻译。亚里士多德用只可做主词、不可做谓词的东西定义第一实体，故主体和实体在他那里也基本同义。——译注

物的诸规定本身之间的相互内在包含？包含（Enthaltensein）或被包括（Eingeschlossensein）是物性的、表象式的还是概念性的？有与这些不同的自身包含关系之间相类似的东西吗？应该如何去规定这些关系，作为类似，作为摹本，作为附加？

"这块板是黑的"，"这只粉笔从桌子上掉下来"——"黑"和"从桌子上落下"如何"包含"在各自的主词之中？这里的"被包含在之中"意味着什么？究竟应该这样表述吗？还是说，对于包含的说明只不过是一种理论，一种对判断的说明之尝试。

总而言之，沿着谓词包含在主词之中那样一种理论的方向，同样会走向莱布尼茨对 λόγος（逻各斯）的理解。它是一种包括或**包含论**。如果理论不能由此而被简单肤浅地说明的话，那么在其中必然会明显形成某种对包含本身，对 inesse（内在）及 esse（存在）所意指的东西，对存在的明确理解。实际上，包含论在莱布尼茨那里获得了非常确定的说明和论证。

莱布尼茨判断学说之特性的最先几个例证。

1. 在 1686 年 Discours Métaphysique《形而上学辩驳》（最初 1846 年根据遗留手稿出版）中，在第 8 节中（Gerh. IV，432/33；Buchenau 的翻译①）有一段与我们相关的重要文字，是这样说的："如果多个谓词被用来表述一个或同一个主词，而这个主词不再可能作为谓词被附加给其他东西，人们则称之为一个个别的实体，这当然是正确的。然而，这个定义还不充分，因为它终究只是一个对名称的说明。所以人们必须斟酌，当我们说一个谓词，它真

---

① 莱布尼茨：《哲学奠基的主要论著》，A. Buchenau 译，E. Cassirer 审阅、编辑并加导言和解释，2Bde。（Philos. Bibliothek Bde. 107 u.108），Leipzig 1904/06 [3. Aufl. Hamburg 1966]；Bd. II，S143.

正地属于某个主词的时候,我们究竟想要说些什么。现在可以确定,每一个真实的陈述都在物之本性中具有某些根据(quelque fondement),所以,当一句话不一致时,也就是说,当谓词不是明确包含在主词之中时(compris),它就必然是虚假地包含于其中。当哲学家们说,谓词'在主词之中'(est dans)(在给出)时——他们称之为 in-esse(内-在)。所以,标画主词的术语,必然这样始终在自身中包含着谓词的术语,即谁要是彻底地看穿或看清了主词的概念,必然也会毫不犹豫地下判断,说谓词归属于这个主词。"

这种思路首先涉及"个别实体"(单子)的概念,关系到亚里士多德的 πρώτη οὐσία(第一实体)(τόδε τι)(这一个),莱布尼茨在这里明确追溯到了传统的亚里士多德的原初定义。Οὐσία δέ ἐστιν ἡ κυριώτατά τε καὶ πρώτως καὶ μάλιστα λεγομένη, ἥ μήτε καθ' ὑποκειμένου τινὸς λέγεται μήτ' ἐν ὑποκειμένῳ τινί ἐστιν, οἶον ὁ τὶς ἄνθρωπος ἤ ὁ τὶς ἵππος.(《范畴篇》5,2a,11ff.;Waitz)"我们称那样的一种东西为 Οὐσία(实体),它既不着眼于另外的一个躺在下面的基础而被提及或说明,也不被理解为存在于另外的一个躺在下面的基础之中的东西,比如这里的这个人,这里的这匹马。"亚里士多德在 οὐσία 之下理解独立的在场者,独立的在场性。有关 ἐν ὑποκειμένῳ(在主词中)的意义,亚里士多德说(同上,2,1a,24f.):ἐν ὑποκειμένῳ δε λεγω, ο εν τινι μη ως μερος υπαρχον αδυνατον χωρις ειναι του εν ω εστιν(所谓"在主词中",我并不是指作为一个包含在整体之中的部分而存在于其中,我的意思是,离开所指涉的主词就不可能存在),也就是说,它本质上是不独立的。同样的意思《形而上学》中这样表达(Z

13, 1038b 8ff.; Bonitz): ἔοικε γὰρ ἀδύνατον εἶναι οὐσίαν εἶναι ὁτιοῦν τῶν καθόλου λεγομένων. πρώτη μὲν γὰρ οὐσία ἴδιος ἑκάστῳ ἣ οὐχ ὑπάρχει ἄλλῳ, τὸ δὲ καθόλου κοινόν· τοῦτο γὰρ λέγεται καθόλου ὃ πλείοσιν ὑπάρχειν πέφυκεν.（因为看来任何普遍名词都不可能是实体，第一实体特指每一个个体而不属于其他任何东西，而普遍就是一般，所以我们用它来意指那本质上属于个别事物的东西。）

在《形而上学辩驳》上述段落解释个别实体时，在如下意义上关系到了 λέγειν（说）：个别实体作为躺在下面的基础，本质上是不可言说的某种东西，它本质上是独立的（根本不可能是关于某物的谓词）。莱布尼茨看到，既然这种对实体的解释瞄准谓词；所以必须设法给谓词（判断）的根本规定谋得某种原始的实体概念：这就是 subjectum（主体）的概念。在这种场合下他说，真的命题就是：在每一个那样的命题中，主词必然包含谓词于自身之中，不管明确还是不明确；明确包含的（A 是 A），明摆着某种"同一性"，不明确包含的，则涉及某种隐蔽的同一性。一个真命题就意味着谓词之内在于主词，谓词被主词所包含，因此，谁要是完全看透了主词，他就可以对这个主词下一切真实的判断；他只需展开这个主词即可。

我们首先引证《辩驳》中的那段话是有意图的，因为它指出了核心问题：主词概念及其与实体关系的多义性。主词是：1. 个别实体（ὑποκείμενον），个别的独立的存在者——存在着的主体；2. 句子中的主词——逻辑主词，并非每一个逻辑主词都必须是一个实体，其概念更加宽泛；（3. 我，有别于客体——作为出类拔萃的命题主词和个别独立存在者）。在莱布尼茨这里，存在着的主体（实体）借助逻辑的主体（命题的主词）来理解，但同样也可能反过来，后者借助前者来理解。哪种主体具有优先性，存在性的还是逻辑性的呢？还是说，两者都不是？

2. 在没有完成的 »De libertate«（《论自由》）①中，莱布尼茨说：Videbam autem commune esse omni propositioni verae affirmativae universali et singulari, necessariae vel contingenti, ut praedicatum insit subjecto, sec ut praedicati notion in notione subjecti aliqua ratione involvatur; idque esse principium infallibitatis in omni veritatum genere, apud eum qui omnia a priori cognoscit.（所以我说，在任何肯定的命题中，不管是普遍的还是特殊的，必然的还是或然的，谓词都内在于主词之中，谓词的概念某种意义上就被包含在主词的概念中。我也看到，这在任何形式的真理中，对于先天地认识任何事物的人来说，都是绝对无误的原则。）这第二段引文表明了某种新的、原则性的内容：包含关系——主词包含谓词——是先天的认知者所具有的任何种类的知识之为真的原则性基础。

3. 有两段话出自莱布尼茨和阿诺尔德（Antoine Arnauld）的往来书信——阿诺尔德是 Port Royal②的笛卡儿信徒和神学家，《皇港逻辑学》（1662）的合著者，当时正值《辩驳》交送之际；这个往来书信对于个别实体问题具有根本性的重大意义。

---

① Nouvelles Lettres et Opuscules inédits de Leibniz（《新发现的莱布尼茨未刊书信与作品集》），Publ. par L. A. Foucher de Careil, Paris 1857 [Nachdruck Hildesheim 1971]；S.179。这一段同样在 Couturat: La Logique de Leibniz 中被引用，S.208 Anm.1。

② Port Royal，法国一个修道院的名字，17至19世纪欧洲最有名的一部逻辑学著作以此得名，通常译为"皇港逻辑学"。——译注

a）首先是一个思考，几乎逐字重复前面的引文（1686年6月；Gerh. II，56；Buchenau 的翻译 II，202/3）："最后，我要指出一个重要的理由，依我看无异于一个完备的论证：即在每一个肯定的、真实的，无论必然的或偶然的、普遍的或特殊的陈述中，谓词的概念始终都以某种方式包含于主词之概念中（praedicatum inest subjecto），否则我就不知道，真理究竟意味着什么了。"这里更加清楚地表明：谓词被包含于主词之中，与真实存在相提并论，所以根本上规定了真理的概念。

b）"当我说，关于亚当的个体概念包括所有那些他曾所遇到的事情时，我无非就是说出了所有哲学家当他们说：praedicatum inesse subjecto verae propositionis（真实命题的谓词内含于主词）时所指的意思。"（Gerh. II，43；翻译过的）存在性的主词概念，在这里明确通过作为某种 innesse（内在）的逻辑的主词 – 谓词 – 关系而被规定。

4. Omnis propositio vera probari potest, cum enim praedicatum insit subjecto, ut loquitur Aristoleles, sec notion praedicati in notione subjecti perfecte intellecta involvatur, utique resolutione terminorum in suos valores seu eos terminus quos continent, oportet veritatem posse ostendi.① "每一个真实的命题都可以被证实；也就是说，如果按照亚里士多德，谓词内在于主词之中，或者如果谓词的概念被包含在主词的概念之中的话，在完全被认识的主词概念中，一个命题之真理总是可以通过展开（主词）概念中所包含的内容而得到证实。"为了这个 inesse（内在），莱布尼茨援引亚里士多德。值得

---

① Opuscules et Fragments inédits de Leibniz（《莱布尼茨未刊作品及断片集》），Ed. par L. Couturat, Paris 1903 [Nachdruck Hildesheim 1961]；S.388.

注意的是现实之物，即被思考为主体的存在者之现成存在，与主词之概念的相互纠缠。一个命题为真的证明，就要沿着 resolutio（展开、解开）的道路，将主词分解为其各种要素，证明的观念及其可能性基于作为包含关系的命题之结构。

5. 最后还有一个证据，出自 Couturat 出版的小论文 »Primae veritates«（《原初真理》）：Semper igitur praedicatum seu consequens inest subjecto seu antecedenti; et in hoc ipso consistit natura veritatis in universum seu connexio inter terminus enuntiationis, ut etiam Aristoteles observavit.（Cout. 518/19）"因此，谓词总是作为 consequens（后果）而内在于 antecedens（先行的）主词；而真理之本质通常就在于这种内在性……"

根本要牢记的是，在这种包含理论中，不仅言及了谓词概念包含于主词概念中，而且谈到了借谓词所意指的存在，内在于借助主词所提及的存在者。包含是那样一种在 λόγος（逻各斯）中的、逻辑性的包含——以及，作为借存在者本身所意指的：一种存在性的包含，富有特色的是，两者以某种方式同时发生；有什么根据，有道理还是没道理，这只有当我们深入到这种判断理论之最后的形而上学基础时，方可判决。

将这种只是最初一般性描画的判断理论，与另外一种对判断的理解进行比较，是非常诱人的，莱布尼茨本人让我们注意亚里士多德，虽然不完全合适。这种指点在何种程度上是合理的，为什么终究并不合理，我们在后面进行原则性的讨论的时候再去探讨。

笛卡儿沿着与亚里士多德和后来的莱布尼茨完全不同的方向，寻求判断之本质。按照他的看法，判断绝非简单的表象活动，或者说，表象之连接，而是：认识着的主体对这些表象发表意见。iudicare（判断）就是：assensionem praebere，对某种表象关系予以其赞同，assentiri, credere, sibi ipsi affirmare（赞同、相信、肯定自己）；这里出现的赞同或不赞同，承认或抵制的对反，并不等同于肯定或否定，肯定判断或否定判断之划分。对于笛卡儿来说，这样理解判断，与其第一哲学奠基之方法最紧密地融合在一起：克制赞同，对先前的知识保持怀疑。

笛卡儿对判断的理解，在 19 世纪通过布伦塔诺（F. Brentano）1874 年的《经验立场的心理学 I》被重新接受，此外，还有 1889 年的《论道德知识的起源》。布伦塔诺援引笛卡儿在他的《沉思》中（III，5）指出的灵魂活动或 cogitationes（思想）的三级分类：ideae, voluntates sive affectus und judicia（观念、意志或情感以及判断），与此同时，在笛卡儿那里（《第一哲学》I，32，34）同样也可以找到 perceptio（知觉）和 volitio（意志）的两分；在这种情况下，他把判断行为算作了意志行为。由于这种模棱两可，就产生了某种分歧，布伦塔诺试图指出，判断行为表现为一个特殊的级别。追随他的还有伯格曼（J. Bergmann），1897 年著《纯粹逻辑学》，文德尔班（W. Windelband）的《关于否定判断学说的论文集》同样也是从布伦塔诺出发的（收于：斯特拉斯堡哲学论文，为纪念策勒尔（E. Zeller）70 岁寿辰；1884 年），但他把判断行为当作一种意志行为。这同样是李凯尔特（H. Rickert）1892 年《知识的对象》（他的大学执教资格论文）的出发点，1928 年第 6 版——是李凯尔特知识论的基本部分，甚至是一般的世界观哲学。最后还有拉斯科（E. Lask）写于 1912 年的《关于判断的学说》。

尽管莱布尼茨与笛卡儿以及笛卡儿信徒们的争辩是多方面的，然而，这些被规划的各种判断理论，均定位于判断主体的表态，而不是定位于被表述事物本身的内容，对于他来说都是非本质的——理由是：它们偏离了核心的形而上学问题之方向。

对莱布尼茨判断理论给予完全不同的重要意义的讨论，是康德在其《纯粹理性批判》（导言）中，关于判断以及将判断做分析判断和综合判断的基本区分时所阐明的东西。如果康德的划分可以用来一般性地描述莱布尼茨判断理论之特征的话，那么人们一定会说：对于莱布尼茨而言，一切判断都是分析的，尽管康德的分析概念，并不与莱布尼茨所称的 analysis notionum（分析考查）相一致。

如果争辩是必需的，那么与亚里士多德或苏阿雷兹（Suarez）是一方面，而与康德则是另一方面。在两种情况下，判断 λόγος（逻各斯）或逻辑学的问题，都必然通过存在论或一般形而上学而被决定。对于我们来说，目前应该首先把莱布尼茨判断学说的形而上学视角弄清楚，并由此说明理论本身。

我们回忆一下 inesse（内在）和 inclusio（包含），并援引一个出自 »Definitiones logicae«（《逻辑规定》）中的规定：A includere B, sec B include ab A, est: A, subjecto, universaliter affirmari B, praedicatum. Veluti: sapiens includit justum, hoc est, omnis sapiens est [！] Justus.[①]（如果 A 包含 B 或 B 被 A 所包含，那么，B——谓词，就是对 A——主词的一般肯定。比如：智慧之人包含公正之人，即每一个智慧之人都是公

---

① G. W. Leibniz, Opera philosophica quae exstant latina, gallica, germanica, omnia. Ed. J. E. Erdmann, Berlin 1840 [Nachdruck Aalen 1959 u. 1974]；S. 100 a.

正的。）莱布尼茨在这里将被肯定的东西，完全彻底地与被包含的东西等量齐观；被肯定全然意味着被包含。例句中的这个"est"（是）指出，这种 connexio（连结）就是 connexio realis（实在的连结）（参见，Gerh. VII, 300 页以下），也就是说，一种事实性的包含；在这种意义上，实在性（Realität）就是与否定相反的概念。

现在，我们还能进一步描画这种 includi（包含）和 inesse（内在）之特征吗？在莱布尼茨那里，可以找到对这种关系的某种明确的基本理解吗？对这种关系的说明如何与判断：真理或错误之本质特性联系在一起？

第 2 节　判断和真理的观念，真理的基本形式

按照传统，判断被视为真理之首要的或真正的承载者——而真理通常被视为陈述的一种特性，作为真的存在。我们通过术语的澄清，区分"真理"的三种含义：1.一般真理或真的观念；2.这种观念的具体化：作为"诸多真理"的真命题，它们应该得到证明，因此关于"基本真理"的话语；3.作为理想：可能被认识的真理之整体。对于我们来说，首先关系到第一种含义，真理应该在陈述中有其位置。如果陈述是真的，它本身就是一个真理，一种真实 - 存在着的东西。真理就是陈述之真，因此，陈述之本质必然与真理之本质具有某种本质性的关联。

陈述或判断的概念，必须顾及到真理的观念来规定，反之亦然。那么在莱布尼茨那里，在判断之理解（包含理论）和对

真理之本质的理解之间有什么样的关联呢？随着对这个问题的回答，我们就会遇到对包含理论的原则性标画。

针对真理之本质问题，莱布尼茨回答说：Ratio autem veritatis consistit in nexu praedicati cum subjection.（Cout. 11）（真理之本质在于谓词和主词之联系）。在与阿诺尔德（Arnauld）的书信往来中（参见，前一节中的证明 3a）这样说：Praedicatum inest subjecto（谓词内在于主词）；否则我就不知道，什么是真理了。同样，在前文第 5 点引用的段落中，natura veritatis in universum（一般真理之本性）与 connexio inter terminus enuntiationis（命题的词语之间的连结）被相提并论。真理之本性或本质，也就是说，陈述环节的结合，这些都在于 inesse（内在），principium infallibilitatis（绝对无误的原则）就以这种 inesse 为根据。

真意味着：被结合，某种规定包含在有待规定的东西之中；陈述又意味着：connexio（连结），而连结意味着：真。我们难道不是在兜圈子吗？Verum esse（真实存在）和谓词 inesse（内在）于主词之中被等量齐观，而陈述可是形形色色、五花八门的！被理解为 nexus（联系）、inclusio（包含）的这种 inesse（内在）之原始或基本形式是怎样的呢？真之基本形式必然会在最基本的陈述上，在最简单和原始的真实命题中，在各种原初的"真理"中表现出来。

Primae veritates sunt quae idem de se ipso enuntiant aut oppositum de ipso opposite negant. Ut A est A, vel A non est non A. Si verum est A esse B, falsum est A non esse B vel A esse non B. Item unumquodque est quale est. Unumquodque sibi ipsi simile aut aequale est. Nihil est majus aut minus se ipso, aliaque id genus, quae licet suos ipsa gradus habeant prioritatis, omina tamen uno nomine identicorum comprehendi possunt. (Primae veritates《原初真理》; Cout. 518)(原初的真理是那些断言自身之等同,或否认自身之对立面的陈述。比如,A 是 A,或 A 不是非 A。如果 A 是 B 为真,那么 A 不是 B 或 A 是非 B 就为假。同样,任何事物都是其所是;任何东西都与其自身相似或等同;没有任何东西大于或小于它本身,这些这样或那样的真理,尽管它们可能具有各种级别的优先性,但都可以被归于一个名下,即同一。)最原初的真理就是 identica(同一),也就是说,陈述,某物在陈述中,通过其与自己的同一性本身,着眼于后者而被明确规定为它本身。

但现在,我们要注意这原初真理的另外一个本质环节:Omnes autem reliquae veritates reducuntur ad primas ope definitionum, seu per resolutionem notionum, in qua consistit probation a priori, independens ab experimentio.(所有其他的真理都借助定义或通过对概念的分析被还原为原初真理;独立于经验的先天证明就在于此)(同上)。所有真的命题最终都可以归结为同一性,也就是说,每一个真命题归根到底都是同一性,只是,它们不一定明确地表露出来;但根据原则性的可能性,每一个真理都是某种同一性。

而这无非就是说:一般真理的本质,即 der inclusio des nexus (联系之包含),就在于同一性。真意味着同一,inesse(内在)意味着 indem esse(同一存在)。

Ratio autem veritates consisitit in nexu praedicati cum subjecto, seu ut praedicatum subjecto insit, vel manifeste, ut in identicis…vel tecte.(Cout. 11)(真理之本质在于谓词与主词之联系,或者说,谓词内在于主词,其方式或者明显,就像在同一个东西中

那样……或者隐蔽。) Et in identicis quidem connexio illa atque comprehension praedicati in subjecto est expressa, in reliquis omnibus implicita, ac per analysin notionum ostendenda, in qua demonstration a priori sita est. (Prim. veritat.; Cout. 519)(在同一个东西中，这种联系或谓词包含于主词之中是明显的，而在所有其他命题中，它们被暗含着，必须通过分析那构成先天证明的概念才能揭示出来。)所有的命题都是同一的；而 identica（同一）尤其是那样一种东西，同一性直接在其中公开（显明）。换句话说，同一性被隐藏（tecte）。其真理的证明就在于，表明其作为基础而隐藏在下面的同一性。

真理之本质是同一性——完全不考虑这样的问题，即，首先对于人的知识而言，是否真能够成功地将一切真理都证明为同一性；而真理描画着判断的本质；die natura veritatis（真理之本性）等同于 nexus（联系）；所以包含理论就是同一性理论。

莱布尼茨如何论证这种同一性理论，它们基于什么样的前提，它们在何种程度上对于一切可能的判断来说都是可行的（即（AB 是 B）=A 是 A 是如何可能的，参见，Cout. 369），这些内容我们现在还无法讨论。只是要事先指出或弄清楚，我们借助这种 λόγος（逻各斯）的理论，随着这种逻辑的难题，直接就处在了核心的形而上学追问，即存在论的难题，对一般存在的追问之中。

我们已经一般性地指出了判断问题与"个别实体"之间的关系。真意味着同一，inesse（内在）就是 indem esse（同一存在）。同一性被视为真理之本质——而同一性从古到今都被看做是存在之规定性（参见，柏拉图《智术师》中的 ταὐτότης［同一］），真理和存在被看作同一种现象：同一（Selbigkeit）或同一性（Identität）

来解释。真理问题和存在问题直接交织在一起。

鉴于这个理论对莱布尼茨全部哲学的作用，鉴于其直接迎头展现的形而上学特性，我们应该给予这个理论某种更加清楚的证明。Nimirum ut Identicae propositiones omnium primae sunt…atque adeo per se verae…ita per consequentiam verae sunt virtualiter identicae, quae scilicet per analysin terminorum…ad identicas formales sive expressas sive aeternae veritatis esse virtualiter identicas…Generaliter omnis proposition vera（quae identical sive per se vera non est）potest probari a priori ope Axiomatum seu propositionum per se verarum, et ope definitionum seu idearum. Quotiescunque enim praedicatum vere affirmatur de subjecto, utique censetur aliqua esse connexio realis inter praedicatum et subjectum, ita ut in propositione quacunque: A est B… utique B insit ipis A, seu notion ejus in notione ipsius A aliquot modo contineatur.（Gerh. VII, 300）（正因为同一命题是一切命题之首……并因此是真实的……所以作为结果，真理实际上是同一的，可以通过对其词项进行分析而还原为正式的或明确的同一……显然，一切必然的命题，或具有永恒真理的命题，实际上都是同一的东西……一般而言，每一个不同一的真实命题或本身真实的命题，都可以借助公理或本身就真实的命题，或借助定义或理念先天地得到证明。因为无论谓词如何经常真实地肯定主词，主词和谓词之间必然有某种真实的关联，以至于无论在每一个命题中，比如 A 是 B［或 B 是 A 真实的断言］，B 都真实地包含在 A 之中，或者说，B 的概念都以某种方式包含在 A 本身的概念之中。）所以，identitas expressa（明确的同一性）是 veritas per se（本来的真理）。真实就是实际上同一的东西；实际的同一性被归结为形式的同一性。一般认为：每一个

真实的陈述，不管是一个原始的或一个仅仅可能的同一性，都是先天可以证明的。这就意味着：一切真实的知识归根到底都是先天的知识，这个论题之影响非同寻常。

判断的同一性理论应该划定一般判断之本质，并终究由此而划定全部陈述形式之本质的界限。如果莱布尼茨区分了陈述的两种基本形式，也就是说，同时按照前面所言：区分了"真理"的两种形式，那么，一般关于判断的本质学说，就必然要在这两种真理的形式上得到证明——或者说，困难恰恰必将在这里变得明确起来。

在最初标画判断的同一性特征时我们就已经看到，莱布尼茨区分了真理的两种形式，公开的和隐蔽的，但这种区分需要进一步规定；我们可以在以下思考中找到这种规定：His attentius consideratis, patuit intimum inter veritates necessarias contingentesque discrimen. Nempe omnis veritas vel originaria est, vel derivative. Veritates originariae sunt quarum ratio reddi non potest, et tales sunt identicae sive immediatae…Veritates derivativae rursus duorum sunt generum: aliae enim resolvuntur in originarias, aliae progressum resolvendi in infinitum admittunt. Illae sunt necessariae, hae, contingents.（De libertate《论自由》；Foucher de C. 181）（仔细思考这件事情就会揭示出必然真理和偶然真理之间本质性的不同。任何真理要么是原初的，要么是派生的，原初的真理是那些没有什么原因可以给予它的真理；这样的真理是同一的或直接的真理。……而派生的真理则依次有两类：一些可以被归结为原初的真理，其他的则可以无限继续地被归结，前者是必然的；后者是偶然的。）所有真理被区分为原初的和派生的；这种区分并不直接就等同于公开的和隐蔽的真理。原初的真理是那些对之不可能有任何说明的真理，对之进行证明是不可能的；它们本身直接是一目了然的。而派生的真理被区分为必然的和有条件的真理，必然的真理分解为原始的真理；并非每一个真理本就是原初的，有些需要某种推导而且能够做到。其他被推导出来的真理，按照其本质也有同一性，然而其分析，其证明——对于有限的理智来说——根本达不到终点。这个论题中同样暗含着：一切知识都是先天的知识。

本身原初的真理和可以分解为原初真理的真理，即必然的真理，被人们在经院哲学中同样描画为 veritates aeternae（永恒真理），而这立刻就显示出，真理之基本形式的这种划分，同样具有某种形而上学的、存在论的背景。永恒真理和有条件真理的区分对应于存在者之区分：ens per se necessarium（本身必然的存在者）和 entia contingentia（偶然的存在者），ens increatum（非被造的存在者）和 ens creatum.（被造的存在者）。永恒的真理"首先"涉及非被造物的自我思考，它们（在柏拉图主义传统中）是一般思想和数学的形式的真理。偶然的真理关系到被造的存在者，它们现在、过去或将来在时间中现存。前者，永恒真理在绝对理性，即神中具有其永恒的起源，因此莱布尼茨将之称为 veritates rationis（verites de raison）（推理的、理性的真理）；涉及实际情况的偶然真理叫作 veritates facti（verites de fait）（事实的真理）。在《单子论》（第 33 节；Gerh. VI，612；Buchenau 的翻译 II，443）对此这样说："此外有两种真理的形式，即理性的和事实的真理，理性的真理是必然的，其反面是不可能的，相反，事实的真理是偶然的，其反面是可能的。"

我们可以把前面说过的内容记录在下列图表中：

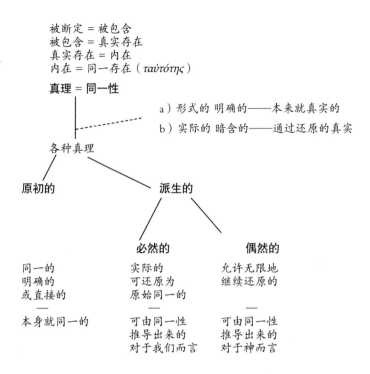

所以，偶然的真理是关于非必然之物，也可能不存在的东西的真理。莱布尼茨判断理论的基本意图在于，同样将这种 veritates facti（事实的真理）理解为同一性，也就是说，归根到底当做原初的、永恒的真理，同样依概念将绝对的确定性和真理判归其所有。所以这就包含着一种倾向，使 veritates facti 最大可能地适应于理性真理——虽然表达的容易被误解，因为它们本应坚守其特性，并且还具有同一性的特征，也就是说，判断的特性，其全部谓词都可以从其主词本身中展开或发展出来。更准确地说：veritates facti（事实的真理）不是 veritates necessariae（必然的真理），但一定是 identicae（同一的）真理。

这种使 veritates facti（事实的真理）适合于 veritates rationis（理性的真理）首先可能会令人惊讶——以至于历史性的真理难道同样也成了一种先天的真理！？但这并非完全闻所未闻，如果我们没有忽视这两点的话：1. 莱布尼茨的总体倾向在某种意义上是"理性主义的"，也就是说，旨在从 ratio（理性、推理）出发去把握存在，所以同样去把握 esse facti（事实性存在）；2. 此外，这种倾向背后是**经院哲学传统**，这种传统恰恰在这个问题上具有重要影响，就以 scientia Dei（神的知识）来看待一般知识之理想而言。我们就将从这种关系出发。

对于经院哲学来说，绝对智慧神被视为 veritates prima（原初真理），第一真理，也就是说，同时被当做一切真理之源泉（参见，托马斯，Quaestionrs disputates de veritate《关于真理的论辩》，q. I）。原初的真理，即一切真实的知识之大全是绝对的，更确切地说，在 scientia Dei（神的知识）中。对此，托马斯在其《神学大全》中详细地讨论过（I, q. XIV；参见，Quaest. Disp. de ver., q. II），如果不认识和理解这种关系，近代哲学的基本问题就完全锁闭着。经院哲学的神的学说不仅对于莱布尼茨的逻辑学是关键之所在，而且，只有由此出发，才可以理解康德的《纯粹理性批判》，同样黑格尔的《逻辑学》其真正的推动力。但由此并不就表明，这些哲学要依靠神学并从那里借用话语。定位于 scientia Dei（神的知识）的哲学意义是：它作为绝对知识之建构而发挥作用，有限的、人的知识应该以神的知识来衡量。那种建构在何种程度上或为什么属于哲学之本质，一般哲学知识在何种程度上是建构，这里就不再讨论了。

请注意，我们必须指出形而上学的，更确切地说，与经院哲学的关联——但这绝不是要贬低莱布尼茨的某种原创性，斤斤计较地去追问：他从哪儿弄来了这些？或者，同样肤浅地问：这些都发端于什么样的心理情结？创造性工作之优长在于，以原初的或重要的方式去依靠——那些模仿者根本不可能做到，因为他不想这样做，因为他任何时候都一定会沉迷于原创。所以，在我们瞄向经院哲学时，为的是完全不同的东西。如果您对这种论及托马斯·阿奎那的上帝概念的逻辑学首先感到惊奇的话，那么您最终完全没有猜错。当然，我必须按实际所要求的那样，不在这里急于深入这个问题，仅仅提一些最最必要的话题。

以绝对的方式认识的神，其知识既包括可能的，又包括现实的东西。当然，这里需要对两个概念做一个区分："可能的"一方面的意思是仅仅 possibilia（可能的），单纯的可能性，也就是说，存在者的本质性，物的观念，不考虑那样的观念现实化与否。因此某物要变成现实的，就必须是内在的可能的；而每一种内在的可能性无须都必然已经实现。神具有关于这种纯粹可能性本身（康德意义上 omnitudo realitatis（实在性全体）的先验理想）的某种知识，更准确地说：这种知识属于其本质，简单地去思考这种可能性之全体。这种 scientia simplicis intelligentiae（简单的理智的知识）是 scientia necessaria naturalis（自然而然的必然知识）；因为这属于作为绝对自我意识（νόησις νοήσεως）的神之"自然"：在关于其思想的知识中，在这种绝对思想中被思考的东西，omnitudo realitatis（实在性全体），纯粹的可能性，被认识到。

而"可能的"进一步意味着：虽说还没有，但将要处于现实性本身中的东西，或者说，通过神之永恒性先于一切时间而被言及的东西；那出于可能性的，自行现实化的，因此所有那将在某一确定的时间变成 factum（现实）的，所有那不仅一般可能的，而且明确了的东西。因为神作为绝对精神，所认识的不仅仅是之后要发生的某种 factum（现实）本身，否则他本质上就成了变化不定的，或依赖于某种他本身所不是的东西，于是就成了有限的。毋宁说，神对于一切现实都有先见之明，都有一种 visio（洞察），一种 scientia libera（自由的知识），因为最终，那些将要实现的东西以及如何实现，都尽在他的意愿之中。

为了弄清神的知识的两种形式 scientia necessaria（必然的知识）和 libera（自由的）知识，我们概览一下《神学大全》第 I 部分中，问题 XIV（神的知识）的有关条款。

在条款 9 中（Utrum Deus habeat scientiam non entium）（上帝是否具有对存在者的知识），托马斯区分了 non entia secundum quid（在某些方面不实存者）和 non entia simpliciter（纯粹不实存者）。第一种是 non in actu（现在不实存），但就其过去或将要存在而言是可能的事物，也就是说，这种可能的事物的不存在，是在与恰恰向来现存的东西之关联中（secundum）被考虑的。与那种形式的不存在者不同的是 non entia simpliciter（纯粹不实存者），仅仅 possibilia（可能的）存在者。神通过 scientia simplicis intelligientiae（纯粹智性的知识）认识这种东西，在 scientia visionis（洞察的知识）中 non entia secundum quid（某方面非实存者）。Die visio（洞察）是以 praesens intuitus（当下直观）的方式来把握的一种活动。

Praesens（当下）是从 aeternitas（永恒），即 que sine successione existens totum tempus comprehendit（不在序列中存在而包括时间之整

体）出发来理解的；praesens（当下）的意思不同于 cum successione（在序列中）：这种直观不是直观行为之连续，而是在"Nu"（瞬间）发生（艾克哈特）。这种现在不是作为时间之要素的现在，nunc fluens（流逝的现在），而是永恒的现在，nunc stans（持存的现在）。

Der intuitus（直观）指的是一种直接的看，也就是说，一种认识，在一瞬间涵括非彼此相继的整体时间。作为 praesens intuitus（当下直观）的 visio（洞察），是一种投向整体的目光：这种整体就摆在上帝面前，他拥有当下现存于面前的一切。Praesens intuitus Dei fertur in totum et in omnia, quae sunt in quocumque tempore, sicut in subjecta sibi praesentialiter.（上帝的当下直观投向整体和万物，无论它们处于何种情况之下，都好像被投射于自身面前。）

Die scientia simplicis intelligientiae（纯粹智性的知识）不是 visio（洞察），而是一种质朴地把握，因为纯粹的可能性不在上帝之外实现，而是作为内在于上帝而被思考的东西，但一切看的活动都关乎外在的东西。一切过去、当前和将来的存在者，im praesens intuitus der visio（通过洞察之当下直观），都被看作当前在场者。这种始终持久的观看，涵括可能的，以及只不过恰好以"偶然的"、有条件的方式实现的 facta（事实），veritates facti（事实的真理）——最广义的历史性的事物。

由此而得出的结论是：神通过这种 intuitus（直观）不仅认识 actu（现实的）存在者，而且认识 nobis contingentia futura（对于我们来说将来的偶然事物）。他如何把握这些事物，在第 13 条款中有详尽的讨论（Utrum scientia Dei sit futurorum contingentium）（上帝的知识是否是针对将要发生之事物的知识)。首先,随机的事物可以被看成 in se ipso(在自身),也就是说,ut praesens(作为在场),或者说,作为 determinatum in unum(被规定为统一的东西):虽说是随机的,也可能不存在,但它现在就实际地现存着,而作为那样一个东西,我可以"在自己本身之中"考察之。作为那样的一种现实,它可以说是因某种可能性而已被决定,已经转为其现实性,而且是就其 determinatum in unum(被规定为统一的东西)而言。这种 congtigens in se ipso(在其自身中发生)可以经受一种绝对无误的认识,也就是说,基于感性直观的实际证实之考验——infallibiliter subdi potest certae cognitioni(经某种认识之考验而绝对无误)。这种认识不存在任何问题。

其次,随机的事物可以被看作 ut est in sua causa(有其原因),也就是说,ut futurum(作为将来之物),或者说,作为 nondum determinatum ad unum(尚未被规定为统一的东西)。在这里,偶然的事物从其原因方面被考察,所以被看作首先有待实现的东西,也就是说,被理解为 futurum(将来之物),或作为因某种可能性而仍保持开放的东西。这种偶然事物之可能的可认识性所涉及的东西,于是在这里无法形成 certa cognitio(某种明确认识),因为只能从原因出发看结果的人,只能进行某种 cognitio conjecturalis,某种推测:事情可能这样或那样发生。

按照托马斯的看法,神同样像把握 congtigens in se ipso(在其自身中发生)那样把握 contingens futurum(将来的偶然事物),他认识 die contingentia non solum ut in suis causis, sed etiam prout unumquodque eorum est actu in se ipso-non tamen successive, sed simul(偶然的事物不仅仅因为其原因而有,而且它们每一

个实际上都因其自身而有，并非都是相继地发生，而是同时存在）；更确切地说，是因为他已经在其永恒的当前，先行把握了一切将来的东西。神可以说是这样来认识，那就是，他在这种当前状态中，同样在场地看待一切，omnia prout sunt in sua praesentialitate（一切事物都如其所是地在其当前存在）；所有这一切，就像托马斯明确强调的那样，不仅是其本质的可能性，而且其个别的现实化，在神看来，都是当前的。基于这种当前性，神 infallibiliter（绝对无误地）综观一切，我们人则与此相反——按照"回应3"——是这样认识的，就像走路的人，看不到他后面走来的人；但如果他从高处俯视整个道路，就会看到全部走路的人。

条款14（Utrum Deus cognoscat enuntiabilia）（上帝是否认识可言说物），神的知识同样涉及 omnia enuntiabilia, quae formari possunt（所有可以被命题性地说明的东西）。一切可能的真实命题借助 enuntiabilia（可说明的），都意指着可能的真理，我们已经知道，一个命题就是一个 συμπλοκή（结合、交织），也就是说，是 σύνθεσις（合成）和 διαίρησις（拆分），或者 compositio（合）和 divisio（分），托马斯在这里的讨论对于我们来说至关重要。问题是，神是否通过 compositio（合）和 divisio（分）的方式认识可能的命题，这是有限认识之特点，有限认识逐步进行：intellectus noster de uno in aliud discurrit（我们的认识过程从一个事物到另一个事物），而在神那里根本就没有渐进——如果那样，就好像还有什么他暂时得不到似的。

比如说我们知道，quid est homo（人是什么），那么这意味着：non ex hoc intelligimus alia, quae ei insunt（我们并没有通过

这个知识理解其他属人的东西）。如果人的认识活动把握了某个主词,并不就能由此而推论出全部的谓词,毋宁说,由于渐进性,我们必须使分别（seorsum）认识到的东西,unum redigere per modum compositionis vel divisionis enuntiationem formando（通过陈述结构的合成或分解而成为一个整体）。然而,神每次都认识全部本质 et quaecumque eis accidere possunt（以及可能属于它的任何偶然事物）。因为他 per simplicem intelligentian（通过纯粹的智慧）来认识,所有属于主词的谓词,作为在这个主词中存在着的,内在于其中的东西,都通过这种智慧在一瞬间得到把握。对于我们来说谓词规定之相互分开和彼此接续,对于神来说是一种原始的统一或同一,是同一性。

Scientia Dei（神的知识）决不拆分或合并,条款 7（Utrum scientia Dei sit discursiva）（上帝的知识是否是推理的）也证实了这一点。神的认识绝不 discursiv, nullo modo discursive（是推理的,无论如何都不是推理的）,毋宁说,按照其本质（参见,同样问题的条款 4 和 5）,同时或在一瞬间就原始地看到整体：Deus autem omnia videt in uno（上帝在"一"中看到一切）。

所以我们要牢记：在神之中,没有两种 scientia（知识）：necessaria（必然的）和 libera（自由的）;但两者都完全是绝对的和先天的,也就是说,神从一开始就一次性地拥有了一切现实的完整概念,并绝对确切无疑地知道,将要发生什么或如何发生。他拥有一切关于被造物的真理,而这种关于被造物的真理,对于他来说,和关于可能的事物之真理一样,同样完全是必然的和确切无疑的。真理之两种形式都关系到来自当时的存在者之概念的知识,关系到所包含的诸多规定性之简单的展开,也就是说，关系到纯正的同一性。

　　现在就清楚了，莱布尼茨使 veritates facti（事实的真理）**适合于** veritates rationis（理性的真理）的重要动机之所在：他把适合于绝对精神，神的东西，同时理解为对于人来说的知识之理想，也就是说，他规定了人的知识之理念和本质，即真理，也即陈述之理念和本质，都出自于 scientia Dei（神的知识）之理念。但由于人的认识活动是有限的，并不掌有一种绝对的 visio libera（自由洞见），比如说，我们无法先于一切经验而先天地拥有关于尤里乌斯·恺撒（Julius Caesar），这个确定的个别主体的全部概念，所以我们无法占有这个主词概念，以至于从它里面发展出全部的谓词，作为必然从属于其本身的东西。

　　莱布尼茨还非常明确地谈到了随机的真理或 veritates facti（事实的真理）之本质：Sed in veritatibus congtingentibus, etsi praedicatum insit subjecto, nunquam tamen de eo potest demonstrari, neque unquam ad aequationem seu identitatem revocari potest proposition, sed resolutio procedit in infinitum, Deo solo vidente non quidem finem resolutionis qui nullus est, sed tamen connexionem (terminorum) seu involutionem praedicati in subjection, quia ipse videt quidquid seriei inest.（De libertate; Foucher de C. 182）（然而，在随机的真理中，尽管谓词内在于主词，我们却无法证明这一点，命题也不能简化为等式或同一性，而分析过程趋于无限，只有神才能看到的，不是分析之终点，因为没有终点，而是能看到术语之关联或谓词之内在包含于主词，因为他可以看到系列中包含的任何事物。）在随机的真理中，虽然谓词同样内在于主词之中（暗藏着的同一性），但无法进行严格的证明，也就是说，主词和谓

词的关系不能被归结为某种数学的等同，而是分解 ad infinitum（于无限）。单单只有神，在历史性真理的这种分解中看到其同一性，虽说不是这个进程的终点，因为根本就没有终点，但看到了谓词扭绞于主词之中的整体，因为他甚至看到了（而恰恰不以遍历的方式看）那些包含于谓词之系列中的东西。（关于概念之分解及其必然性问题，同样可以和下面一段话相比照，援引自 Couturat，《莱布尼茨的逻辑学》，183，注释 3：" …ostenditur ad perfectas demonstrations veritatum non require perfectos conceptus rerum."［这就说明，事物之完善的概念不要求对真理的完善阐释。］）

有待区分的真理，通过无限序列的概念，在与数的某种关系中出现了（参见，De libertate《论自由》）：偶然的真理与必然的真理相关，就好像无法归结到公共的尺度上的那些不可公度的数与可公度的数相关那样。就像不可公度的数屈从于旨在 adaequatio（适合），旨在同一性的数学，同样，偶然的真理屈从于无需 discursus seriei（系列推论）也行的 visio Dei（神的洞察）。

理性真理和事实真理之区别，还可以通过另外一种同样也是由传统存在论事先形成的方式来把握。Hic jam discimus alias esse propositiones quae pertinent ad Essentias, alias vero quae ad Existentias rerum; Essentiales nimirum sunt quae ex resolutione Terminorum possunt demonstrari[: veritates aeternae]…Ab his vero toto genere different Existentiales sive congtingentes, quarum veritas a sola Mente infinita a priori intelligitur.（Cout. 18；参见，20）（因此我们现在晓得，有一些命题有关事物之本质，而其他一些则关系到事物之存在，本质的命题当然是那些可以通过对术语之分解而得到证明的命题［永恒真理］……完全不同的是存在的

或偶然的命题，其真理只能先天地被无限的思想所理解。）但尽管这种不同是 toto genere（在所有层面的），然而本质的和存在的真理（命题）之本性，就两者都是同一性而言是相同的。

这些 veritaes（真理）的来源是不同的：Necessariae [veritates], quales Arithmeticae, Geometricae, Logicae fundantur in divino intellectu a voluntate independents…At veritates contingents oriuntur a voluntate Dei non mera, sed optimi seu convenientissimi considerationibus, ab intellctu directa.（Brief an Bourguet v. 11. IV. 1710; Gerh. III, 550）（必然的真理，比如数学的、几何学的或逻辑学的真理，在神的理智中有其基础，独立于神的意志……而偶然的真理产生于神的意志，不是简单的意志，而是来自有理智所指导的意志，通过思考最好的和最合适的东西。）与纯粹可能性相关的必然真理，在神的理智中有其基础，不受神的意志之约束；莱布尼茨加上这一点，是因为笛卡儿教导说：数学和逻辑的真理同样依赖于神的意志。但偶然的真理，实际发生了什么和如何发生的知识，以及在其中被认识到的存在，则依赖于神的意志，然而不依赖于其单纯的意志，而是依赖于那由其理智所引导的意志，这种意志又是由对最好的和最合适的事物之考察所引导；因为现实的世界就是所有世界中最好的。

而在另外一段这样说：Ut veritates necessariae solum intellectum divolvunt, ita contingents voluntatis decreta.（Cout. 23）（必然的真理只包含神的理智，那么偶然的真理包含意志的命令。）或者：Quodsi proposition sit congtingens, non est necessaria connexio, sed tempore variatur et ex suppositio divino decreto, et libera voluntate pendet.（Cout. 402）（如果一个命题是偶然的，就没有必然的联系，而它在时间

中变化并要借助于推测，这种推测依赖于神的命令和自由意志。）——相应的，同样有两种不可能性：自相矛盾的"逻辑的"不可能性，以及虽说不矛盾，但"道义上"是不可能的东西之不完善性。

真理就是同一性；将一切真理都归结为同一性，原则上是可能的。派生的真理分为两个等级：必然的和有条件的；理性的和事实的真理，本质的真理和现存事物的真理。真理之所有三个等级的统一，都定位于 scientia Dei（神的知识）。

使事实真理适合于理性真理——这是事实性存在者之知识的理念，是出自单纯理性概念的经验性的可经验事物的知识，一种出自纯粹理性的存在者之知识的理念。这种理论，包含在近代哲学的发展趋势中，本该通过某种批判被遇到，这种批判作为康德的主要工作，被称为"纯粹理性批判"，莱布尼茨的判断学说和康德的基本问题有着内在的关系。

两方面的意图规定了莱布尼茨对真理的理解：一方面是向同一性的回归，同时又要坚守随机的事实真理的特性，这就导致要对知识之基本原则进行相应的规定。

回忆马克斯·舍勒

马克斯·舍勒去世了。正当他就要完成一个伟大而有远见的工作，在一个新的冲锋进入最终的和全部的紧要关头阶段，在一个他对之予以厚望的新的教学工作开始之时。

马克斯·舍勒——完全撇开其创造性之规模和性质不谈——在当今德国，不，当今欧洲，甚至在一般当代哲学中，曾是最强大的哲学力量。

他的哲学开始受欧肯（Eucken）的引导；他从实证科学、生物学中走了出来，胡塞尔和《逻辑研究》给了他决定性的推动，舍勒清楚地看到了现象学之新的可能性。他并没有肤浅地接受或运用现象学，而是自己本质性地对之有所推动，并立刻借助哲学的中心问题而使之形成统一；他对伦理学形式主义的批判首先就由此发生，与柏格森（Bergson）的争论对于他来说也至关重要。（而时机、动力、处境仍然是没有用的，如果它们不遇到本来就活生生的意志并在其中发生改变的话。关键的不是结果或进展——诸如此类的东西只会出现在最无关紧要的领域中。）

其风格之关键和标志在于问题之整体性。居于存在者之整体中，他对于显露出来的一切新的可能性和力量具有非同寻常的敏感。他有着强烈的冲动，总是整体地去思考和说明。

虽然绝非偶然，他生性就是天主教徒，在一个礼崩乐坏的时代，沿着把天主教作为一种普遍的历史性世界力量的方向，而不是在教派的意义上，重新选择其哲学的道路。奥古斯丁和帕斯卡尔获得了新的意义——作为回应或反对尼采的新的意义。

但这种可能性对于马克斯·舍勒同样破灭了，其工作重心重新转移到：人是什么的问题上——这个问题重新在亚里士多德神学的意义上，就哲学之整体而被提出。凭着惊人的独创性，他看到了软弱的神的概念，没有人就不可能有神，以至于人本身被思考为"神的共事者"，而所有这一切都远离某种平庸的有神论或朦胧的泛神论。舍勒的计划走向了哲学人类学，突显人的特殊地位。

他的多变性是一种丧失本体、内心空洞的标志吗？但人们认识到——当然只有通过夜以继日地与之进行争辩和斗争才可以直接体验一二——真正因哲学而着魔的人，无法控制他自己而且必须追随哲学；在当今之此在被撕裂的情况下，哲学经常将其打入软弱和绝望之中。但这种着魔就是其本体，纵然所有的改变，他仍然通过常新的冲击和努力，忠诚地保持着其本性的这种内在方向，而这种忠诚必然曾有其源头，他偶然表现出来的天真的善良即由之发源。

在当今严肃从事哲学活动的人中，没有谁不本质性地受过其恩惠——没有谁可以代替他带给哲学的活生生的可能性，而这种不可替代性就是其伟大的标志。

那样一种生存之伟大只能用它本身所必然给予的尺度来衡量，这种哲学生存之伟大在于不顾一切地直面——直面那时代还只是隐秘地袭扰我们的东西，直面那不被轻易消解于传统之中的东西，——直面人性，绝不满足或等同于某种浅薄的、仿古的人道主义的人性。那使狄尔泰、马克斯·韦伯，每个人都以他自己的方式所直面的东西，在舍勒那里，以完全原创的形式，凭着最强劲的哲学力量而无比强大。

马克斯·舍勒去世了。我们为其遭遇所折服，哲学之道路再次陷入昏暗。

第3节 真理的观念和知识的原则

一般真理之本质在于主词和谓词的同一性，因此真理的知识就是对同一性的把握。这种同一性是显而易见的，还是首先必须被证明的，或者说在双重意义上：鉴于必然的或有条件的真理，视这些不同情况，相应要求对这些知识之真理进行不同的描画和批判。

在莱布尼茨那里对知识之原则通常的看法是：人们给理性真理和事实真理的区别配以两种原则的区别；理性真理服从矛盾律，事实真理服从根据律（参见，《单子论》31 节及以下）。莱布尼茨的信徒沃尔夫（Wolff）和鲍姆伽登（Baumgarten）甚至走得更远，通过上述第一个原理去证明第二个原理，并将一切知识最终都置于矛盾律之下。这条原则，被理解为同一性原则的消极表达，于是就成了一切知识，即作为同一性的真理之原则。这种倾向有一定的合理性——但完全违背莱布尼茨，并首先与问题本身背道而驰，就像立刻将表现出来的那样。

我们从真理之第一等级出发。明确的同一性，原初的真理，一眼就可以看出其同一性特征，其真理的标志恰恰就是这种公开显明的同一性本身（A 是 A）。如果我们把这种原初真理之真的标准归结为某种原则的形式，于是这条原则本身就可以表达为：A 是 A——**同一性原理**。原初真理的知识之原则，本身无非就是最基本的原初真理，根本性的是：标准，即同一性，本身就是最初的真理或真理之源泉。与之相应，我们一定要注意，这条基本原则并非处于诸多命题之外，对于认识它们来说，这条原则是指导性的原理，毋宁说，这条原则本身就作为其第一原则而适合于它们。

这种真理是那种（参见，Foucher de C. 181；这里援引第 51 页），quarum ratio reddi non potest，没有什么原因再可以给予它们的真理。但这并不意味着：它们是没有根据的，相反，它们本身就是根据，以至于它们无需论证或返回；它们正是 veritates originarae（真理之源）。其余的真理，即必然的或随机的真理，是需要根据的，也就是说，它们居于 principium rationis（推理的原则）之下，更准确地说：是 principium reddendae rationis（充足理由原则），**有待去表明根据的原则**，或者说，resolutio（解决、消解）（需要证明的原则）。所以，不仅派生真理的一个等级，即随机的真理居于 principium rationis（推理的原则）之下，而且所有派生的真理，更确切地说，按照其本质都居于其下。尽管如此，veritates necessariae（必然的真理）还是被指派给了一种特殊的原理：principium contradictionis（矛盾律）。

真理的第二等级，包含必然的真理，也就是说，那种直接可以归结为同一性的真理。Absolute necessaria proposition est quae resolve potest in identicas, sec cujus oppositum implicat contradictionen⋯Quod vero implicat contradictionem, seu cujus oppositum est necessarium, id impossilile appellatur.（Cout. 17）（绝对必然的命题是可以被还原为同一性或其反面包含着矛盾的命题⋯⋯因为凡暗含着矛盾，或者说，凡其反面为必然的东西，都被称为不可能的。）必然真理的标准，依照其本质就是可返回到同一性，而可返回同一性就说明与那种同一性合拍。不与同一性合拍而是不一致的，对之说反话的东西，则包含着矛盾，可返回同一性意味着：**无矛盾性**。包含矛盾的东西，就是根本不可能存在的东西，因为 esse（存在）就意味着 inesse（内在）这种 indem esse（同一存在），根本就不可能存在的东西，就是不可能的东西。

只是，如果这种必然真理恰恰居于无矛盾性原则之下，即居于其可返回性——也就是可论证性原则之下的话，那么，principium reddendae rationis（充足理由原则）同样归属于它——当然，人们可能或必然会反过来说：这条原则比矛盾律更加原初。

然而莱布尼茨同样说：Absolute autem et in se illa demum proposition est vera, quae vel estidentica, vel ad identicas potest reduce, hoc est quae potest demonstrari a priori seu cujus praedicati cum subjecto connexio explicari potest, ita ut simper appareat ratio. Et quidem nihil omnino fit sine aliqua ratione, seu nulla est proposition praeter identicas in qua connexio inter praedicatum non posit distincte explicari, nam in identicis praedicatum et subjectum coincident aut in idem redeunt. Et hoc est inter prima principia omnis ratiocinationis humanae, et post pricipium contradictionis maximum habet usum in omnibus scientiis.（Cout. 513f.）（而绝对真实或本身就真实的命题，或者具有同一性，或者可以被还原为同一性，也就是说，可以被先天地阐明，或其谓词与主词的关系可以被弄清楚，以至于其原因总可以显明。实际上根本没有任何东西可以无缘无故地产生，或者说，只要同一，没有什么命题其中谓词和主词之间的关系不能被清晰地说明，因为在同一性中，谓词和主词的术语相一致，或者可以被还原为同一个东西。这是人类推理的第一原则之中，或者说，在所有不矛盾原则之后，一切科学中最有用的原则。）principium rationis（推理的原则）的存在论地位在这里仍然不清楚，只是谈到了其"使用"，而principium rationis是要求澄清同一性的原则！

另一方面，因为矛盾律归根到底是同一性原理，它不可能局限于同一性的某个等级，而必然要关系到一切同一性，所以同样关系到随机的真理。我们在论证随机真理时并不真正用得上矛盾律，因为彻底进行同一性还原对于我们来说是不可能的。

于是就得出以下两点：1. 这两条原则，或者说这三条原则的关系，不是立刻就清楚的——在莱布尼茨那里同样不清楚。2. 尽管莱布尼茨本人不乏将两条原则分派给必然真理和随机真理两个等级，但就三部主要著作的重要关系而言，他还是说，两条原则在两个等级中，也就是说，适合于一切派生的真理。

请注意，为此首先参见《神正论》（1710）的附录，在涉及关于国王的书的争论之概论中，第14节"论恶的起源"（翻译过来是）："这一条和另一条原理不仅适用于必然真理的领域，而且同样适用于偶然真理的领域……因为人们可能会以某种方式说，这些原理包含在真和假的定义之中。"（参见，Gerh. VI，414）在《原初真理》（Cout. 519）的论文中，在真理之本质被指明为同一性之后，莱布尼茨说：Ex his propter nimiam facilitatem suam non satis consideratis multa consequuntur magni momenti. Statim enim hinc nascitur axioma receptum: nihil esse sine ratione, seu: nullum effectum esse absque casua. Alioqui veritas daretur, quae non posset, probari a priori, seu quae non resolveretur in identicas, quod est contra naturam veritatis, quae simper vel expresse vel implicite identica est.（这种情况还没有被充分地考虑，因为它们太简单了，可是随之却产生出许多非常重要的东西。它们立刻就产生出被接受的公理，没有什么东西是没有原因的，或者说，没有无因之果。否则，就会有不能被先天证明，或消

解于同一性的真理——违背真理之本性,真理总要么明显地,要么隐含地是同一的。)这就意味着:通过对同一性和真理的探讨,那些因其自明性而未被充分考察的东西,产生出许多具有重大意义的结果。从对真理的定义中,产生出充足理由的原理。如果根据律不是一切真理的原始原理的话,那么就根本不会有先天的证明,根本不会有同一性中的化解,这违背一般真理之本质。最后,在《单子论》(1714)第 36 节(Buch 的翻译 II,443)这样表述:"充足的根据必然也同样可以在偶然的或事实的真理中,更确切地说,在一切被造物的交互关系中找到。"莱布尼茨在这里提到第 33 节,在那里他已经指出,人们可以在必然真理中"通过分析发现根据",或通过这种分析达到同一性(参见,Gerh. VI,612)。

对于知识之原则考察的总结,指出了这种原则与作为真理之本质的同一性的关系——而同一性是一切存在者之存在的基本特性。在诸原则之中,根据律,虽说还不清楚,具有优先地位。着眼于同一性,我们指出了根据、真理和存在的某种关系,而根据律的根本性意义尤其明显,如果人们注意到,莱布尼茨形而上学的主要原理就根植于根据原理,甚至就是被莱布尼茨明确地从中推导出来的(参见,原初真理)。当然,在这条 principium rations(推理的原则)中会进一步产生多种含义:与之关联的,或者说与之同一的还有和谐、持久、合适或 melius(优化)、生存、不可分别的同一性等原理。

总之,真理的两种形式(理性真理和事实真理)的同化倾向,以及两条原理之间随之当然还不明确的关系,都定位于 scientia Dei(神的知识),所以定位于绝对知识之观念。因此我们要问,莱布尼茨是否或如何根本规定了知识之观念，他从中得以看待知识本身之本质。因为真理的知识的本质特性——错误的知识不是知识，真理的本质，迄今为止被规定为同一性，必然随着知识之观念的澄清而一道变得清晰可见。而真与被包含或同一存在相一致，因此，澄清知识的观念必然会加强对基本关系的认识，我们现在就不断地活动于其中。我们要问：按照其本质结构：判断、真理、同一性、知识、存在，正如知识之原则，它们如何自行纠缠在一起？

还有，最好要注意：我们不断地活动于那些头衔所标画的基本现象的同一个维度中，舍此，我们现在就无能去认识它们之间相互依赖的明确顺序——当然，在一个可从另一个"线性"推导出来的意义上，或许根本就没有什么顺序。实际上，某一个基本现象绝不比另一个更原始——它们同样原始。但恰恰由此产生了核心的问题：1. 这种同等原始性的内在状况，以及 2. 得以可能造就那同等原始性的基础，就此而言，就涉及了先验的东西的这些同等原始维度之坚实性（不可分化性）的本质。

总结性回顾

我们探究一种哲学的逻辑学，并试图由此导入到哲学活动之中。传统在逻辑学中外在地、技术性地所探讨的东西，我们试图去其把握其根据基础，在根据中或鉴于这种根据，逻辑学通常所讨论的东西才会开始，这种根据或基础才够得上形而上学；因此，我们的标题是：逻辑学的形而上学始基。在导论中指出，在逻辑学中所谈论的东西之主要现象，如何返回到形而上学中：真理指示着超越，根据指示着自由，概念指示着图型，系词指示着存在。由于本质上存在着这种关系，它必然也会在迄今为止的哲学中一再地起作用，所以也就有一种倾向，并且如今比以前更甚，那就是，完全取代逻辑学或就其自身而给自己奠基。

如果我们与此相反，恰恰要给逻辑学奠定形而上学基础的话，就需要与哲学史相关联，因为这就重新要求为形而上学本身奠基；因为我们并不享有某种完成了的形而上学，以便在其上建构逻辑学，毋宁说，逻辑学的解构本身倒是形而上学奠基的一部分；而这无非就是与全部迄今为止的传统进行原则性的争辩。

因此，我们首先要沿着历史的道路，切入到逻辑学的形而上学始基之维度中。我们不是随意选择我们的方位，而是从莱布尼茨所阐述的基础出发，因此这第一主要部分就是：基于形而上学基本问题解构莱布尼茨的判断学说。这个任务分七个段落，对此我们已经讨论过：第1节，一般判断结构的特征——包含理论；第2节，判断和真理的观念，同一性理论和真理的基本形式（理性真理、事实真理）；第3节，真理的观念和知识的原则（矛盾律、充足理由律）。目前清楚的是：绝对真理之观念的前提条件；知识被朝着一种明确的理想而规划。

只有当我们学会看出，我们归根到底总是把本质性的东西归功于自己的解释，归因于自由的领会，随之消化一切所学会的东西，一切历史的定位才会是活生生的。

第4节 一般知识的理念

在描画 scientia Dei（神的知识）时形成如下结论：这种知

识是 intuitus praesens, omnia subjecta sibi praesentialiter（对于一切附属于其当前的事物之当下直观）。Intuitus 是看、直观，而 praesens 指的是区别于 cum successione（在序列中）的当前。神的知识不是以相继的方式对逐个事物进行直观，而是非逐步的，同时在一瞬间；神的知识在一瞬间，但不是片刻性的延续，而是与永恒性等同；因此同时就是其 aeternitas（永恒性）: das nunc stans，静止的、保持着的现在，持久的当前。这种持续的在场，在神那里持续现存着的直观，从他那方面把一切"当前的"摆在面前，也就是说，这种持续的在场的直观，拥有其所直观到的东西，即把过去、现在和将来的现实之整体，作为在场着的摆在面前。知识是 intuitus（直观）、visio（洞察），直接持续地直观一切事物之在场状态。

这种知识之理念随着神之永恒性而产生，永恒的东西，是那种始终同时即一切的东西: totum simul。aeternitas（永恒性）是 mensura temporis（时间的尺度），而永恒性本身从 immutabilitas, simplicitas 中派生出来，因此，构造依次如下: simplicitas（单纯性）-immutabilitas（不可变性）- aeternitas（永恒性）-intuitus praesens（当下直观）。依其本性而不变的东西，不可能由于知识之增加而变化，不朽的东西，是永恒的，或必然作为永恒的东西而不变地同时拥有一切。因此，这样的绝对存在者的知识形式，必然具有 intuitus praesens（当下直观）的特性（omnia sibi praesentialiter subjiciens）（当下把一切都带到其面前）。

关于一般知识之理念、本质的问题，莱布尼茨在一个破例由他本人发表的小论文中给出回答:»Meditationes de Cognitione, Veritate et Ideis«（《关于认知、真理和观念的沉思》）(Acta

Eruditorum Lipsiencium, Nov. 1684, S.537-542, 先于 Discours 两年; Gerh. VI, 422-426)。这个论题在当时发端于笛卡儿，在笛卡儿信徒中被广泛讨论，通过前面已经提到的阿诺尔德（A. Arnauld）针对马勒伯朗士（Malebranche）所发表的论战性论文：»Traité des varies et des fausses Idées«（《论诸种假观念》），问题发展到了一个新阶段。它是与笛卡儿及其知识原理的一种原则性争辩，是从笛卡儿到康德就"范畴"-问题发展道路上的本质性阶段。莱布尼茨就这个争辩开始他的论文：

Quoniam hodie inter Viros egregious de veris et falsis ideis controversiae agitantur, eaque res magni ad veritatem cognoscendam momenti est, in qua nec ipse Cartesius usquequaque satisfecit, placet quid mihi de discriminibus atque criteriis idearum et cognitionum statuendum videatur, explicare paucis.（同上，422）"如今在杰出人物们所争论的问题中，关于观念的真和假被热议；甚至笛卡儿在这个对于真理的知识有重大意义的问题上，都没能找到令人满意的解决方式，请允许我简短地说明一下我对观念和知识的区别和标志的理解。"之后接着一句话，率先以简明的形式说出了论文接下来的内容。Est ergo cognition vel obscura vel clara, et clara rursus vel confusa vel distincta, et distincta vel inadaequata vel adaequata, item vel symbolica vel intuitive: et quidem si simul adaequata et intuitive sit, perfectissima est. "所以，知识或者是模糊的或者是清楚的，清楚的知识又或者是混杂的或者是明了的，明了的知识或者是不充分的或者是充分的，于是或同样，充分的知识或者是表征的或者是直观的……最完美的知识是既充分又直观的。"莱布尼茨这样前进，他依照进展顺序，每次都提到两种相反的知识之性状，同时，他总是把生

发出来的积极的一方进一步划分，以最完满的知识之理念结束：这就是充分的直观、直接的直观。图示如下：

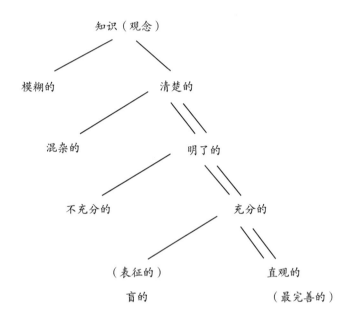

我们试着简短地解释一下所提到的知识之特性。

Obscura ist die notion, quae non sufficit ad rem repraesentatam agnoscendam.（模糊的观念不能充分地认识所再现的事物）。关于某物的某种知识，或者对某物的认识，如果这种知识不足以再次认识那存在者——假如这个存在者本身作为其所是的东西而照面的话，那么这种知识就是模糊的。比如，我具有关于某个动物的知识，这动物我以前看到过，假如这只动物再次与我照面，而我基于我的认识不能重新认出它，而是与另外一只混淆了，那么我的知识就是模糊的。模糊的知识是那样一种知识，即把本身与以前不同的东西混为一谈。所以，在哲学中同样有模糊的术语，比如太过不明确的亚里士多德的隐德莱希概念，同样还有原因等概念。Unde proposition quoque obscura fit, quam notion talis ingreditur.（因此，一个命题模糊到了居然这样一个概念是其中的一个组成要素。）

Clara ergo cognition est, cum habeo unde rem repraesentatam agnoscere possim. 清楚的知识使得我能够把所照面的存在者认作我以前看到的同一个东西，再次把握为同一个东西，即将之"同一化"。

现在情况可能是这样的，我虽然具有一个清楚的概念，所以每次都能可靠地把一只鹰和一只鸢区别开来，但尽管如此，我还是没有能力逐个指出其特点，基于这些特点，两种动物足以清楚地分开。Notio clara（清楚的观念）总还可能是 confusa（混杂的）。

知识是 Confusa，混杂的，更准确地说：混同的（zusammenfließend），cum scilicet non possum notas ad rem ab aliis discernendam sufficientes separatism enumerare, licet res illa tales notas atque requisite revera habeat, in quae notion ejus resolve posit；所以，如果我不能指明那些标志，以便足以使这个清楚而熟悉的事物区别于另一个，尽管所指的事物确实具有那样的标志或"requisita"（构成、要素），这种知识还可以继续被分解为那些要素。

要注意的是：nota（标志、符号）的概念指的是本质的规定性和个别的标志，requisita 是要素，某物的知识可以分解于其中；对此参见接下来 cognitio distincta（明了的知识）的双重规定。notae 和 requisita 的关系，参见，暗含的和明确的同一性之区别（第 2 节）。

针对清楚但混杂的知识的概念，莱布尼茨给出了下面一个例子：颜色是 satis clare（足够明显）可与气味或口味相区别的性质, sed simplici sensuum testimonio, non vero notis enuntiabilibus（但只能借助简单的感官明证而不能借助被表达出来的符号）。红色不是通过定义摆到瞎子们的眼前，而只能 eos in rem praesentem ducendo（通过使其当下展现），艺术家可以绝对清楚地辨认，quid recte, quid vitiose factum sit（什么好，什么差）；但问题是：在何种程度上？他们只是说，他们觉得少点什么：nescio quid, 我不知道少些什么。

与此相反，当我们当下拥有 die notae et examina sufficientia ad rem ab aliis…similibus discernendam，足以将某物和他物明确区分开来的标志和检验标准的时候，Distincta（明了的、条分缕析的）知识就是一种"清晰的"知识。我们拥有那种明了的知识，比如那些对于多种感官所共有的（亚里士多德的 τὰ κοινά）：数字、大小、形态；根据 »Nouveaux Essais sur I'Entendement«（《人类理智新论》）（II, 5；Gerh. V, 116）这个概念根源于精神本身，它是纯粹智性的观念；（参见，康德，De mundi sensibilis atque intelligibilis forma et principiis《感性世界和知性世界的形式与原则》, 1770）；于是，我们拥有明了的知识，关于情绪的，正像恐惧和希望一样。

关于明了的知识，我们具有一种 definitio nominalis（Gerh. IV, 423）（名词性的定义），quae nihil aliud est, quam enumeration notarum sufficientium：列举那些足以进行明确区分的标志。我们具有某种 cognitio distincta（明了的知识），关于（a）给出名词性定义的，还有（b）notio indefinibilis, quando ea est primitive sive nota sui ipsius, hoc est, cum est irresolubilis ac non nisi per se intelligitur, atque adeo caret requisitia.（参见, unten bei intuitiva）（不

可定义的概念，如果这个概念是原初的，或者是其本身的标志，就是说，如果它是不可还原的或只能通过其自身来理解，还有，如果它缺少必要的标志。）这里关键在于：名词性定义的概念并不意味着简单的名词说明，而更多是指通过命名所意味或被命名的东西的知识，更确切地说，是那种足以把所命名的和其他事物区别开来的知识。莱布尼茨对名词定义的理解，并不是词语说明或给词语配以某种含义，而是含有事实的知识——虽说不是本来的或原初的知识。因为名词性定义所描画的特点就是，标志在其中仅仅"被列举"（enumeratio），我们一定要分清作为单纯区分性标志之列举的名词性定义和实在的定义，我们接下来就要描画这种实在的定义。

Cognition distincta（明了的知识）是那样一种知识，在其中，所提到的对象本身不仅与另外一个清晰有别，而且其差别的标志同样可以明确地列举。让我们停留在 notiones compositae（复合观念）上（区别于 notiones primitivae [原初的观念]），这里的情况可能是，虽然个别的标志是可列举的，相互分别，所以也可以说，标志现在同样也处于彼此的清晰性关系之中，但每一个标志本身仍然还是混杂的；rursus notae singulae components clare quidem, sed tamen confuse（单独组成性的标志有时确实能被清楚地认识，但仍然是混杂的)，清楚的，总还可能是混杂的！那种清楚的知识，在其中标志同样是清楚的，但也就仅仅是清楚的而已，莱布尼茨称之为 cognitio inadaequata, 不充分的知识。所以,在清晰(明了的)知识中包含着的东西，自身还是有局限的，因此还可以进一步去澄清；混杂的、不明确的标志，每一个本身都可以再归结到明确的标志要素中。

Cum vero id omne quod notitiam distinctam ingreditur, rursus distincte cognitum est, seu cum analysis ad finem usque producta habetur, cognition est adaequata（如果组成明确概念的每一部分本身被明确地认识到，或如果分析进行到了终点，知识就是**充分的**）。充分的知识，是彻头彻尾明了的知识，其中不再可能有任何混杂性，分解为标志或标志要素（requisita）的活动，在这种知识中可到达终点。当然，对于 cognitio adaequata（充分的知识）莱布尼茨立刻就补充道：cujus exemplum perfectum nescio an hominess dare possint; valde tamen ad eam accedit notitiam numerorum（我不敢肯定人们可以举出这种知识的完美例子，但我们的数的概念与之接近）。所以，这里首要关注的同样是充分知识之观念的结构，而不考虑这种知识通过作为有限认知生物的人实际可能的现实化问题。同时，数学的知识理想在这种知识观念的关系中再次出现。

在 cognitio adaequata（充分的知识）中，知识之全部内容应该以完备的清晰性被把握。应该——按理说；如果情况如此，那么，就有那样一种知识，好像我们已经熟悉了：totum simul, omnia sibi praesentialiter（一切同时，面前的一切尽在其当下），但情况首先是，我们 non totam simul naturam rei intuemur（无法一下子就直观到事物的全部本性），也就是说，我们不能以直观的眼光同时尽收某一事物的全部内容，sed rerum loco signis utimur（而是用符号代替事物），而是使用符号——也就是说，不能处于对事物的全部直观状态——代替事物。比如，如果我们思考一个千角形，那么我们不仅不能示例性地恰当阐明那样一个东西，而且在那种情况下，我们也不能总是同时借助边、相等、数字千之"本性"（本质）或诸如此类的东西来把握。我们毋宁借助所提及事物本身的词，借助随同它的知识，这样，我们就认识了这种规定性之本质，并可以随时将之摆到眼前。所以，那些"本性"共同归属于 notae（标志、符号），更确切地说，作为"requisita"（构成、要素）的标志。这就暗示了：标志绝非仅只是或首先是个别的特性。（参见，下面关于可能性。）

合适的概念通过使用代表性、指示性标志的方式而产生——symbola（表征）。因此，这种 cognitio adaequata（充分的知识）就叫做 symbolica（表征的）或 caeca（盲的）：因为我们无法个别地或整体地看到明了的"标志"之全体，我们虽然熟悉它们，对此有所知，我们可以活动于其中，但我们没有看到它们。

Et certe cum notion valde composite est, non possumus omnes ingredients eam notions simul cogitare: ubi tamen hoc licet（d.h. wenn omnes simul!）…cognitionem voco intuitivam.（如果一个观念非常复杂，我们当然无法同时思考组成它的所有概念，但如果这是可能的（也就是说，如果一切同时！）……我就称之为直观的知识），它们是 cognitio perfectissima（**最完善的**知识）。

或许要注意的是：莱布尼茨称作 cogitio caeca，盲的知识，本质上与模糊的（obscura）或混杂的（confusa）不同；因为我们必须拥有充分的知识，某种知识由此才可能是盲的；充分的知识是完全明了的，更确切地说，关系到 notio composita（复合观念）；而只有那样一种充分的知识按理说才可能是盲的。所以，它要求这种知识过程的某种高的，最高的等级，以便可能成为盲的。由此就得出结论，莱布尼茨最后提到的两种知识之特性：caeca（盲的）（symbolica）（表征的）和 intuitiva（直观的），出自与前面提到的不同的另外一个考察方面。后者，最初提到的（obscura-clara，confusa-distincta，inadaequata-adaequata）（模糊的－清楚的，混杂的－明了的，不充分的－充分的）涉及分解的每一个阶段，也就是说，标志或标志要素（requisita）被突显的每一等级。而最后的区别则关系到获得或占有充分的知识，即，完全被分解的知识本身之可能的双重方式。

直观的知识不再作为一个新的等级，被置于还可以被继续分解的充分的知识之上，而是被表达为获取当时——无疑已经完全——被分解的知识之方式。这种情况表明，直观的知识也许可能处在先于或低于 adaequata cognitio（充分的知识）的等级上，也就是说，在 cognitio distincta（明了的知识）那里，——如果 notio est primitiva et caret requisitis（观念是**原始的**而缺乏标志要素），那么情况就如上所言。一个简单的概念是不再可以分解的，也就是说，它是完全被分解了的，它是充分的，已经达到了分析的最高可能阶段。因此：Notiones distinctae primitivae non alia datur cognition, quam intuitiva, ut compositarum plerumque cogitatio non nisi symbolica est（明了原初的观念的知识无非就是直观的知识，因为大部分情况下我们只是具有复合观念的表征的知识）。

知识可能是盲的或能见的（intuitiva）（直观的）。Intuitus（直观）不是分析之更高的等级，而是占有分析之最高等级，也就是说，占有其结果，cognitio adaequata（充分的知识）的方式。莱布尼茨意义上的 intuitus（直观）先行设定了 adaequatio 充分的知识,后者居于前者的概念中。Intuitus（直观）不是简单的"直接看"，而是充分的直观。Tom distinctum simul intueri; in totum praesens ducere（去直观，去看看同时明确的整体；带进完整的当前）。

这样才完全清楚了，莱布尼茨的 intuitus（直观）概念不单纯是不确定的直觉或直观的一般头衔，而且由此意指直观之方式，获得一种完全合适的知识之方式；换句话说：这种 intuitus（直观）的概念瞄准了前面所描述过的认识方式的理想，神作为 ens simplicissimum（最纯粹的存在者）就以那种方式去认识。所以 intuitus（直观）是：1. 直接的把握，更确切地说 2. 把握不再继续可分析的东西之整体。

但 adaequata cognitio（充分的知识）的概念同样不能像通常那样肤浅地理解，人们简单地谈论阶段或等级而不注意分级的方式。我们看到，在 cognitio adaequata（**充分的**知识）中，与 cognitio distincta（明了的知识）相比——对于它来说标志只是清楚的，标志同样是明了的，以至于不再留有任何混乱状态。这看上去就好像在充分的知识中，只是在清晰性方面比仅仅清楚的知识多了点什么，就好像充分的知识就一切标志的总和而言是清晰的。只是，在充分的知识中不仅清晰"量更多"——而且有某种本质性的不同。我们听说：在充分的知识中，分析 ad finem usque producta（进行到了终点）。所有标志在这里都是清晰的，"各种本性"，诸多**本质规定性**，即，**可能**造就事实本身的东西在也都处于清晰状态，也就是说：通过这种分析，本身作为可能的清晰"标志"之清晰的关系被揭示出来——当然，在莱布尼茨那里，essentia（本质）和 existentia（存在）之间的差别同样是没有明显界限的。

Et quidem quandocunque habetur cognition adaequata, habetur et cognition possibilitatis a priori; perducta enim analysi ad finem, si nulla apparet contradiction, ubique notion possibilis est.（如果我们的知识是充分的，我们就具有可能性的先天知识，因为如果我们把分析进行到底而且没有出现矛盾，概念显然就是可能的。）（同上，425）在充分的知识中，我们把握事物之所是，把握事实内容或者，正如莱布尼茨在这篇论文中明确所言，把握 realitas notionum（观念的实在性），概念所意指的东西，其是什么，其本质。Possibilitatis（可能性）是事物之内在可能性，充分的知识作为本质的知识，是使所知本身得以可能的先天的知识；因为它清晰地把握了普遍的协调性或相容性：cum notionem resolvimus in sua requisita, seu in alias notions cognitae possibilitatis, nihilque in illis incompatibile esse scimus（如果我们将之分解为必需的要素，或分解为其他的其可能性已知的概念，而且我们知道没有什么不能与它们相容）。

我们前面已经听说过：仅仅是明了，但还不充分的知识与 enumeratio（列举）相关,标志之列举,足以将某物与他物区别开来。通过这种本身并不介入个别标志之明晰性的列举活动，所展现的只是这些标志的并列，但还没有展示其内在结构，也就是说，其内在相容性及其关联之可能性。为此，需要充分的知识，以求洞见 realitas notionum（观念的实在性），因此，充分的知识对应于实在的定义（Realdefinition），definitiones reales, ex quibus constat rem esse possibilem（通过实在的定义，事物被确立为可能的）。所以，对于**实在的定义**，单纯明了的知识还不够，因此，在 cognitio distincta（明了的知识）和 cognitio adaequata（充分的知识）之间，在名词性定义和实在的定义之间存在有一种内在的、原则性的差别。

康德在他的《逻辑学》讲座第106节中，做出了几乎逐字逐句相同的区别，注意这一点对于理解康德实在性概念至关重要；对于这种关系的幼稚无知，误导了全部新康德主义解释《纯粹理性批判》的方向，以至人们在康德那里寻找知识论。然而，康德在"范畴的客观实在性"的标题下寻求一种这样来理解范畴之本质的可能性，即它们可能是客体（现象）之实在的规定，而不必具有经验性的特性（现象）。如果存在规定性不是存在着的物之实存的特性，那么它们以何种方式属于实在性，属于客体之事实性？其实在性，其对于内容之归属性是一种先验的，即一种有限的、视域－出位的实在性。（参见，康德对空间和时间之经验的实在性和先验的观念性的区别。）

按照所有上述想法，莱布尼茨通过 intuitus（直观）看待知识之理想。cognitio intuitiva（直观的知识）必然是 adaequata（充分的），就其涉及 notiones compositae（复合观念）而言，或者是 distincta（明了的），就其关系到 notiones primitivae（原初的观念）而言，无需是充分的。但正如多次所强调的那样，这种理想的结构，并不就已经宣布了其实际的，甚至仅仅可能的现实化。这种现实化意味着，我们作为有限的生物，将与绝对认知者——神相提并论，也就是说，有能力认识神所认识的同样的东西，以及如神那样，即绝对地去认识，就是说，同样如神本身那样，直接绝对地去认识。莱布尼茨无论如何都不敢贸然决定这样的问题，即那种终究是一切存在者之首要的本质可能性的知识的知识，是否对于我们来说是可能的。因此：an vero unquam ab hominibus perfecta institui posit analysis noti onum, sive an ad prima possibilia ac notions irresolubiles, sivequod eodem reditipsa absoluta Attributa Dei, nempe causas primas atque ultimam rerum rationem, cogitations suas reducere possint, nunc quidem definire non ausim. Plerumque contenti sumus, notionum quarundem realitatem experiential didicisse, unde postea alias componimus ad exemplum naturae.（不管是人们想要能够对观念进行完满的分析，就是说，把他们的思想还原到最初的可能性或不可还原的概念，还是［这是同一回事］还原到上帝本身的绝对品性，就是说，事物的第一原因或最后的终点，我现在都将是贸然决断。因为在大多数情况下，我们都满足于借助经验了解某个概念的实在性，然后按照自然的模式由它们构成其他概念。）——如果我们从经验中推断出知识之事实内容，并以之为引线配以其他的概念的话，我们大多会感到满意。

现在也弄清楚了，莱布尼茨在何种程度上借助批判涉及笛卡儿学说之核心，并更加根本地理解观念问题。莱布尼茨在这一点上与笛卡儿，即与全部形而上学传统相一致，那就是，对于存在者的知识来说，"观念"之领会，本质的知识，不管意识到与否，都是被先行设定了的。但莱布尼茨反驳笛卡儿说，对于观念本身的知识来说，知识原理就足够了，笛卡儿将其表达为 regula generalis（一般规则）（沉思 III，2）：ac proinde jam videor pro regula generali posse statuere, illud omne esse verum quod valde clare et distincte percipio.（我看似乎我已经可以确立为一般规则，所有我非常清楚或非常明了地感受到的事物是真实的。）（参见，笛卡儿的哲学原理 I，45 页及以下——quid sit perception clara, quid distincta（清楚明了地感知的东西）；die regula（规则）本身：同上，43）莱布尼茨不仅给出了清楚和模糊、明了和混杂的概念，而且他指出，在此之上有一个本质上更高的等级，我们在此阶段才能获取本质知识，因为只有在这里，实在性的 requisita（构成、要素）之 totum（全体）才得以揭示。Die regula generalis（一般规则）恰恰不是知识之本质或理念的标准；一般规则本身还在后者之下。

当然，莱布尼茨的这种批判也没有击中要害。只有批评莱布尼茨本人的康德，才更加根本性地把握到了存在论的事实性本质知识之可能性问题，他由此而重新追问可能性之条件，并使存在论知识根植于先验想象力；intuitus（直观）获得了构成性的特征。如今，现象学谈论本质－"直观"，这种流行的、但误导着的表述其目的之所在，只有通过将全部这些难题彻底化才能得到澄清。

因此，莱布尼茨对于笛卡儿的原理这样说道：Nec miums abuti video nostril temporis hominess jactato illo principio: quicquid clare et distincte de re aliqua percipio, id est verum seu de ea enuntiabile. Saepe enim clara et distincta videntur hominibus temere judicantibus, quae obscura et confuse sunt. Inutile ergo axioma est, nisi clari et distincti criteria adhibeantur, quae tradidimus, et nisi constet de veritate idearum（我认为，人们如今提出的著名原理，即，我在某物上清楚或明了地感受到的无论什么都是真实的，或都可以作为它的表述，这原理一点也靠不住。因为那些看起来对人清楚和明了的东西，当他们急于下判断时，常常是模糊的或混杂的。所以这条公理是无用的，除非我们所设想的清楚和明了的标准是适用的，或除非观念的真理被确立起来）——如果其对于观念之真理的评判功能没有确立的话。（同上；卡西尔的过度翻译 / Buchenau I, 27 页以下："如果观念之真理没有表明的话"。）在另外的一个段落中，莱布尼茨把笛卡儿原理的滥用比作神学家任意引用 testimonium spiritus sancti internum（圣灵的内心表白）。

从全部这些讨论中，可以为我们的引导性问题推断出什么呢？我们听说：veritas（真理）等于 identitas（同一性），Verum esse（真实存在）等于 indem esse（同一存在）；现在莱布尼茨反对笛卡儿说——根据事实，即使没有明确的表达：Verum esse 不等于 clare et distincte perceptum esse（被清楚和明了地感受到的），毋宁说 Verum esse（真实存在）等于 adaequate intuitive perceptum esse（充分直观地被感受到的）。真理最初与陈述（enuntiatio）（列举）相关而得到规定，即被规定为同一性，现在则相关于一般知识之理念而被规定。前面所强调的真理的定义，verum（真实）等同于 indem esse（同一存在），与现在所说的 verum 等于 adaequate intuitive perceptum esse 如何相合呢？更准确地说：indem esse（同一存在）无论如何都与 adaequate intuitive perceptum（充分直观地被感受）至少有那么一点关系吗？这里似乎出现了一个无法解决的困难；同一性和充分直观地被把握性不能被拼凑为同一个概念的定义，真理之概念的定义。同一性究竟意味着什么呢？Idem 的意思是同一的——难道指的是，多个东西是同一的吗？

如果我们试图更加敏锐地查看已经说过的内容，那么就会表明，这种困难不仅是可以解决的，而且我们现在恰恰有能力更清楚地去把握莱布尼茨"**同一性**"之所指——而无需明确地探讨它本身。

在充分的知识中，所知道的是 requisita（构成、要素）之 totum（全体），也就是说，作为整体构成某 res（物）之实在性的东西；这些所知道的东西是真实的，verum，这种要素之整体是 possibilitatis（可能性），本身使事实之事实性得以可能的东西。res

（物）的这种内容本身是一致的，因为只有通过这种一致性它才可能促成。不一致作为矛盾，可以说是事物之本质的断裂；它自行瓦解，不"可能""存在"。在充分的知识中所知道的是一事物自身中相互一致的诸多规定性，更确切地说，事物，它如果被充分地认识的话，恰恰就是着眼于其诸多实在性的一致性而被认识。充分的知识是对多样性之一致性的整体把握。

但前面的结论是：判断是某种 connexio（连结），确切地说，connexio realis（实在的连结）；而这种 connexio 被理解为 identitas（同一性），这就是说：处于 nexus（联系）之中的或在 connexio（连结）中被把握的东西，不会瓦解，不自相矛盾，而一切都在自身中统一，并作为规定性涉及一个或同一个物之所是——就其同一性而言的同一的东西。

因此，同一性所指的根本不是缺乏任何差别的、空洞的单一，恰恰相反，它意味着不受矛盾约束的一致性中实在的诸规定性之全部财富。同一性不是任何差别之缺失的消极概念，相反，是各种不同的东西协调一致的观念。

当然，我们还要注意——这对莱布尼茨是本质性的——他同时在空洞的形式意义上使用同一性（A=A），并且把两者混同为一——或者说，他试图从空洞同一意义上的形式的同一性中，借其本身，推导出不同事物之协调一致或共同归属意义上的同一性。这某种意义上只有在 simplicitas Dei（神的纯粹性）的理想中才有可能：这里是把绝对的纯粹性和 omnitudo realitatis（所有实在性）之 totum（全体）搅和在一起了。

如果同一性的统一意味着共同归属的东西之协调一致，那么我们就清楚了，真理之本质的两种特征——作为 indem esse（同一存在）的 verum（真实）和作为 adaequate perceptum（充分被感受）的 verum（真实）——就很好地融合起来，或者说，指的是同一回事。

对于康德来说，真理的概念和同一性的概念，两者在先验统觉之原始的综合之统一中联合，而这还要借判断真理之助，返回到一切知识发生之可能性条件。"自我"是那样的主体，其谓词构成一切表象，即一切无论以何种方式进入到知识中的表象。

现在我们才算完全清楚了，知识概念如何又与全然存在者及其存在联系在一起。intuitus（直观）和 identitas（同一性）作为真理或知识——广义上"逻辑的东西"之本质特性——是从 simplicitas Dei（神的纯粹性）中汲取出来的，作为某种真实存在者的引导性理想。而因为处于这种形而上学背景之中的判断的同一性理论，囿于对存在的上述理解，因为所有判断或所有知识都是关于存在者的知识，我们现在同样要弄清楚，莱布尼茨如何把对存在的解释定位在上述理想上。（但典范性的存在者，神，似乎也还处于对一般存在的某种理解之光中。）

此外，由于主词和谓词的概念，逻辑的主词概念，直接回指存在论－形而上学的主体概念（参见《形而上学的辩驳》，第8节），而形而上学的主体概念，个别实体的概念，本该表达真正的存在者，于是，我们就必须指明存在之解释和判断理论之间的关系。

第 5 节 真正的存在者之存在的本质规定

a）单子作为冲动

真正的知识是充分的；它以全部的明晰性，在自身中包含着共同归属的诸多规定性之整体，这些规定性包含于某个存在者自身之中。cognitio adaequata（充分的知识）是 notio completa seu perfecta（全面的或完善的观念），所有规定 sujectum（主词）的谓词都可以用到它上面。句子的这个主词同时就是 sujectum（主体），作为躺在下面的基础的存在者本身：个别的实体。因此莱布尼茨说（《原初真理》；Cout. 520）：Notio completa seu perfecta substantiae singularis involvit omnia ejus praedicata praeterita, praesentia ac future（关于个别实体的全面的或完善的观念包含着它的所有谓词，过去的、现在的和将来的）；以及（Cout. 403）：Si qua notion sit completa, seu talis ut ex ea ratio（reddi）possit omnium praedicatorum ejusdem subjecti cui tribui potest haec notion, erit notion Substantiae individualis; et contra. Nam substantia individualis est subjectum quod alteri subjecto non inest, alia autem insunt ipsi, itaque praedicata omnia ejusdem subjecti sunt omnia praedicata ejusdem substantiae individualis.（如果概念是全面的，或如果它是这样一个概念，即从它出发，原因可以被给予这个观念所归属的这同一个主词的所有谓词，那么它将是关于一个个别实体的概念；反之亦然。因为实体的个体性就在于一个主体不在其他主体之内，而其他的却在它之内，所以，那个主词的所有谓词，都是同一个实体性个体的谓词。）

真实的句子的主词，和作为真正的存在者的个别实体的同一化是清楚的，但目前还不明确的是这种存在者之存在：这种实体之**实体性**。而进一步要问的是，在个别实体之实体性的形而上学特性和判断之逻辑的同一性理论之间存在着怎样的关系，或者说，"逻辑的"到底要说些什么。

个别实体之实体性的学说就写在莱布尼茨的**单子论**中，构成其全部形而上学的核心部分。我们必须去解释的形而上学的主要话题，原话是：个别的实体就是单子。莱布尼茨对存在的解释就是单子论。

单子论的主要文本有：1.《形而上学辩驳》，1686年（Gerh. IV, 427-463）；2. 与阿诺尔德的书信往来，1686年ff.（Gerh. II, 47-138）；3.»De primae Philosophiae Emendatione, et de Notione Substantiae«（《论对第一哲学的改进及实体概念》），载于 Acta Eruditorum Lipsiensium（《莱比锡学者通报》）1694年（Gerh. IV, 468-470）；4.»Système nouveau de la nature et de la communication des substances«（《关于自然及实体间相互作用的新体系》），载于 Journal des Savants（《学者杂志》）1695年（Gerh. IV, 477-487）；5.»Principes de la Nature et de la Grace, fondés en Raison…«（《关于自然及基于理性之恩典的诸原则》），1714年（Gerh. VI, 598-606）；6.《单子论》，1714年（Gerh. VI, 607-623）。这些论文是莱布尼茨在他去世前两年，适逢最后在维也纳逗留期间，用法语撰写的，同样在他生前没有发表，1721年在 Acta Eruditorum（《学者通报》）中以"哲学原理"的标题发表了一个拉丁文译本，1840年这些论文首次由埃德曼（J. E. Erdmann）以原文形式出版（冠之以《单子论》标题）。

在这里，我们只能概括展现一些单子论的本质特点，而不是全部文本或所有议题，更何况本质性的东西在莱布尼茨本人那里也只是点到为止，而根本没有系统地拟定。[1] 和在其

---

[1] 参见，莱布尼茨"哲学导言"讲座中对单子论总结，1928/29年冬季学期［编作全集第27卷］；1929/30年冬季学期，关于笛卡儿和莱布尼茨的真理和确定性的讨论课，对此也有所探讨。

他教导那里一样,在这里,很多内容仍然还处于最初的草稿阶段,同样,大部分也是以论战形式出现。虽然我们拥有莱布尼茨的原文:《单子论》,它以独具特色的形式包括90节相继写成的提纲。

单子论形而上学遭到了最五花八门的解释,每一种解释都可以援引莱布尼茨的随便某个部分,和引用其余部分一样,而一切真正的哲学都是这种下场,一致性——群氓的一致性只针对伪哲学而言。因此,对哲学之本质完全被误导了的理解是,人们喜于相信,人们最终可以通过某种巧妙的估算或均衡,比如所有对康德的理解或所有对柏拉图的解释,把"那个"康德或"那个"柏拉图提炼出来。这在莱布尼茨那里几乎没有意义,那样抽取出来的,都是一些枯死的东西。那种所谓"康德本身",是与一般历史之本质,尤其是哲学史之本质背道而驰的观念。历史性的康德始终只能在哲学活动之原始的可能性中展示出来——只能是一部分,如果您想要的话,但是真正的一部分,它本身发挥整体的作用。

历史性的东西之现实性,特别是过去的现实性,以我们所知道的最可能没有纰漏的方式"它曾经是如何如何"并不能得到表达,毋宁说,过去的现实性在于其可能性,本身向来只能被展示为对活生生的问题之回答,在"我们能做些什么"的意义上,给自己提出一种将来的当前。历史性的东西之客观性在于可能性的永不枯竭,而不在于结果之乏味的完成。

为了随后对单子论的解释,我们也要记住这些。恰恰在这里,我们必须走出莱布尼茨,或者更准确地说:更加原始地冒险进行返回到他的解释；即使冒着远离他实际上所说的东西之危险。

首先，我们必须牢记两点：1.单子论应该作为对实体之实体性的解释，规定真正的存在者之存在，所以它是存在论，是形而上学，更确切地说，一般的形而上学，因为本要赢获某种存在概念，涉及一切真正的存在者，物理的自然、生物（植物、动物），人的意义上的生存者，神；当然，存在概念同时也必然使这些不同存在者的差别规定为某种普遍概念之统一得以可能。2.但现在，存在论知识之本质，或者说，其明确的实施，在莱布尼茨那里恰恰在很大程度上还是不清晰的或正在摸索着的。因此，当他对实体的单子论解释遵循着更为根本的意图，但讨论得并不透彻而且和其他东西混杂在一起时，那么这种解释就必然会是这样。对于形而上学和非形而上学知识之间的区别而言，莱布尼茨的思想只是一种准备；在康德那里它才现出光明；然后就又完全被埋没了。

于是，我要再提醒一下引导性的问题之关联：我们试图借助单子论说明存在者（实体）之存在。我们目前已经知道：存在者，被判断的对象，sujectum（主体），是通过自身之中一致的诸标志之整体，通过它们的共同归属性，作为这些多之统一的同一性而得到规定的。存在者被解释为**同一性**和被解释为**单子**之间有什么关系吗？或者说，有怎样的关系呢？阐明这种关系是否会给予我们以一种洞察力，借此我们可以认识到所寻求的：莱布尼茨逻辑学的形而上学基础——并由此被赋予认识一般逻辑学在一般形而上学中的根源的示范性洞察力？

莱布尼茨选来用以标画实体之实体性的术语，是富有特色的："单子"。希腊词 μονάς 的意思是：简单的、统一的、单一的东西,而同样指:个别的、独一的东西。莱布尼茨后来才使用这个术语,在他的实体的形而上学已经形成之后,更确切地说,1696年之后;他从荷尔蒙特(F. M. van Helmont)或布鲁诺(Giordano Bruno)那里接受了这个术语。莱布尼茨借单子所意指的,可以说本身集结了所有希腊语的基本含义:实体之本质在于,它是单子,也就是说,真正的存在者具有个别的、自立的东西之简单"统一"的特性。事先描述一下:单子是简单的、原初的、先行个别化的统一的东西。

如果我们回想笛卡儿和斯宾诺莎直接的先行尝试,就会看清莱布尼茨试图重新更加原始、更加普遍地把握实体之本质的倾向。笛卡儿在《哲学原理》(I, 51)中说:Per substantiam nihil aliud intelligiere possumus quam rem quae ita existit, ut nulla alia re indigeat ad existendum.(通过实体,我们所能够理解的无非就是如此存在着的、无需他物而存在的东西。)这里独特的东西被看作不缺乏。在斯宾诺莎那里(《伦理学》I, 定义3)表述为:Per substantiam intelligo id, quod in se est, et per se concipitur: hoc est id, cujus conceptus non indigent conceptu alterius rei, a quo formari debeat.(所谓实体,我指的是本身就存在或通过自身而被理解的东西:这就是那种不要求其他事物的概念以形成其概念的东西。)按照这个定义,实体本身就存在着;这里还只是消极地规定了本质性的东西。

自立的东西,不可再回溯的位于下面的基础,历来都通过实体的概念被思考,正如 ὑποκείμενον 所标示的那样。笛卡儿和斯宾诺莎所加进来的东西,本质上是消极的,或者说,涉及把握实体的方式,与之相比,莱布尼茨恰恰正想积极地规定实体之实体性。把实体标画为单子,标画作为"单元"(Einheit)[①],在何种程度上就是那样一种积极的解释,这里的"单元"意味着什么?

我们听说:单子论是一般形而上学;虽然如此或恰恰因为这样,它必然定位于一切存在者。莱布尼茨时代的燃眉问题,关于自然之存在问题,物质的－无机的自然,正如有机的自然,确实就成了单子论构想的引线——当然不是唯一的或最终决定性的。

笛卡儿就已经试图把物质的自然,res corporea 的存在看作 extensio(广延),广延性是首要属性,物质性的物体的所有特性都应该可以回溯到这上面,而自然事件的所有那样的规定性都涉及变化,关系到运动,一切运动都是 motus localis, 即位移,只有着眼于此,运动才算被科学地考察,所以,它对于臆想中最严格的理论把握——数学－几何学的把握是可通达的。这种理论首先被笛卡儿的信徒们扩展到了有机自然,延伸到了植物和动物;后者同样被看作简单位移的某种总和,也就是说,纯粹机械性的——动物作为机器。只要指出存在者的这个领域,即有机生命,就可以确定笛卡儿自然存在论之界限,甚至在物质的－无机的自然中,这种存在论也是不充分的。笛卡儿明确尝试把力的概念排除出物理学:ac de vi qua [motus localis]

[①] "Einheit"的意思有统一、一致、独一、单位、同一等,也有翻译为"统一体",根据具体情况,本书有些地方译作"统一",在"统一体"意味较强的地方试译作"单元"。汉语的"单元"本意就是整体中自成系统的、独立的元初单位,可以突显莱布尼茨单子的独一性、单一性和元初性、能动性,回避物理原子意义上的"体"的意味。——译注

excitatur…non inquiramus（同上 I，65）（如果我们只探究位移，而不考虑造成位移的力的话，我们就可以最好地理解运动）。更准确地说：笛卡儿还没有明确的物理学上的力的概念，而是在 vis（力）的名下思考经院自然哲学的"隐秘的质"。

与之相反，莱布尼茨则瞄准了作为数学物理学本身之基础部分的活力（Dynamik），但这样就涉及不到其真正的形而上学意图了。后者，形而上学的－存在论的意图，无需明确区分提问或论证的领域和方式，始终总是与物理的－存在性的意图同行。如果人们想要着眼于其形而上学的意义和动机，评估物理学中动力学倾向的影响，那么就要注意另外一种，即只有物理自然的单子论结构才要求的东西。

如果我们接受笛卡儿的存在论出发点，自然物的本质之根据在于其广延，那么，每一个广延的东西最终都要回溯到广延之最后的基础：数学的点。它们某种意义上就是一些"单元"；但在何种意义上呢？只能作为界限。这表明两点：1. 点是界限，界限本身无限可分，也就是说，从不丧失其界限特性，limes（界限）。点是界限，意味着 2. 它不再是体，不再是面，不再是线，而仅仅就是其界限。这样的单元纯粹消极地被规定；比如后来在黑格尔的空间形而上学中出现的，当他说：点是简单的否定，也就是说，它不是任何那些多余的、在空间中有空间形体的东西，作为这种首要的多余之无，是每一个点同时就是多余之否定。点是单元，只是在还留下来的意义上，但本身依概念是继续可分的（即界限性的）、整体完全分裂之后的剩余。

Extensio（广延）的基本要素只有界限和否定的特性，作为这种消极的剩余存在，它没有能力去统一整体，本身只能是那种进入到统一之中或恰恰要求那统一的东西。如果 extensio，广延，应该构成自然物之存在论本质的话，那么，这种本质之元素、数学的点，显然就根本或绝不会构成或建立自为的存在者之存在论的单元。对于存在论的本质考察来说，决定性的在于接下来的话：如果 extensio（广延）形而上学地构建 res corporea（物质性的物），并且是 omne ens unum（所有存在者和单个存在者），那么，extensio 之基本要素、数学的点，就构成 res corporea 的单元。这可能吗？不。如果不可能，那么 extensio 就不是本质，那么，就需要对实体重新进行规定，规定"单元"意味着什么。

与此同时，莱布尼茨还针对笛卡儿提出：保持不变的，具有持存性的东西，不是运动的量，而是力的大小。这不是通过 m·v（质量和速度的乘积），而是通过 m·v² 来规定的。莱布尼茨由此推断，某种东西应该是超出质量和位移，所以超出 extensio（广延）之上的主体。

所以，莱布尼茨说（»Systeme nouveau«《新系统》；Gerh. IV，478 页以下；根据 Buch 的翻译 II，259 页以下）："起初，当我从亚里士多德的桎梏中解脱出来时——我曾赞成虚空和原子，因为这些原理顶多可以满足想象［不是像 Buchenau 翻译的：感性直观］，而当我在大量思考之后重提这些东西时，我认识到，在单纯的质料或消极的东西中，去寻求某种真实的统一之原则是不可能的，因为这里的一切都只是部分之集聚或堆积，直至无穷。"消极的或本身需要统一的被动的东西，不可能是某种单元的，也就是说，统一的东西之原则，所以，单元的原则要在某种本身积极的、统一的，因而主动的东西中去寻找。众多就其本质，其 realitas（实在性）而言，只有以某种真实的统一为根据才是可能的。莱布尼茨继续讲到（同上）："现在，众多只可能通过真实的统一而拥有其实在性，单元是另一种本源或与数学的点完全不同的某种东西，数学的点只是广延的界限或限制，无疑不可能通过合成而形成连续统。因此，为了找到这种实在的单元（unités réelles），我就必须返回到某种实在的，可以说有活力的点，也就是说，返回到一种实体性原子，它必然包含某种形式的［成形着的］或活跃的因素，以便形成完整的本质。所以，我看非得召回如今已声名狼藉的实质性形式不可，并在一定程度上重新恢复其名声。"

而莱布尼茨在这里做了一个明确的注释，这种实质性形式不可以，也不可能用来"解释自然的特殊问题"；它们并不在关于自然的实证科学的问题中发挥存在性层面的功能。但实质性形式或许"对于确定真正的普遍原则来说是必要的"（同上）；也就是说，鉴于这种"有活力的点"，它涉及存在论－形而上学的问题。这种点就是诸多的单元，但是有活力的单元：单子。"形式的原子"不就是 ὕλη（原料、物质）、materia（质料）、可规定的东西之剩余部分，而是规定者。

如果人们外在地或不以其纯粹的——莱布尼茨本人都没能彻底贯彻的——形而上学意图来对待这种学说，如果人们简直可以说是流俗地、幼稚地理解它的话，那么它就会涉及像万物有灵之类的某种思想；万物，直到物质性原子，都云集着小的灵魂或精灵，莱布尼茨在这里甚至谈到了"卑微的诸神"；随即，人们就会以大家所喜爱的标语模式编造曰：在莱布尼茨那里，我们得到了不同于机械式的一种活力的世界观，他针对机械论而"鼓吹"一种唯灵论，他对世界的解释不是单向因果式的，而是目的论的，流行的哲学史喜于这些无稽之谈。

与此相对，我们必须接受，而我们也有根据，那就是，对存在者的这种单子论解释，是着眼于真正的哲学意图而进行的。当我们把这种意图突显出来时，实体之实体性的问题作为形而上学－存在论层面的问题，就成了我们解释的尺度，即使莱布尼茨本人在这方面也不是完全清楚，因为形而上学概念本身就是混乱的。必须说明我们的方法性原则：首先弄清楚我们的引导性意图，然后弄清楚莱布尼茨本人针对自然的单子论解释功能所说的。我们必须力求发掘单子论真正的哲学层面之核心，只有这样，我们才可能或可以返回头去注意，莱布尼茨的意图在何种程度上是可能的或被贯彻了多少，经过什么或为什么被歪曲了。这种遭遇绝非偶然，而是因为任何哲学，作为人的事情，最内在地都注定要失败；而神就无需哲学。因此，某种哲学也只可能失败，而必须承受去争取成功之劳顿！

我们在最初描画单子，即"被附灵了的"有活力点的时候，有意从 extensio（广延）出发，以便说清楚，单子论问题同样要强加于不具生命之存在形式的那种存在者上面。

有关单子的观念，首先进一步要牢记的是什么呢？三方面：1. 单元，点，本身无需统一，毋宁说，它是形成统一的东西；它使某物得以可能。2. 诸单元作为赋予统一的东西，本身是原始的联合者，以某种方式是活跃的。所以，莱布尼茨把这种点描画为 vis primitiva，force primitive，原初—单一的力。3. 单子的这种概念具有形而上学—存在论的意图。莱布尼茨因此同样把这种点称为 points métaphysiques（同上，482），"形而上学的点"而不是数学的点，进一步，它们指的是"形式的原子"，而不是质料的；也就是说，形而上学的点不是 ὕλη（物质、原料）、materia（质料）之最终的基本组成，而是原初的、不可分割的形式、forma、εἶδος（爱多斯）之原则。

每一个自为的存在者都被设立为单子，也就是说，ipsum persistens…primitivam vim habet（持守其自身者……具有原初的力）（致沃尔德，1704年1月21日；Gerh. II, 262）。每一个自为的存在者都被赋予了力，这说明什么？现在，对单子的形而上学意义上的理解，有赖于以正确的方式把握 vis primitiva（**原初的力**）的概念。

我们看到了某种本质性的东西：实体之实体性的问题应该积极地得到解决，而它对于莱布尼茨来说就是"单元"、单子的问题。从积极规定实体之统一的这种问题视域出发，一切关于"力"及其形而上学功能所说过的话都将得到理解。"力"的特性要通过蕴含于实体性中的统一的问题去理解。

我们现在才重新学到了一般形而上学问题的原则性意义，但同时也认识到了其困难。只是由于当今的哲学活动完全与伟大的古代哲学传统之断裂，才可以说明面对形而上学问题之无助。同样，这也是唯一可能的原因，为什么人们不尝试从其本质的意图出发，根本性地去把握莱布尼茨的单子论，尽管莱布尼茨毫不含糊地剖析了单子论实体问题的一般形而上学意义和重要价值，同样在前面已提到的短文 »De primae Philosophiae Emendatione, et de Notione Substantiae«（《论对第一哲学的改进及实体概念》）中：以澄清实体概念的方式，也就是说，通过实体性的单子论解释，改善第一哲学，即一般形而上学（存在论）。

简短的条款在埃德曼版中恰恰占一页篇幅（Erdm, 121–

122；Gerh. IV，468-470）。对于它的理解取决于，我们是深入到单子论的存在论意义中，还是听任其停留于通常流行的哲学之肤浅层面。主题是 natur substantiae in universum，一般实体之本质，实体性本身。

97　　Notio substantiae, quam ego assigno, tam foecunda est, ut inde veritates primariae, etiam circa Deum et mentes, et naturam corporum, eaeque partim cognitae, sed parum demonstratae, partim hactenus ignotae, sed maximi per ceteras scientias usus futurae, consequantur（同上，Gerh. IV，469）."实体的概念，更确切地说，如我所呈现的实体概念，内涵非常之丰富，以至于第一性的或原初的真理，确切地说，关于神、灵魂和物质之自然［即关于一切存在者及其领域］的真理都由之发源，各种真理，部分为我们所熟知，但少有证实，部分目前还未知，虽如此，但却对于其余的科学［非哲学的科学］来说意义重大。"

在一般性地思考澄清形而上学基本概念之必要性，那样一项任务的难度，以及迄今为止所作的尝试之前，莱布尼茨首先对实体，或者说实体概念给出了一个简短的讨论，将其突显为一般存在论的基本概念。就此而言富有特色的是，尽管数学再一次通过被定义为清楚和明晰之典范而浮现于眼前，但恰恰就在这里，莱布尼茨以某种方式看到，形而上学的基本概念之澄清和论证还具有另外不同的特点。Video pleroque, qui Mathematicis doctrinis delectantur, a Metaphysicis abhorrere, quod in illis lucem, in his tenebras animadvertant. Cujus rei potissimam causam esse arbitror, quod notions generales, et quae maxime omnibus notae creduntur, humana negligentia atque inconstantia cogitandi ambiguae atque obscurae sunt factae; et quae vulgo afferuntur definitions, ne nominales sunt quidem, adeo nihil explicant…Nec vero substantiae tantum, sed et causae, et actionis, et relationis, et similitudinis, et plerorumque aliorum terminorum generalium notiones versa et foecundas vulgo latere manifestum est. Unde nemo mirari debet, scientiam illam principem, quae Primae Philosophiae nomine venit… adhuc inter quaerenda mansisse（468）."依我看，大多数兴趣集中在数学理论上的人，都对形而上学有所反感，因为他们觉得前者光明，后者相反则昏暗。其主要原因在我看来如下：任何人都认为自明的普遍概念，是由于人的思想之马虎粗糙［不求甚解］和摇摆不定而变得模糊不清；一般性地与这些基本概念相关而表达出来的定义，甚至连名词性定义都够不上，因此也弄不清什么东西……显然，真正的或内涵丰富的概念，不仅关于实体的，而且关于原因、发生［行动］、关系、类似和许多其他的概念一般都还隐蔽着，所以无需奇怪，在第一哲学［形而上学］名下产生的那些主要的科学，迄今为止仍然停留在那本身还必须被探求的东西之下［都还是难题］。"

Mihi vero in his [Metaphysicis] magis quam in ipsis Mathematicis, luce et certitudine opus videtur, quia res Mathematicae sua examina successus, sed in Metaphysicis hoc commodo caremus. Itaque peculiaris quaedam proponendi ratio necessaria est, et velut filum in Labyrintho,… servata nihilominus claritate, quae nec popularibus sermonibus quicquam concedat（469）.（然而在我看来，那种光或确定性，在形而上学中比在数学本身中更需要，因为数学的命题自身就带有对自己的检验和证实，而在形而上学中，我们缺乏这种优越性。所以，

程序的某种独特体系是必需的,就像迷宫中的引线……至少要保持人们日常说话时所达到的那种清晰性。)与数学的进展方向相反,按照莱布尼茨的看法,对于形而上学而言,某种独特的事先规定和澄清的方法是必要的;谋求这种清晰性并不意味着,向流俗的饶舌空谈或所谓的普遍明晰性妥协。

把数学直接作为衡量一般形而上学的尺度,以某种方式在柏拉图那里就出现了,这种想法原则上并非始于笛卡儿,所以对于康德来说,明确地探讨这种关系仍然是必要的,参见《纯粹理性批判》:先验方法论,第一章,第一节:纯粹理性在教条使用方面的训练(A712-738,B740-766)。那里的原话是:"哲学知识是出自概念的理性的知识,数学的知识则是出自概念之建构的知识。"(A713,B741),恰恰在这里鉴于方法上的思考,康德没有达到他在实际的哲学解释中,在图型法章节所达到的清晰程度。

Cujus rei ut aliquem [eine Probe] dem, dicam interim, notionem virium seu virtutis (quam Germani vocant Krafft, Galli la force) cui ego explicandae peculiarem Dynamices scientiam destinavi, plurimum lucis afferre ad veram notionem substantiae intelligendam.(同上;Gerh. IV,469)(为了进行一种尝试,我目前要说,力量或力的概念,德语的 Kraft,法语的 la force,为了解释它们,我已经建立了一套独特的动力学科学,为我们理解实体的概念引进最强烈的光。)在这里,莱布尼茨只是宣称,力的概念对于解释实体之实体性来说的建设性的,但他在这里并没有说明力的特性与实体之统一之间的内在关联,而仅限于完成一项先行任务:把他在力的名下所理解的东西搞清楚,更确切地说,通过与经院形而上学的基本概念 potentia nuda（裸力）（passiva）（消极的）potentia activa（积极的能力）或 actio（活动）划清界限而完成这项任务，从它们那里返回亚里士多德对于 δύναμις（力、能力）、ἐνέργεια（活力、动力）和 ἐντελέχεια（隐德莱希）的探讨。

关于 potentia passiva（消极的能力）和 activa（积极的能力）的理论，在亚里士多德主义的经院哲学中是大部头的重要理论组成，这里无法对此进行详尽深入的讨论。这种区分是一种本来更普遍的划分，我们以某种方式已经了解其倾向，在 essentia（本质）和 realitas（实在性）的名下：构成事物之本质的意义上的可能性，使得事物之本质性存在得以可能，而不考虑这种可能性是否曾成为现实。经院哲学也把这种**可能性**称为 *potentia objectiva*（**客观的能力**）或（metaphysica）（形而上学的）力；objectiva（客观的）是在老的意义上（同样就像在笛卡儿那里的 realitas objectiva［客观实在性］）：ob-jectum，对立的东西——针对单纯的自我思考或对纯粹可能性或事物之本质的想象。与这种 potentia objectiva（客观的能力）相区别的是 *potentia subjectiva*（**主观的能力**）；subjectum 不是在现代的，而是在古代的意义上：位于下面的基础，本身现存着的东西；因此同样也是 potentia physica（物理的力），是**能力**，是存在论的 capacitas rei ad aliquam perfectionem seu ad aliquem actum（事物为了某种实现或某种活动的能力）。

这种 potentia objectiva（客观的能力）（physica）（物理的）被划分为 *activa*（**积极的**）和 *passiva*（**消极的**）。托马斯·阿奎那在》Quaestiones disputatae de potentia《（《关于潜能的论辩集》）（q. I, a. 1, resp.）中说：Duplex est potential, una active, cui respondet actus, qui est operatio; et huic primo nomen potentiae videtur fuisse attributum; alia est potential passive, cui respondet actus primus, qui est forma, ad quam similiter videtur secundario nomen potentiae devolutum.（力是两重的，一是积极的，与之相应的是发挥着作用的积极的活动；这个词似乎被归于第一能力，二是消极的能力，与之相应的首要活动是表现状态，就此而言，"能力"这个词似乎被等而次之地使用。）标题"能力"具有两层含义：一方面它表明**去实现的能力**；与之相应的是实现活动本身，在 actio（行动）意义上的 actus（活动）。而这种现象，即去施展能力，似乎首先或第一位地要被赋予"能力"这个标称；显然，一般可能性概念之建立的首要动机，就存在于这种能力的现象中。能力的另一种意义是去遭受的能力，也就是说，让某物由自身造就的能力：**倾向于……的能力**、资质。与之相应的是 forma（表现状态）意义上的 actus（活动），现实性。"能力"作为让某物实现的东西之标称，似乎有某种派生的含义。

这就清楚了：potentia 或能力的双重概念对应于 actus（活动）的双重概念。托马斯在同一地方说道：Actus autem est duplex: sclicet primus, qui est forma; et secundus, qui est operatio.（然而，活动有两方面：首要的活动，当然是表现状态；其次的活动是积极的行动。）而作用（Wirkung）的概念是两方面的："首先"的意思是被作用性（Gewirktheit），更准确地说：关于某物的现实性（Wirklichkeit），"forma"（表现状态）；"第二"作为活动作用（Wirken）的作用———一种本来就现实的东西（Wirklichen）；所以这里计数顺序遵循着事实。

与 actus qua forma（作为表现状态的活动）相应的是

potentia passiva（消极的能力），与 actus qua actio（作为行动的活动）相应的是 potentia activa.（积极的能力），但两对概念的对应方式是不同的。对此，托马斯说（《神学大全》I, q. XXV, a. 1, ad 1）: Potentia active non dividitur contra actum, sed fundatur in eo; nam unumquodque agit secundum quod est in actu. Potentia vero passive dividitur contra actum; nam unumquodque patitur, secundum quod est in potentia.（积极的能力不与活动矛盾，而是基于活动，因为任何事物都因其是现实的而活动；但消极的能力则与活动矛盾，因为一个事物因其是潜在的而是消极的。）去实现的能力并不与 qua actio（作为活动）的现实性相区别，也就是说，它不是某种独立的东西，而是某种只能去实现的东西，如果它本身处于现实性中的话；某种东西不可能的其所是，如果它本身不是**现实**的话。与之相反，才要去变成某种东西的能力，让某物通过自身而发生，与现实性不同，因为这要取决于变成现实的东西，特别是取决于那让某物通过自身而发生的东西之状况。对……的资质不同于某种基于这种资质而存在或可能变成的东西，资质本身不要求实现。

这是一般存在论方面重要的区别，很久未被充分地解释或提起，现在应该通过学院化的简单排列区别的形式彻查之。

针对 potentia passiva（消极的能力）和 activa（积极的能力）的这种区别：更准确地说，针对 potentia activa，莱布尼茨现在要界定其 vis activa（积极的力）、力（Kraft）的概念。vis activa（积极的力）或 potentia activa（积极的能力）按字面看似乎是同样的意思，但（同上；Gerh. IV, 469）: Differt enim vis activa a potential nuda vulgo scholis cognita, quod potential activa

Scholasticorum, seu facultas, nihil aliud est quam propinqua agenda possibilitas, quae tamen aliena excitatione et velut stimulo indigent, ut in actum transferatur. "因为 vis activa（积极的力）不同于人们一般在经院哲学中所了解的那种单纯的去发挥作用的能力，由于去发挥作用的能力或实施能力，无非就是活动或实现之即将发生的可能性，当然还要求一种别样的推动，也可以说刺激，以便转向实施。" 所以，经院哲学中的 potentia activa（积极的能力）是一种单纯的发挥作用的能力，固然，这种能……才刚接近于去发挥作用，但恰恰还没有发挥作用。它是在现存事物中现存着的某种能力，还没有上演。

Sed vis activa actum quondam sive ἐντελέχεια continent, atque inter facultatem agenda actionemque ipsam media est, et conatum involvit（同上；同样参见下文：nisus，倾向）. "而 vis activa（积极的力）包含有某种已经现实的活动作用或隐德莱希，介于单纯停息着的作用能力和活动作用本身之间，并且本身包含某种 conatus，即企求。"

所以，vis activa 是某种活动作用，反而不是作用之真正的实施，是一种能力，但也不是一种静态的能力。莱布尼茨这里所意指的，我们称之为倾向于……，更准确地说，以便表达那种特殊的、无论如何已经是现实的活动作用的环节：力求活动（Drängen），**冲动**（Drang）。[1] 所以，莱布尼茨所意指的既不是某种资质，也不是某种过程，而是发自内心的关注，即关注自己；所意指的是自己关注其自身（就像习惯说 "他意在于此"），关

---

[1] "Drang" 有译作 "欲求"。——译注

切自己。

　　冲动之特点在于，自发地过渡到活动作用，更确切地说，不是偶然的，而是本质性的。这种自行过渡到……不需要从其他什么地方来的推动，冲动就是动力，依其本性正是被它自己所推动。冲动现象不仅可以说从自身出发就携带着发动意义上的原因，而且冲动本身总已经发动，但是这样发动，即它此时总还被充盈、被绷紧。与之相应，虽然冲动在其力求活动中可能被阻碍，但即便如此，它还是和单纯静态的作用能力不同，阻碍之消除还是首先可以让力求活动变得自由。所以，冲动不需要另外某种正在出现的异己原因，而是相反，只需要随便某种现存的阻碍之消失，或者可以用马克斯·舍勒的出色表达：排除障碍。莱布尼茨说（同上）：Atque ita per se ipsam in operationem fertur; nec auxiliis indigent, sed sola sublatione impedimenti（被自己发动起来而无需外助，只需消除些障碍即可）。一张拉满了的弓，可以形象地展示这种意味。

　　在说明了作为冲动的 vis activa（积极的力）之后——翻译为"力"是误导的，因为恰恰容易使人想象一种静态的性质——莱布尼茨进到了本质的规定（470）：Et hanc agenda virtutem omni substantiae inesse ajo, semperque aliquam ex ae actionem nasci "所以在我看来，力内在于每一个实体中［构成其实体性］，它总会生发出某种活动作用"，力正是冲动，即创造性的冲动；producere 意味着：引－出来，从自身中给－出。并把这样形成的东西保存在自身之中。作为冲动的这种规定同样适合于物质性实体；只不过在物体之间的相互冲撞中，冲动以各种形式被限制或约束。那些笛卡儿主义者，qui essentiam ejus [substantiae corporeae] in sola extensione…collocaverunt.（同上）（那些将［物质实体的］本质仅仅安置在广延之中的人），忽视了这一点。

每一个存在者都具有这种冲动的特性，都因其存在而被规定为冲动着的存在者。这是单子之形而上学的基本特点，当然，这种冲动本身的结构由此还没有明确被规定。

但这里暗含着最具重要影响的形而上学表述，我们现在就得事先说明。因为对真正的存在者的这种解释作为普遍的解释，必然恰恰同样可以澄清存在者整体之可能性。通过单子论的基本命题，关于众多存在者共存之整体究竟说了些什么？如果每个存在者，即每个单子都自发地冲动，那么这就意味着，它们自发地就携带着其存在的本质性的东西，也就是说，它们的冲动之所向和冲动之方式。一切共同现存的东西，更准确地说：与其他单子的共同冲动，就其与每一个个别单子之可能的关系而言，本质上是**消极的**。没有任何实体能够将其冲力，也就是说，其本质性的东西施于另外一个实体，它所能做到的，只是排除障碍或阻碍，甚至这种消极的功能，通常也只能间接地发挥。一个实体与另外一个实体的关系，仅仅是限制关系，因而只是消极的规定，在这方面，莱布尼茨说得非常清楚（同上）：Apparebit etiam ex nostris meditationibus, substantiam creatam ab alia substantia create non ipsam vim agenda, sed praeexistentis jam nisus sui, sive virtutis agenda, limites tantummodo ac determinationem accipere.（通过我们的思考将变得明显，那就是，一个被造的实体从另外一个被造实体那里所接受到的，不是活动的力本身，而只是它自己事先存在的冲动或活动的力量之限制或规定。）关键就是 praeexistentis nisus（事先存在的冲动），所以莱布尼茨总结说：Ut alia nunc taceam ad solvendum illud problema difficile, de substantiarum operatione in se invicem, profutura.（现在不再说其他的了，我将把实体之间彼此相互作用的难题留待将来解决。）

请注意，莱布尼茨同样把 vis activa（积极的力）描画为 ἐντελέχεια（隐德莱希）并一道指出亚里士多德，比如在《新系统》(Gerh. IV, 479) 和《单子论》(第 18 节; Gerh. IV, 609) 中，这里有这样的论证：car elles ont en elles une certaine perfection (ἔχουσι τὸ ἐντελές) ——"因为单子在自身之中就具有某种 perfectio（完善性）"，就每个单子（如将表明的那样）自己本就携带着其积极的内容而言，它自身以某种方式包含某种完善，更确切地说是这样的，即，这些积极的内容按照可能性就是宇宙万物本身。这个对 ἐντελέχεια（隐德莱希）的说明不符合亚里士多德的本来意图，另一方面，莱布尼茨正是要用这个头衔为他的单子论赋予新的意义。在文艺复兴时期，ἐντελέχεια 就已经在莱布尼茨的意义上用 perfectihabia（具有完善性）来翻译了；《单子论》(48 节) 提到了翻译者赫尔墨劳斯·巴巴鲁斯 (Hermolaus Barbarus)，这个巴巴鲁斯 (1454—1493) 在文艺复兴时期翻译并评注了亚里士多德，也是特弥斯提乌斯 (Themistios) 的评注者，更确切地说，本着使希腊的亚里士多德产生影响以反对中世纪经院哲学的意图。他的工作自然会遇到巨大的困难，有这样的描述，说他——因为 ἐντελέχεια（隐德莱希）这个术语之哲学意义的急迫和困境——诉求魔鬼给自己以启发（我们今天也身处同样的境况）。

现在，我们一般性地澄清了 vis activa（积极的力）的概念。1. vis activa 意味着冲动，2. 这种冲动特性本内在于作为实体的实体中，3. 从这种冲动中不断发源出某种活动。

现在我们才算来到了实体性之真正的形而上学问题面前，也就是说，关于作为首要的存在者的实体之**统一**问题；不是实体的东西，莱布尼茨称之为现象，这意味着流出来的、衍生出来的东西。关于统一的问题，我们恰好也听一下对笛卡儿之 res extensa（广延物）的批判："统一"不是聚集的结果，某种事后追加的东西，而是事先形成统一的东西，单元作为形成统一的东西是积极的，是 vis activa，冲动——是实体之统一的 primum constitutivum（首要成分）（致沃尔德，1704 年 6 月 30 日；Gerh. II, 267）。单子论的核心问题就在于此，关于**冲动**和**实体性**的问题。

这种积极性的基本特性现在明确了；仍还不清楚的是，为何恰恰像冲动本身这样的东西，应该就是形成统一的东西呢？进一步的本质性问题是：基于这种本身统一的单子，宇宙万物之整体其关系如何建构？我们首先需要一种居间的考察。

b）对解释存在之引线的居间考察

我们已经多次强调：只有当我们冒险构想本质性的关联和视角，更确切地说，以对莱布尼茨本人谋划单子论来说决定性的东西为引线，才会涉及单子论的形而上学意义。这就是澄清存在者之存在。因而，必须要从什么地方获得典型的存在观念，更确切地说，要从那诸如存在之类的东西对哲学的追问者直接展开的地方获得。

我们对待存在者，专注于或自失于其中，我们被其压制或夺走。但我们也不仅仅是以这种方式对待存在者，而且我们自己同时也是一种存在者——这种存在者就是我们每个人自己，更确切地说，不是与我们漠不相关的，而是说，我们恰恰关切我们自己的存在。因此，不考虑其他原因的话，自己的存在以某种方式始终都是引线，在谋划单子论时同样如此。看清这条引线，对于理解莱布尼茨影响深远的对存在者之解释来说至关重要。

"借助于思考'灵魂'或'形式'，产生了一种真实的单元的观念，与人们在内心中称之为'我'的东西相对应。但这种东西既不在人为的机器中，也不在质料性的物质本身中……那么，但它总能被当做一支军队或一个家庭，或者像充满鱼的鱼塘，或同样像发条和齿轮组成的钟表。"（《新系统》；Gerh. IV，482；根据 Buch 的翻译 II，265.）

"我认为实体本身，如果它具有原始的冲动特性，作为一个不可分割的或完善的单子，可以与我们的自我进行一比。"这句话出自给雷登大学的笛卡儿主义者、哲学家沃尔德（Volder）的一封信（1703 年 6 月 20 日；Gerh. II，251；根据 Buch 的翻译 II，325）。

"但进一步考虑，这条活动［冲动］的原理对于我们具有最高的清晰性，因为它在一定程度上与内在于我们自己的东西相类似，即有待表现或力争的东西。"（致沃尔德，1704 年 6 月 30 日；Gerh. II，270；根据 Buch 的翻译 II，347.）

这里清楚地表露出，实体的规定，首先来自于和"自我"的类比，其次，恰恰基于这种的本源，拥有最高的清晰等级。

"与之相反，我到处或处处先行设定的，只是我们所有人在我们的灵魂中足以经常必须承认的东西，也就是说，内在的本己之积极的变化，通过这样一种思想中的先行设定，穷尽诸物之全部总和。"（致沃尔德，1705；Gerh. II，276；根据 Buch 的翻译

Ⅱ，350）所以，唯一的先行－设定，即形而上学筹划之真正的内容，就是存在的观念，它取自本己之经验，取自于在自我中可感受到的本己之积极的变化，取自于各种冲动。

"如果我们把实体性的形式 [vis primativa] 思考为某种类似于灵魂的东西，那么就会产生疑问，人们是否有权拒绝它。"（给 Joh. Bernoulli 的信，1698 年 7 月 29 日；数学手稿① Ⅲ/2，522；Buch 的翻译 Ⅱ，366）这并不意味着，实体性形式就是简单的灵魂，甚至新的事物或小东西，而是说，它与"灵魂"相关；后者只是谋划单子论基本结构的诱因而已。

"我们以这种方式思考我们自己的同时，我们也由此把握到存在、实体、简单物或复合物、非物质的东西、甚至神本身的思想，同时我们也想象 [via eminentiae]（卓越法）②，在我们方面被限制的现存之物，在他那方面不包含限制。"（《单子论》第 30 节；Gerh. Ⅵ，612；Buch 的翻译 Ⅱ，442）

对于自我考察或自我意识之引线功能的全部问题，我们通常引证给普鲁士索菲亚·卡罗特女王的信："论居于感官和质料之彼岸的东西。"（1702；Gerh. Ⅵ，499-508；Buch 的翻译 Ⅱ，410-422）据说："我自己的这个思想，我意识到感官对象以及我自己的、从我这里出发的活动的这个思想，给感官的对象添加了某些东西。那是某种完全不同的东西，无论在我思考某种颜色，还是在我同时反思这种思想时，正如颜色本身与那个思

---

① 莱布尼茨的数学手稿；hrsg. v. C. I. Gerhardt，7 Bde（in 8），Berlin u. Halle 1849—1863 [Nachdruck Hildeheim 1962]。

② via eminentiae（卓越法），指超越了肯定神学和否定神学的第三种接近上帝的方法或道路。——译注

考颜色的'我'是不同的。因为我认识到,其他的存在物同样可能具有说'我'的权利,或者说,人们对它们可以这样说,由此出发,我就理解了人们非常一般性地描画为实体的东西。此外,对于我自己的考察,同样还给我提供了其他的各种形而上学概念,比如原因、结果、活动性、相似性,等等,甚至逻辑的或道德的基本概念。"而最后:"存在本身和真理只通过感官无法被领会。""所以,存在和真理的这种概念宁可产生于'自我'或理智中,也不能在外部感官或外部对象之知觉中找到。"(Gerh. VI,502-503;Buch 的翻译 II,413-415)

所有这一切能得出什么结论呢?首先,尽管莱布尼茨与笛卡儿有很大的不同,他还是坚持把自我的自我确定性作为首要的原则;他和笛卡儿一样,在自我,在 ego cogito(我思)中发现了一切形而上学基本概念都必须从中源出之维度,但就此而言,ego(我)的引线功能仍然是非常含糊的。首先,主体作为根本上提出存在问题的东西,本身就成了问题,其次,就其本身作为存在者根本性地通过其存在提供存在之观念而言,主体可以被视为典范性的存在者,此外,主体作为领会着存在的东西进入视线;它作为某种被造的存在者,通常在其存在中拥有对存在之领会,在这里,存在不仅仅意味着此在的生存活动。

关于一般的存在知识,莱布尼茨说:Et je voudrois bien savoir, comment nous pourrions avoir l'idee de l'estre, si nous n'estions des Estres nous memes, et ne trouvions ainsi l'estre en nous.(我想知道,如果我们自己本身不是存在者,或不是这样发现我们中的存在者,那我们如何能够获得存在的观念。)(»Nouveaux Essais«《人类理智新论》I,1,第23节;Gerh. V,71;参见,同上第21节,《争辩》

第 27 节和《单子论》第 30 节①）。在这里，莱布尼茨明确提出了关于存在之观念的问题并（追随笛卡儿）回答说：如果我们本身不是存在者或没有在我们中发现存在者，我们就不会有存在的观念。无疑，莱布尼茨还指出，为了拥有这个观念，我们必须存在，但更多的含义是：形而上学地说，这恰恰是我们的本性，那就是，如果没有存在的观念，我们就不可能是我们之所是。这就意味着，领会存在对于此在是建构性的。

但由此并不能推论说：我们通过返回到作为存在者的我们自身，就可以汲取出存在的观念，毋宁说，其最切近的本源却是某种漠不相关的东西：世界和我们无分别的现存性。（此外也要从这种无分别和被交付出发去澄清"超自然力"概念。）我们自己虽然是存在之观念的源头——但这源头要理解为此在之原初的超越，所以这就意味着：存在的观念取自"主体"，因为就其是超越者而言，"存在之领会"只能属于这种主体。存在的各个不同环节只能源自于超越，而一般存在的观念是困难的和最终的难题。

在 ego（自我）之含义模糊的引线功能中，主体本身在存在论层面上总的来说仍然还没有澄清。莱布尼茨通过返回主体提出并解决存在问题，也就是说，形而上学的基本问题。尽管突显了真实存在的现象，但在莱布尼茨那里和在其先行者和后继者那里一样，这种返回到自我仍然是含糊的，因为正是"自我"本身，其本质结构及其特殊的存在方式没有被把握。

---

① 参见，D.Mahnke：《莱布尼茨对普遍数学和个体形而上学的综合》，第104页上面和第125页注释中接下来的一段。这里同样把存在和主体性结合在一起，尽管是误解。

所以，恰恰是在莱布尼茨那里会给人形成印象，好像对存在者的单子论解释是一种简单的人神同形同性论，按照与"自我"的类比而给万物附灵。但如果不管这一点，就太过肤浅和武断了；完全没有看到莱布尼茨本人试图形而上学地论证这种类比式的考察："因为这时众物之本质是相同的，所以我们自己的本质与其他简单实体的本质——全部宇宙万物都由之构成——不可能无限地不同。"（致沃尔德，1704 年 6 月 30 日；Gerh. II，270；Buch 的翻译 II，347）当然，这里所给出的论证是一条普遍的存在论原则，本身还有待论证。

毋宁说，简单而草率地确定为某种人神同形同性论的做法必然会遭到反问：究竟我们自己的此在的什么样的结构，对于解释实体之存在意义重大？这种结构如何修正，以便获得以单子论的形式弄清楚每一个存在者，存在之一切等级的资格，以便重新提出核心问题：为何恰恰是实体之冲动形成统一，冲动本身必须如何被规定？

c）冲动的结构

如果说冲动，或者说被规定为冲动着的东西，如果它就是冲动者而本该形成了统一的话，那么，这单元本身必然**单一地**存在，也就是说，它不可能有任何复合或聚集意义上的众多部分，Das primum constituivum（原初的构成）必须是一种不可分的单元。Quae res in plura (actu jam existentia) dividi potest, ex pluribus est aggregate, et res quae ex pluribus aggregate est, non est unum nisi mente nec hahet realitatem nisi a contentis mutuatam [es hat seinen Wasgehalt nur geliehen]. Hinc jam inferebam, ergo dantur in rebus unitates indivisibiles, quia alioqui nulla erit in rebus unitas vera, nec realitas non mutuata. Quod est absurdum.（凡可以被分为多［实际存在着］的东西都是多之聚合，而由多聚合起来的东西就不是一，除非在思想上，也不具有实在性，除非从其内容借用实在性［借用的只是其本质的内容］。由此我推论出事物中存在着不可分割的单元，因为否则的话，事物中将没有真正的统一，也不存在没有被借用的实在性。这将是荒谬的。）（在致沃尔德的同一封信中；Gerh. II，267）《单子论》第 1 节的原文是（Gerh. VI，607；根据 Buch 的翻译 II，435）："我们这里要谈及的单子，无非就是一个单一的实体，在被聚合的东西中出现，它是单一的，也就是说，没有任何部分。"

但如果实体是简单的统一，那么就一定还存在着一个它所统一的**杂多**（Mannigfaltiges），因为否则的话全部的统一问题是没有意义或多余的。因此统一的，或其本质是统一的东西，必然本质性地与杂多相关，这就意味着：它恰恰必须在作为简单统一者的单子中成为杂多：作为简单的统一者，它本身必然标画可能的多样性。

现在，如果简单的统一者就是**冲动**，而只有作为那些冲动，在自身之中才同时承载着杂多或本应就是杂多的话，那么杂多就必然具有各种冲动的特性，也就是说，具有一般运动之特性，而处于运动中的杂多就是可变的或自行变化着的东西。冲动（Drang）之中的杂多必然具有被冲向的特性，被冲向的东西（Gedrängte）就是所－冲向的东西（Be-drängte），而冲动中所冲向的东西就是它自己。因此，冲动本身中包含着超越自身的东西，突变、变化或运动就在于冲动中。这意味着：冲动就是在各种冲动本身中的自行变化者，是**被－冲向的东西**（Ge-drängte）。

那么，冲动作为 primum constitutivum（原初构成）应该就是简单统一着的东西，同时也是可变化的东西之本源和存在模式。"简单统一着的"的意思，还有待进一步规定。单元不应该是被聚集起来的东西之事后的集合，而是原始的有组织的统一，这意味着：统一之建构性的原则必然先于那隶属于可能的统一的东西，统一者必然事先存在——就是说：事先伸展到某种东西之后，由此出发，每一个杂多就接受到了其统一。简单的统一者必然是原始地**伸展开的**（ausgreifend），虽说作为伸展着的恰巧就是事先**收拢着的**（umgreifend），但所有的杂多都已经在收拢状态中多样化了。

在这种意义上，统一者事先超出那些在其本身的延伸中所统一的东西：它是 substantia prae-eminens（卓越的实体）（致沃尔德，1703 年 6 月 20 日；Gerh. II，252）。这个"prae"（先）并不意味着某种早先现存的东西，而是结构性的先行伸展和收拢。

因此就要求，vis primitiva（原初的力），即冲动作为原始统一的 primum constitutivum（原初构成），应该是伸展着－收拢着的。莱布尼茨这样表达说：单子其本质归根到底是表－象着（vor-stellend）①，**再－现着的东西**（re-präsentierend）。

冲动之存在论的统一功能，是单子的表象特性之最内在的形而上学起因。莱布尼茨本人还没有对这种起因给予说明，而

---

① "vorstellen"一般翻译为表象活动，"Vorstellung"译作表象。拆成"vor-stellen"从字面上讲"vor"是前面、先的意思，"stellen"是放置，即放在前面。海德格尔在这里及下文有时是要特意强调其时间上的"前"或"先"，也强调其"放在－前面"的含义。——译注

事实上，这起因只可能是再现特性的起因；但我们并不能这样来思考：单子作为力，是某种活生生的东西，而灵魂从属于有活力的东西，表象活动又从属于灵魂——这无疑是把灵魂性的东西转赋给一般存在者，而这种形式的做法在形而上学层面上并不合法。

因为冲动本是原始简单的统一者，它必然是伸展着 - 收拢着的，它必然是"**表象着的**"（vorstellend）。这里的表 - 象活动完全要广义地、结构性地去理解，不要理解为灵魂之某种特殊的能力，所以，单子就其形而上学本质而言不是灵魂，相反：灵魂却是单子之某种可能的变体。本质性地表象着的冲动因而不是某种发生着的事件，凑巧也被表象甚至产生了表象，而是说，冲动着的事件本身之结构是伸展着的，**出位的**（ekstatisch），而在这种意义上，冲动就是一种表 - 象活动。而这种表象活动不能理解为一种纯粹的凝视，而是理解为 perceptio（**知觉**），也就是说，理解为单一的东西中的杂多之先行统一，dans le simple（Principes de la Nature…第 2 节；Gerh. VI，598）。所以莱布尼茨在与博瑟斯（Bosses）的交往书信中，把 perceptio（知觉）规定为 nihil aliud, quam multorum in uno expressio（无非就是"一"中之"多"的表达）（1706 年 7 月 11 日；Gerh. II，311）；随后他又写道：Nunquam versatur perception circa objectum, in quo non sit aliqua varietas seu multitude.（知觉从不转向没有什么变化或不具多样性的客体。）（1706 年 9 月 20 日；同上，317）

和"表象活动"一样，"力求活动"（Streben）同样属于冲动之结构；这种对置返回到 νόησις（思想、理智）和 ὄρεξις（渴望、渴求），按照亚里士多德，是一切活着的东西的基本能力。

除了 perceptio（知觉）之外，莱布尼茨还表达了第二种能力，appetitus（欲求）；他之所以必须还要特别强调 appetitus，只是因为他本人没有马上足够根本地把握到 vis activa（积极的力）之本性——尽管清楚地与 potentia activa（积极的能力）或 actio（活动）划清了界限。力本身仍然显得还是某种实体性的东西，一种内核，然后给出表象活动和力求活动，而冲动本身却正是一种表象着的力求活动或力求着的表象活动。当然，appetitus 的特性还具有特殊的意义，并不与冲动同义，appetitus 和 perceptio 一样，更多地意味着冲动之特有的、本质性的、结构性的环节。

如果冲动原始地统一，那么它必然事先就已经是每一种可能的多样性了，根据可能性生长出多样性，也就是说，已经超过或胜过多样性。所以，冲动必然以某种方式在自身中承载着多样性，并通过力求活动使多样性蕴藏在自身之中；这就是它的"世界"－特性。现在需要看一下多样性在冲动本身中的本质起源。

我们回忆一下：作为先行超越着的东西，冲动是原始地统一着的单元——单子通过那种方式被把握为 substantia（实体）。Substantiae non tota sunt [nicht solche ›Ganze‹] quae continent eminenter.（致沃尔德，1704 年 1 月 24 日；Gerh. II，263）（实体不是形式上包含着部分的那种整体，而是卓越地包含着特殊的全部实在性。）冲动是"本性"，即实体之本质；作为冲动，实体以某种方式是活跃的，而作为这种活性的实体，它始终总是原始地表象着的（Principes de la Nature…第 2 节；同上）。

在刚刚引用的给沃尔德的信中，莱布尼茨进一步说道：Si nihil sua natura activum est, nihil omnino activum erit; quae enim tandem ratio actionis si non in natura rei? Limitationem tamen adjicis, ut res sua natura activa esse possit, si actio semper se habeat eodem modo. Sed cum omnis actio mutationem contineat, ergo habemus quae negare videbaris, tendentiam ad mutationem internam, et temporale sequens ex rei natura.（如果事物不是因为它自己的本性而是活跃的，那么就将根本没有任何活跃的事物，如果活跃性不在事物之本性中，那会是基于什么原因呢？而您加了限定"事物可能因自己的本性而是活跃的，如果它的活动总是以同样的方式保持其自身的话"。但任何活动都包含着变化，我们在活动中必然清楚地拥有，而您似乎要否认这一点，即，一种朝向内在变化的倾向和一个跟随着内在变化的时间序列，而时间序列跟随着事物之本性。）这里说得清楚：单子作为冲动的活跃性，eo ipso（本身就）是变化之冲动；冲动天生地力求成为另外的东西，其本身就包含着自我超越，这就意味着：杂多源自于作为力求者的力求者本身。实体献出了 successioni obnoxia（同上），相继序列；冲动作为冲动献出众多之彼此相继——不是作为其自身的某种他物，因为这就是作为冲动的冲动本身试图去追求的东西，冲动本身服从时间序列，不是某种对之陌生的东西，毋宁说，冲动就是这些杂多本身，时间源自于冲动本身。

在冲动本身中包含着从……过渡到……的倾向，克服当时的冲动阶段之倾向，而这种**渡倾向**就是莱布尼茨的 appetitus（欲求）之所指。但同时要牢记：单子同样原始的规定是 perceptio（知觉）（在特别描述过的意义上）。倾向本身是表-象着的（Vorstellend）——这就是说：从某种事先超越着的单元出发进行统一；就此而言，单元所统一的，无非就是在冲动中所渴求的东西，或冲动着从表象（Vorstellen）到表-象的过渡。

关于单子的最终规定，莱布尼茨在给沃尔德的信中写道：
Imo rem accurate considerando dicendum est nihil in rebus esse nisi substantias simplices et in his perceptionem atque appetitum… Revera igitur [principium mutationis] est internum omnibus substantiis simplicibus, cum ratio non sit cur uni magis quam alteri, consistitque in progressu perceptionum Monadis cujusque, nec quicquam ultra habet tota rerum natura. （的确，仔细想来，据说可能世界上除了简单的实体之外别无他物，而且，在它们之中，知觉和欲求……因此［变化的原则］真正内在于一切简单实体，因为没有理由可以解释变化的原则为何在一个之中而不在另一个之中，并且构成每个单子之知觉的进展，万物之全部本性除此之外无他。）Progressus perceptionum（知觉之进展）是单子之原始的东西，也就是说，表-象着的过渡倾向，即冲动。Porro ultra haec progredi et quaerere cur sit in substantiis simplicibus perceptio et appetitus, est quaerere aliquid ultramundanum ut ita dicam, et Deum ad rationes vocare cur aliquid eorum esse voluerit quae a nobis concipiuntur. （超出这些原则而追问为什么简单的实体中会有知觉和欲求，那就是在探究超俗之事了，就好比是要求得神为什么想让事物如我们所接受到的那样的原因。）(1704年6月30日；Gerh. II, 270 页以下）对于冲动和过渡倾向学说之形成有所启发的，见于接下来的一段，出自 1706 年 1 月 19 日给沃尔德的信的最初草稿（Gerh. II, 282 页注释）: Mihi tamen sufficit sumere quod concedi solet, esse quandam vim in percipiente sibi formandi ex prioribus novas perceptiones, quod idem est ac si dicas, ex priore aliqua perceptione sequi interdum novam. Hoc quod agnosci solet

alicubi a philosophis veteribus et recentioribus, nempe in voluntariis animae operationibus, id ego semper et ubique locum habere censeo, et omnibus phaenomenis sufficere, magna et uniformitate rerum et simplicitate.（对我来说接受通常的看法就足够了，那就是，在观察者从先前的一个知觉给自己形成新的知觉时有某种力，如果你说新的知觉时时跟随着某个先前的知觉的话，那么这就是同一个力。所有那些被哲学家们通常所认识到的东西，无论古代的还是较新近的，在灵魂之自发的活动性中，我断定总是或随处都有一个场所，而且对于一切现象，既在事物之突出的规律性又在其简单性方面都是充分的。）

要想回答"作为冲动的冲动在何种程度上是统一着的"这个问题，就要求深入到冲动本身之本质结构中：1. 冲动是**原始地统一着的**；不受它所统一的东西之恩赐，不是这些东西之拼凑，冲动是伸展着－收拢着的：perceptio（知觉）。2. 而这种 percipere（获取）是收拢的并专注于杂多，杂多本身就被投放在冲动中并从中发源。冲动是自行超出着的，是**蜂拥而至**（Andrang）；它是一种阶段之多样性，本身始终是**表象着的**。3. 冲动是 progressus perceptionum（知觉之进展）。自行超越的冲动者，是 appetitus（欲求），是**过渡倾向**，tendentia interna ad mutationem（内在的变化倾向）。

让我们看一下关于实体之实体性所说过的：实体是构成某个存在者之单元的东西，这种统一者就是冲动，更确切地说，在目前所表明的规定中理解，即表－象和过渡倾向，也就是说，冲动在自身中构成杂多。

冲动作为这种统一者，是存在者之本性，而同时，每一个单子都具有其当时的 propre constitution original（固有的原初组成），后者在创世时一道被给出。那么，到底是什么把每一个单子恰恰造就成当时的这一个单子呢？这种**个体化**本身是如何构建的呢？返回到创世当然只是对被个体化的东西之来源的教义解释，而不是对个体化本身的澄清。后者在于何处呢？回答这个问题必须还要进一步弄清楚单子之本质。

显然，个体化似乎同样必然要在根本上构建单子之本质的东西：冲动中发生。单子之各自的独特性之根据可能或必然存在于何处呢？冲动之结构中什么样的本质特性，使得当时的个别化得以可能呢？原始的统一者在何种程度上恰恰就是在统一活动中自行个别化的东西呢？

如果事先撇开与创世的关系，这仍只是作为一种教义的解释；然而，将单子描画为被造物时所表达的形而上学的意义，却是有限性。

有限性形式地说就是被限制性。冲动在何种程度上是可限制的呢？如果有限性作为被限制性属于冲动之本质，那么它必然通过冲动之形而上学的基本特性来规定；而这种基本特性就是统一，更确切地说，表-象着的、先行超越着的统一。在这种表象着的统一活动中，包含着一种**对单元的先行拥有**，作为表象着的或倾向于过渡的冲动就**瞄向**这种单元。在作为表象着的 appetitus（欲求）的冲动中似乎有那么一个"点"，注意力事先就指向这个点：单元本身上，冲动从其出发而统一。这个着眼-点或 point de vue，视-点，对于冲动来说是建构性的，这个着眼点，也即是说，在冲动中先行被表象的东西，同时就是事先规范一切力求活动本身的东西。如果这些力求活动作为表象着的运动性,在其自由运动中始终都是事先被表象的东西,那么力求活动就不是外在地被遭遇到。perceptio(知觉)和 appetitus(欲求)因此就在其力求活动中,首先从着眼点出发而得到规定。

而到目前为止还没有明确被把握到的就在这里:某种像冲动那样的东西本身就是伸展着自己的,更确切地说是这样伸展的,即它恰恰在这种伸展中保持或成就自己,本身之中就具有把握自身的可能性。通过某种力求……力求者总会穿越某个维度,也就是说,穿越自己本身并这样敞开自身,更确切地说,按照本质的可能性敞开自身。基于这种维度上的**自我开放性**,力求者同时也特意地把握自己,所以超出感知活动而同时一道呈现出自己本身,一道对此有所感知:统觉(apperzipieren)。莱布尼茨在 »Principes de la Nature et de la Grace…«(《关于自然及基于理性之恩典的诸原则》)第 4 节中说到(Gerh. VI, 600;参见《单子论》第 21 节及以下):Ainsi il est bon de faire distinction entre la Perception qui est l'état interieur de la Monade representant les choses externes, et l'Apperception qui est la Conscience, ou la connoissance reflexive de cet état interieur[即觉醒、清醒], laquelle n'est point donnée à toutes les Ames, ny toujours à la même Ame.(所以,最好要在知觉,单子呈现外在事物的内在状态,和**统觉**,这种内在状态本身的意识或反思性知识[即觉醒或清醒状态]之间做出区分,统觉并不被给予所有灵魂或在所有时间给予同一个灵魂。)

通过这个着眼点,整个宇宙万物可以说都各自以某个特定存在者或可能的东西的角度被收入眼中,但是这样的,即万物以某种特定方式在其中折射出来——根据某个单子之冲动的等级,也就是说,根据它本身统一其多样性之可能性。这种"自己本身"所表达的是，在作为表象着的冲动的单子中，一道包含有某种它自己的表象。自己本身的这种展露，可以具有各种不同的等级，从完善的透彻性一直到麻木或迷醉状态。没有任何单子缺少 perceptio（知觉）和 appetitus（欲求）因而缺乏某种程度的自我开放性；即使这个单子不是必然一道表象它自己，每个单子都占有着这种自我开放性，即使仅仅最低等级的。与之相应，各自的着眼点，或者因此说统一之可能性，即单元，构成每一个单子的特性。

恰恰是只要单子统一——这是其本性——单子就自行个别化，个体化之内在可能性，基于其作为冲动的本性。但在个别化过程中，在从其独特视角出发的冲动中，单子却只是根据其可能性而统一在其中先行被表象的宇宙万物。所以，每一个单子本身就是一个 mundus concentratus（微缩的宇宙）（致沃尔德，1703 年 6 月 20 日；Gerh. II, 252），每一个冲动都按照它自己的方式，通过力求活动在本身之中凝集着世界。

但由于每一个单子都以某种或其各自的方式是"世界"，就其呈现这个世界而言，每种冲动都与宇宙万物 in consensus（和谐）共处，而基于每个表象着的冲动和宇宙万物的这种和谐，单子本身同时就身处于某种关联之中。在作为表象着的、倾向于过渡的单子的观念中，包含着这样的意思，即世界通过从某个视角折射而归属于它们每一个，所以，所有单子作为冲动之单元都事先定位于先行 - 设定的和谐，存在者之全体的 harmonia praestabilita（前定和谐）。在每一个单子中按照可能性都包含着整个宇宙万物。

这种 prästabilierte Harmonie（前定和谐）作为现实世界或

actualia（现实）的基本状况，是那种与中心单子——神——作为被渴求的东西相对立的东西。神的冲动是他的意愿，而神的意愿之补充就是 optimum（善）。Distinguendum inter ea, quae Deus potest, et quae vult: potest omnia, vult optima.–Actualia nihil alium sunt, quam possibilium (omnibus comparatis) optima. –Possibilia sunt quae non implicant contradictionem.（我们必须区分神可以做的和他想要做的事情；他可以做一切事情，但是他想要做最好的——现实的事物无非就是所有可能想象的事物中最好的。）（给 Joh. Bernoulli 的信，1698 年 7 月 29 日；数学手稿 III/2, 574）

在实施着统一的冲动中的个别化，本质上始终是某种归属于世界的存在者的个别化。所以，单子不是孤立的部分，加起来才形成宇宙万物，而是说，每一个单子，作为独特的冲动，以其自己方式都是宇宙本身，它们从某个着眼点出发而置世界于面前。把单子说成是"小世界"，作为一种微型宇宙，恰恰没有点到实质，如果每一个单子以这样的方式就是宇宙的话，即它们在力求活动中通过其统一而各自表象世界整体，虽说绝不是完全地把握。每个单子按照其各自的清醒等级，都是一部呈现着世界的世界 - 历史，因此，宇宙以某种方式被复制得和所有单子一样多；正如同一个城市，按照个别观察者各自不同的位置，会呈现出不同的景象（《辩驳》第 9 节）。

通过讨论我们现在可以解释莱布尼茨在描画单子的总体本质时喜欢或经常使用的比喻了：单子是宇宙之活生生的**镜子**。在 1703 年 6 月 20 日致沃尔德的信中（Gerh. II, 251–252）有最本质性的一段话：Entelechias differre necesse est, seu non esse penitus similes inter se, imo principia esse diversitatis, nam aliae aliter exprimunt universum ad suum quaeque spectandi modum, idque ipsarum officium est ut sint totidem specula vitalia rerum seu totidem Mundi concentrati. "隐德莱希［单子］彼此各个不同或不完全相似，这是必然的，它们［本身作为那样的东西］甚至必然就是差异性之原则，因为每一个单子都按照其看［表-象］的方式各自不同地表达着宇宙。而这正是其最独特的使命：去成为同样多的存在者的活镜子，或同样多的被凝集的世界。"

这句话中包含着多重含义：1. 单子的差异化是一种必然，就是说，属于其本性：作为统一着的，各自从某个着眼点出发统一着的，本身自行个别化的东西。2. 因此，基于其知觉-统觉性的看的方式，单子本身就是其各自差异性之本源。3. 宇宙在单子之个别化中的这种统一着的展现，恰恰就是单子本身各自在其存在中、在冲动中所从事的事情。4. 单子是各自凝集了的宇宙，它们是 concentrationes universi（致沃尔德，1705 年；Gerh. II, 278），凝集之核心正是各自从某个着眼点出发被规定的冲动。5. 单子是 speculum vitale（活镜子）；参见，»Principes de la Nature et de la Grace…«（《关于自然及基于理性之恩典的诸原则》）第 3 节，《单子论》第 63 节和 77 节（Gerh. VI, 599, 618 和 620），致雷蒙德（Remond）的信（1714 年 7 月，草稿；Gerh. III, 623）。它们是 miroir actif indivisible（Gerh. IV, 557），主动的、不可分的、单一的反映活动。镜子，speculum（和 spectare、species 同样的词根），意思是让看见，而单子作为力求活动让看见，也就是说，单子作为表象而反映，并首先通过这种行为展露各自的世界。反映活动不是呆板的摹写，而是说，它本身作为那种活动力求它自己新的、被标明的可能性。通过某个着眼点先行拥有一个宇宙，杂多本身由此才变得明显可见，就是这么回事。

由此出发，我们就可以发现到目前为止还没有被注意到的方面，更加严格地把握有限实体之本质。莱布尼茨在1703年6月20日致沃尔德的信（Gerh. II，249）中曾说：Omnis substantia est activa, et omnis substantia finita est passiva, passioni autem connexa resistentia est.（每一个有限实体都是主动的，而每一个有限实体同样也是被动的，与这种被动性相关的是阻抗。）这里说的是什么呢？实体是主动的，是冲动，在一切有限的、各自从某个角度实施的冲动中，总是或必然包含着与冲动本身对抗的阻碍。因为从各自的着眼点出发而冲向整个宇宙的冲动，本身不是这样或那样的杂多；冲动通过着眼点被修正。或许还要注意到：冲动作为力求活动之所以被阻碍，恰恰是因为按照可能性，它可以是整个宇宙，但却不是。就每个单子从某个着眼点出发都是整体而言，由于分派给宇宙万物，众单子就是有限的，也就是说，它们面对某种阻抗，面对某种其所不是，但尽管如此还可能是的东西。在冲动不渴求的东西的意义上，这种被动性从属于冲动之有限性。

这种消极方面，纯粹作为有限冲动的结构要素，标明了莱布尼茨在 materia prima（原初质料）中所理解的东西之特性。Materia prima cuilibet Enthlechiae est essentialis, neque unquam ab ea separatur, cum eam compleat et sit ipsa potentia passiva totius substantiae completae. Neque enim materia prima in mole seu impenetrabilitate et extensione consistit.（原初质料对于任何隐德莱希都是本质性的，也从不可能与之分开，因为它成就隐德莱希，而且是整个完满实体的消极的能力本身，因为原初质料并不在于堆积，也不在于不可入性或广延。）（致博瑟斯（Bosses）的信；1706年10月16日；

Gerh. II, 324)

基于这种本质性的原始被动性，单子具有与 materia secunda（第二性质料），即与 massa（堆积），与质料性的质量或重力意义上明确的阻碍 nexus（相关）的内在可能性。（为此参见，与数学家 Joh. Bernoulli，与耶稣会会士博瑟斯，位于黑尔德海姆的耶稣会神学院的哲学和神学教师的书信。）这个结构性要素给了莱布尼茨基础，以便在形而上学层面上弄清楚单子与质料性物体（materia secunda、massa）的 nexus（关系），并积极地指出为什么 extensio（广延）不可能构成实体之本质。我们现在不再对此进行深入探讨，也不去探究单子论的进一步扩展和与之相关的形而上学原则。

我们的引导性问题是逻辑学在形而上学中的根源，也就是说，判断学说在实体学说中的根源，所以也是同一性理论在单子论中的根源。单子论是对实体之实体性，作为存在者的存在者之单元的规定，因此单元被把握为原始的统一着的，也就是说，"monas"表明自身为冲动，后者是表象着－倾向于过渡的。这种冲动如何统一，或者说它如何根植于统一活动中呢？冲动作为伸展着的收拢而统一；因此是鉴于单元的，在某个着眼点中的统一。着眼点越是引导性的，整体就越是在这个视点中被表象，所以，每个单子都是宇宙的某个视角或某个 mundus concentratus（微缩宇宙），而且就其是单子而言，处于和其他单子的 nexus（关系）中。所以，单子"没有窗户"（《单子论》第 7 节；Gerh. VI, 607）——因为它们不需要，没有 influxus（输入），不仅仅是因为无法解释，而且因为无需解释。莱布尼茨总结道（致 Bosses，1715 年 8 月 19 日；Gerh. II, 503）：Non credo systema esse possibile, in quo Monades in se invicem agent, quia non videtur possibilis explicandi modus. Addo, et superfluum esse influxum, cur enim det monas monadi quod jam habet? Nempe haec ipsa natura substantiae est, ut praesens sit gravidum futuro et ut ex uno intelligi possint omnia, saltem ni Deus miraculo intercedat.（我认为一个单子之间相互作用的系统是不可能的，因为似乎没有什么可能的途径去解释这种活动，我还要说影响是多余的，因为某个单子为什么要把它已经占有的东西给予另一个呢？对于实体来说非常自然的是，现在蕴含着将来，任何事物都可以从一个东西出发而被理解，至少如果神不用奇迹来干预的话。）

为了给莱布尼茨的逻辑学赢得真正的形而上学基础，就要求对单子论进行解释，而且我们将在 ens qua substantia（作为实体的存在者）的单子论状况中赢得这种基础。尽管如此，这个答案还需要某种更加深入的考察——我们还没有达到最终的基础：ens als essentia und existentia（作为本质或存在的存在者）的问题，作为本身就是某种可能的现实性的可能性问题。但考虑到经济起见，全部讲座应该跳过第 6 节：对一般存在的基本理解——essentia（本质）和 conatus existentiae（力争存在）。为此参见 1927 年夏季学期讲座[①]中的相关讨论：essentia（本质）和 existentia（存在）——存在之基本环节。讨论莱布尼茨对 essentia 和 existentia 的见解（在第 6 节中进行），要求相对更加广泛的考察和对文本的深入探讨，尤其是因为莱布尼茨只在很少的段落中谈及这个问题。

[①] 作为全集第24卷：《现象学的基本问题》出版；hrsg. v. F.-W. von Herrmann, Frankfurt a. M. 1975.

第 6 节 对一般存在的基本理解（未完成）

第 7 节 判断理论和存在之理解，逻辑学和存在论

为了标画莱布尼茨的逻辑学，我们从他的判断学说出发。就此而言，我们遵循一种在古代哲学中就确定下来的关联，那就是：判断本是真理之真正的承载者和场所。更准确地说：陈述是那种处于真或假之选择中的表述，就通过陈述对于某物说出了某某，某物被规定为某某而言。与之相反，单纯对某物的表象，比如说一个直接简单的直观，如一个知觉，既不真也不假；可以进行了或没有进行。与判断："板是黑的"不同，如果我进行直观：板——黑的，这样，我当然没做任何"断言"，所以也无所谓"真"或"假"。现在，因为一般知识的突出特性是真理——假的知识不是关于某物的知识——而真理位于陈述（判断）中，认识活动就与判断等量齐观。如今的知识理论就是逻辑学，一般真理之本质的问题就进入了判断的理论中。

问题产生了，那样一种关于判断之本质的学说本身应如何着手或规划，而这就是说：澄清"判断"其本质。判断活动是人的一种行为；作为关于存在者的判断，关于……的判断本身就与存在者相关，我们把这种与……的关系称为意向性，关于……的判断活动本身就是有意向的。可是，一种单纯的对某物的直观，比如对墙壁的知觉，同样是与……相关，那么，是什么首先标明判断之意向性的特征呢？关于……的判断活动、对于……的陈述本身就是一种规定活动，更确切地说就是，被断

定的东西,在判断活动中被规定。在把板断定为黑的判断中,黑被确定与板相关——所以还存在着某种关系,更确切地说,现在这种关系本身规定了被断定的东西。不仅判断着的此在与所关涉的东西相关,而且这个所关涉者本身就关系性地被表达,关联性地被分开。这就是说:陈述活动的意向性关系本身就是一种**关联着的关系**。意向性地关联于……,除了这种意向的关联,此外还实施一种把某物规定为某某意义上的关联活动。陈述和所关涉者的意向性关系本身是**分了叉的**,我们可以粗略地或不充分地通过以下方式展示:

陈述特有某种相关的意向性;一种原始的统一的分了叉的关系(综合的统一和 Diairesis)而不是两个或多个不分叉的关系之并列或相继;我不是最先觉察板,然后觉察黑,再然后连接两种知觉。在判断"A **是** B"的"是"中,同时包含着与存在者相关的"是"和分叉。

关于真理之本质的问题——真理理解为局限于判断中——变成了判断之本质的问题,而判断首先指示着意向性和分叉的结构,更确切地说,作为判断着的此在之结构。这种此在本身是什么或如何存在,以至于它可以关于……做陈述,或必须以分了叉的意向性的方式做陈述?判断作为此在之独特的行为方式,其内在可能性基于何处呢?因此,首先需要在这种确定的方面澄清此在之存在状况，最终澄清一种存在论，一种此在的形而上学。

然而，进一步还有判断和真理的关系问题！真理在陈述中有其场所——这意味着什么呢？真理是判断的一种"特质"，就像颜色是质料性事物的特性那样吗？这也只有当弄清楚一般真理如何对判断着的此在或一般此在表现之后方能确定。只有澄清了真理之内在可能性，知识以及由此判断或思想之可能性才可能弄清楚，而不是相反！

为了一般逻辑学的概念而由此得出的结论是：其任务，完全一般性地说，就是澄清真理之本质。而如果这种本质说明只有作为形而上学，作为存在论才是可行的话，那么逻辑学就必然被把握为**真理的形而上学**。

我们终究同样要沿着那样的方向来标画莱布尼茨的判断学说，即，我们就此将撞上"真理"之特性：判断是 connexio（连结），更准确地说，inclusio（包含），主词-谓词关系的特性就是同一性之特性，而真实存在本身对于莱布尼茨来说无非就意味着同一存在。真实存在的论证、澄清和确保通过返回同一性而发生，并通过诸规定之和谐相处的共同归属性，在判断所涉及的东西之统一中，在 subjectum（主体）的统一中得以可能。但就此而言还要注意的是，这种对判断和真理的理解绝非仅仅涉及本质性的真理，同样也涉及存在性的真理，这就是说：一切规定某个确定的个别存在者的可能的陈述，照理说都必然可以返回到某种与纯正的同一性的关系上。所以，陈述就是共同归属的东西之规定。

这些共同归属的东西之多样性，需要某种共同归属性之统一，以便可以成就那样一种可能的共同归属之整体。而这种统一必须先行，因为只有这样，它才可以作为尺度，对于某种共同的东西之归属性，或臆想出来的共同的东西之不归属性起到衡量作用。杂多之共同作为一种归属性的共同，要求某种先行规范着的统一。返回自身之中和谐相处或共同归属之整体性的同一性，作为关于存在者之判断的方式，在形而上学意义上，只有当存在者本身通过某种原始的统一被构建为存在者才是可能的。莱布尼茨在实体的单子状态中看到了这种统一，所以存在者之单子的结构，就是作为同一性理论的判断理论或真理理论的形而上学基础，解构莱布尼茨的判断学说，因此就得以在形而上学基本问题的基础上实施了。首先仍然要牢记：每一个单子都是一面镜子，按照可能性都是宇宙，所以，它们根据观念被分派给作为绝对的神之认识对象的宇宙。于是，我们现在就为 intuitus（直观）的知识之观念，为 cognitio inadaequata intuitiva（充分的直观知识）的知识之理想，为单子的绝对清晰性，即全然的清醒性，赢得了形而上学的基础。

所以，这种真理的逻辑学，只有在实体之单子论的形而上学基础上才是可能的，所以，逻辑学按照其本质具有形而上学的始基，当然，正如根本性的考察可以指出的那样，它本身无非就是真理的形而上学。

当然，莱布尼茨本人从来没有明确探讨过逻辑学的形而上学奠基问题。相反——总是一再倾向于，使逻辑学自发地发展自身，或者可以说，从逻辑学出发而发展形而上学。就此而言，传统形而上学和逻辑学概念的基本特点被保持着，尽管实质性的问题不断变化，而对于我们来说，瞄准莱布尼茨的逻辑学及其与形而上学之关联是为了完成一项任务，首先在这个领域中根本性地弄清一种可能的问题之视域，以便使接下来纯粹系的探讨不再陌生，但首先是为了破除成见，好像逻辑学是某种漂浮不定的，本身被固化了东西。

有一个当然会经常被提出的论辩，人们借此相信，逻辑学先于形而上学的优势可以令人信服地被证实。此外，这种论辩还有一个优点，那就是，人们基于完全一般的逻辑学和形而上学概念就可以决定其关系的问题，而不必深入其特殊的问题内容。而我们的论题却是，逻辑学a）基于形而上学，b）本身无非就是真理的形而上学，那种论辩之根据在于：1. 基于偏见：逻辑学是漂浮不定的，某种最终可以说是"思想"的东西；2. 基于根植于这种偏见中的一般理由：逻辑学在优先性方面先于一切科学。

这种论辩的优势是：a）一般被认为是形式的，而无需深入形而上学和逻辑学学科的内容，b）通常毫不犹豫就清楚的是：形而上学作为科学就是认识，因而是思想，所以就先行设定了关于思想的科学，即逻辑学；所以逻辑学是形而上学的前提，因为没有逻辑学，形而上学的确既不能论证也无法实施。这种情况适用于一切科学，甚至适用于任何认识和思想，所以"逻辑学"同样以逻辑为前提！论辩的这种后果当然值得思考；更确切地说，沿着这样的思路，对于有关逻辑学和形而上学之关系是否能有什么决定——如果这种说法以同样的方式适用于逻辑学和形而上学两者的话。而如果情况就是这样，那么这种论辩根本上最终要通过其影响去检验。

人们会说：形而上学作为哲学的知识，作为认识活动是一种思想；而思想先行设定了逻辑，所以，先于形而上学之奠基，逻辑学必须首先被论证为形而上学的基础；而不是相反。人们很容易看到，这种论辩适用于任何科学；人们由此总结说，逻辑学必须给予一切科学以前提。但最终，这种遍及随便一切科学的论辩之适用性，恰恰成了反对"逻辑学是一切科学的前提，所以尤其是形而上学之前提"这个论题的理由。这里的"前提"究竟意味着什么呢？

任何一门科学，同样包括形而上学，任何前科学的思想，作为思想都要使用思想的一般形式规则，在进行思想的时候，使用思维规则是不可避免的。为什么这样，我们暂且搁置。但是，从进行思想活动不可避免要使用规则就可以得出结论说，科学基于逻辑学吗？完全或根本不是。因为首先使用规则之必要性，并不就直接说明逻辑学的必要性；规则的使用从它那方面说，并不必然需要关于思想之规则的科学，甚至根本不需要关于这种规则在传统逻辑意义上被论证过的知识。因为否则的话，逻辑学本身在思想活动中的论证，同样也内在地是不可能的；或者说是多余的。如果考虑到已经形成的逻辑学本身存在着，那么情况就必然如此。

如果人们愿意承认在科学的思想中使用规则之必要性，对于科学（对于形而上学）来说意味着逻辑学的必要性，那么，这也并不就再意味着，逻辑学是科学本身的基础。因为虽然进行思想活动和规则之使用，是科学出于其本性所要求的其中之一，但科学之本质本身并不因为进行思想活动和使用其规则而具有其内在的可能性。或许情况相反：使用规则之必要性恰恰只有通过科学之内在可能性得到论证，也就是说，才可能被形而上学地论证。但不仅仅是规则之使用，而且规则本身，其奠基都要求形而上学。然而，人们可能再次提出异议，正是这种逻辑学诸规则的形而上学奠基，已经再次先行设定了科学的思想和各种规则本身,而且必须使用这些规则。

所以,思想规则之优先性还是不容拒绝,人们照样总是乐于转向或求助于它。实际上,这种论辩不容回避——但以下问题同样或者更加不能回避,即,到底是进行思想活动之条件先于思想之本质,先于作为此在之行为的思想之根据的本质,还是相反,此在或思想之本质,才首先使得思想之实施条件及其必然的使用方式得以可能。思想和规则之使用对于任何思想之实施,所以同样对于形而上学奠基本身而言也许是不可避免的,但由此并不能得出结论说,这种奠基就在于规则之使用。相反,由此只不过可以说,这种规则之使用本身还需要奠基,进一步可以推论说,这种看似有理的论辩根本没有能力去实施奠基活动。使用规则之必要性的论辩,仅可能限于提及这个事实,但没有能力哪怕只是就其内在的可能性而提出问题,更谈不上去解决问题了。

所以逻辑学,1.从来都不是进行思想活动之条件,而只是在传统中保持下来的关于规则本身的科学。2.但如果它是关于规则的科学,那么很显然,传统形式的逻辑学恰恰既不可能澄清,也无法论证这些规则其本质的东西。3.如果某物之内在可能性作为奠基性的东西,先于实际的发生及其条件,那么,揭示一般思想之内在可能性就是"逻辑学",即作为关于思想之规则的科学之前提条件。4.形而上学可能优先于逻辑学,或者说,逻辑学优先于形而上学,全部这些问题本身不可能通过逻辑学提出、探讨和解决,除非逻辑学本身被把握为真理之形而上学。如果以形而上学的方式进行某种讨论是可能的,那么对于这种讨论之实施来说,使用规则当然是条件之一。

前面所言对于描画人们所喜好的逻辑学之优先性的论证

来说足够了,这种论辩是典型的——对于一切**诡辩术**来说;因为它造成假象,而且随时都可能造成假象,好像它在力求最终的论据,并且不到最后决不罢休,因为它可以使任何思想性的论据都颠覆殆尽,以至于干脆把它们认作论据;虽然这种假象其本身还要援引某种绝不可能成为其论据的东西,但假象——而这就是诡辩的东西——还是形成了,似乎这种形式的论辩是最严格的,而一切根据都只有在那种论辩的意义上才是令人满意的。

有一种错误,认为这种论辩,恰恰因为它是形式上空洞的论辩,可以同样的方式形式地被驳斥。毋宁说,驳斥唯在于指出,为什么这种论证是可能的,或为什么在某种前提下甚至是必然的,正是由于人们首先还要给论辩谋求其合法性,很明显,它是要靠某种东西存活或供养的,这些东西论辩本身不仅不可能给出,而且甚至认为必须对之加以否认!

但由于这种论辩不是任意的,而是具有形而上学的根源,所以它们总是一再被要求,更确切地说,恰恰是在人们臆想着谋求某种根本性的奠基的时候。所以,莱布尼茨最终还是再三从逻辑学出发,接近那样一种形而上学的奠基;或许最清晰、最透彻的论述,出现在已经多次提到的论著《原初真理》中(Cout. 518-519)。当今的逻辑学——其中还存在着新的对问题的歪曲——指出:不仅形而上学要返回到逻辑学,而且逻辑学本身要返回数学,如今的逻辑学是逻辑斯蒂(Logistik),是数学的逻辑学,所以是一种追随数学方法的逻辑学。

即使我们同样有能力通过目前为止所做的考察,继莱布尼茨之后实质性地明确使用"形而上学"和"逻辑学"的头衔，形而上学和逻辑学的关系问题，通过一般性的讨论仍然还是悬而未决。之所以还是没有解决，首先是因为我们面前并没有两个固定的或确定的、简单相互利用的学科，而现在应该做的是，以目前所做的定位于历史的先行考察为背景，通过具体说明逻辑学为何只有作为真理的形而上学才是可能的，从而着手并弄清楚逻辑学之核心的基本问题。和所有哲学的奠基任务一样，这里原则上要注意：奠基并不意味着，给一门成熟的学科下面奠上另一个基础，毋宁说，奠基始终是建造计划的某种新规划。哲学的任何奠基都必须改变哲学本身；而改变只有通过激发或保持本质性的东西才是可能的。

在讲座第一部分即将结束之际，我们要记住：总的来说，我们的目的在于一种哲学的逻辑学，也就是说，我们寻求逻辑学的形而上学始基；对莱布尼茨逻辑学的解构（这种逻辑学本身在柏拉图或亚里士多德那里同样是可能的），服务于我们具体地导入形而上学之基本问题；就此，同一性理论和单子论之间的关系也自行揭示；由此，我们的论题得到证明：逻辑学基于形而上学，本身无非就是真理的形而上学。一个批判性的先行讨论用于反对众所周知的逻辑学之优先性，实施的必要条件并不等同于可实施之事本身的内在可能性之根据，指出这种必要条件并不起任何奠基作用，而是封锁了问题，截断了道路。论辩之独特的盲目性在于，它总是一而再再而三地出现。——我们由此进入讲座的第二大部分。

第二部分

作为逻辑学之基本问题的根据律的形而上学

Die Metaphysik Satzes vom Grunde als des Grundproblemes der Logik

首先要做的是简要阐明接下来的问题之关联，以便把讨论进行逐段划分。莱布尼茨一般被视为根据律的发现者，我们听说：莱布尼茨把 principium contradictionis（矛盾律）和 principium rationis sufficientis seu determinationis（充足理由或规定的原理）认作真理或知识的两条基本原理，但莱布尼茨逻辑学和形而上学的这个核心学理部分，恰恰是最模糊的。既没有 1. 说清楚 principium rationis sufficientis（充足理由律）和 principium contradictionis（矛盾律）处于一种什么样的关系，也没有 2. 搞透彻或者说只是草率地断定 principium rationis sufficientis 本身基于何处；成问题的是 3. 其与形而上学基本学说，即单子论的关系；非常棘手的是 4. 这里"principium"（原理、律、原则）的意思应该是什么，也就是说，这里的"原则"（Grundsatz），根据之原理的原则－特性意味着什么，进一步是 5. 要追问：这条 principium primär（首要原则）应该被分派给判断或逻辑的真理学说，还是它另有什么根源？这些问题旨在一种形而上学原理的概念，作为被正确理解了的"逻辑的"原理。

为了把这些问题作为被明确提出的或可以提出的难题来接近，就要求一种比在莱布尼茨那里更加根本的形而上学的开端。我们想要以前面讨论过的为根据，首先试图通过定位于莱布尼茨，确定根据律的形而上学问题之发端，更确切地说是要看到，这条根据的原理在莱布尼茨那里发挥着非常不同的重要作用。

这些内在于莱布尼茨体系中的含义是否被统一地论证并在其关联中被规定，这些历史性的问题，我们这里不涉及。

principium rationis（根据律）最普遍的理解就是通常说的：Nihil est sine ratione，没有什么东西是无原因的；积极地说：一切都有其根据。"Ratio"（理由）与 reor（认作如此）相关；ratio 是与"我把某物认作某某"相关的东西，是我为什么认为它是这样或那样的原因。Ratio 在这里首先意味着某个真实的陈述之基础意义上的根据。根据（Grund）这里与知识相关，是**知识的根据**。亚里士多德说：'Επίστασθαι δὲ οἰόμεθ' ἕκαστον ἁπλῶς… ὅταν τήν τ' αἰτίαν οἰώμεθα γινώσκειν δι' ἣν τὸ πρᾶγμά ἐστιν, ὅτι ἐκείνου αἰτία ἐστί, καὶ μὴ ἐνδέχεσθαι τοῦτ' ἄλλως ἔχειν.（《后分析篇》A2, 71b 9ff.；Waitz）"当我们知道了这个'为何'就是那东西的根据或原因，而那东西因此不可能处于与其所处的状态不同的时候，于是我们就认为完全理解了该物。"理解意味着，认识到某物之根据；这在于，以其被奠基的方式或从其所基于的某个方面认识根据。理解或知道意味着：通过对其奠基而把握某物所基于的根据。

Aἰτία 大多翻译为**原因**（Ursache），而原始－事情（Ur-sache）就被理解为某物之现实发生的根据，比如一片瓦从屋顶上掉下来，是由恶劣的天气风化侵蚀了屋顶引起的。但这个物之所以落下，其根本原因在于，它是被重力所规定的物质性的东西；这是其**本质的根据**，其可能性。这种意义上的根据，亚里士多德在另外一个对真正的知的知识的定义中就明确看到了：καὶ εἰδέναι τότ' οἰόμεθα ἕκαστον μάλιστα, ὅταν τί ἐστιν ὁ ἄνθρωπος γνῶμεν ἢ τὸ πῦρ, μᾶλλον ἢ τὸ ποιὸν ἢ τὸ ποσὸν ἢ τὸ πού, ἐπεὶ καὶ αὐτῶν τούτων τότε ἕκαστον ἴσμεν, ὅταν τί ἐστι ποσὸν ἢ τὸ ποιὸν γνῶμεν.（我们认为，我们最真实地知道每一个特殊的事物，与其说是当我们知道什么是"人"或什么是"火"的时候——倒不如说是知道其质量、性质或状态的时候；因为当我们知道了质量或性质之所是的时候，我们也就知道每一个这样的事物。)(《形而上学》Z 1, 1028a 36ff.；Bonitz）这里的根据是根据性的规定源出之所在，在那里，它被当作那样一个回溯过程不可再进行的支撑点，或者说，作为最初的、原始的、奠基以之为出发点的东西。根据这里指的是 ἀρχή（始基），也就是说，开始或开端：最初的东西，奠基性的知识由之开始，首先以之为依据。然而，作为 ἀρχή 的根据的这个概念，还可以更广泛地被理解，以至于顺便包含有原初－事实（Ur-sache）或本质根据的含义：它是最初的东西，由此出发，某个存在者，就其是这个存在者而言，获得其本质，而最初的东西同样，由此出发，某个存在者，就其恰恰这样现实化而言，通过它的现实化，开动其生成过程。按照这样的理解，根据就是 τὸ τί ἐστιν，"其所是"，即 λόγος（逻各斯）。根据作为本质的这种含义，同样也用 ratio（推理、理智）来意指，而在这种意义上，在沃尔夫那里 causa（原因）就成了 ratio 的某种确定的模式；在这种情况下，ratio 就不首先与知识相关（或者说，仍然与存在论的知识相关？！）。

对于这三种主要的作为 ἀρχή（始基）的根据概念——按照它们 αἴτιον（原因）也是一种 ἀρχή——亚里士多德在《形而上学》Δ 1（1013a 17 页以下）中总结到：πασῶν μὲν οὖν κοινὸν τῶν ἀρχῶν τὸ πρῶτον εἶναι ὅθεν ἢ ἔστιν ἢ γίγνεται ἢ γιγνώσκεται.（这是所有"开始"成为最初的东西的一般性质，通过它，某种东西或存在，或开始成为存在者,或开始被认识。)'Ἀρχή 是"所是"(Wassein)之根据,也就是说,是**本质**;是现存存在(如此-存在)之根据,也就是说,始基是**原因**;是真实存在之根据,即**论据**(话语之根据)。如果我们给本质上共同归属的"所是"、现存存在和真实存在,添加上此在(人的生存)及其行为,那么行为之根据:**动因**(Motiv)(尼各马可伦理学中的 οὗ ἕνεκα)就产生了。

我们已经草草地了解了根据的四个概念,也就是说,用根据所能意味着的四种变化,以及与之相应的四种可能的奠基方式,奠定或给予基础的方式:本质、原因、("真理"意义上的)论据、动因。根据之形式的-普遍的特点是:"由之而来的、最初的东西"。但通过所讨论过的内容,既不能穷尽根据之观念,也不能根本性地论证或清晰地把握四种主要概念其关联;其本源及其顺序仍然是模糊的。

但或许有一点达到了:规定了通俗的 principium rationis(根据律)在其普遍性中可能或大多数情况下所获得的理解之范围。Nihil est sine ratione(没有什么东西是无原因的),Nihil,无论什么——所是、现存、真实存在、行为——作为这种存在都绝非没有其根据。存在的任何形式都具有其各自的根据,这里显示出一种新的和本质性的东西:一般存在之观念和一般根据之观念的相互纠缠。**根据归属于存在。**

人们容易看到,这个论题,就是说,完全宽泛地理解的 principium rationis(根据律),本身就要求某种奠基,而这显然只能通过澄清一般存在之本质才能够获得。如果这个问题是形而上学的基本问题,那么根据的原理就表明为形而上学的基本问题,真理的形而上学、逻辑学一同包含其中。

对于 principium rationis（根据律）之非常一般的含义，我们已经通过首先说明根据问题与存在问题之间的关系的方式弄清楚了，当然，我们现在恰恰应该避免把一般的、流俗的对原理之理解当作唯一的引线，更确切地说，之所以要留有余地，是因为流俗理解的原理之普遍性的特征完全是模糊的。而这种模糊性与完全不清楚这些原理之原理特性相关，从自古以来就存在着，这些原理根本就没有被当作问题。人们容易发现：原理特性作为问题，指向 principium（原则、原理）、指向 ἀρχή（始基）——所以指向根据！原理之原理特性本身只有通过说明一般根据之本质才能够赢获。

叔本华第一次试图在所有目前为止出现的问题之理解范围内，统一地展现充足理由律，这不失为一件功劳，尤其是在其博士论文《充足理由律的四重根》中的尝试，1813 年；1814 年由叔本华本人出版的第 2 版，1864 年由 J. Frauenstadt 出版的第 3 版，附加了叔本华根据其私人自用本所做的补充，当然也删除了最激烈的宣泄。在第二版中使人疑惑不解的是，其中既没有哲学意义上更加根本的理解，也没有严格的论证，而只是充斥着针对黑格尔、谢林和普遍性哲学的庸俗的诋毁。作为第一次瞄向问题，作为尝试一种相对统一的对问题之展开，这部论著总归是有用的，但它不仅在一般科学的扎实基础和历史的表述方面，而且在哲学的论证方面同样非常不充分：因为它是一种平庸的康德主义，完全是肤浅的，更确切地说，哲学方面的无能，通常要少于叔本华由于盲目而激起的怨恨以及所陷入的惊人的局限——在那里，根据的问题本身既没有本着逻辑学，更没有本着一般形而上学而得到探讨，此外，因为叔本华也几乎没有引起什么人的注意，这篇短小的论文，尤其是后来的版本很容易搞到（假如不是一夜之间哲学上突然礼仪性地要求致力于根据律的话）。

叔本华在他的博士论文第二章中给出了"迄今为止关于充足理由律所表明的最主要内容之概要"，就此而言重要的是，他首先必须指出，根据的概念如何逐步区分为事实根据（causa）和知识根据（ratio）。第9节"莱布尼茨"中原话说："所以，莱布尼茨是第一个我们可以在他那里找到关于那种区别之清晰概念的人。在他的《哲学原理》中，他非常明确地区分了 ratio cognoscendi（认知理由）和 causa efficiens（动因），并把两者确定为 principii rationis sufficientis（充足理由律）的两种运用，在这里，他正式将其确立为一切知识之首要原则。"[①] 对莱布尼茨 principium rationis（根据律）学说的这种描画极其简要，而且在本质性方面恰恰站不住脚，我们有理由不管这些，对于其论文中的一个问题史概要来说，这就足够了。

对于叔本华，或许一般而言对于后黑格尔时代做哲学的全部方式来说，叔本华作为60岁的人，是如何发现有必要去纠正25岁的博士论文作者，这一举动令人疑惑而恰恰是很有特色的。1847年第2版第9节同一段中说到（16-17；Deussen, Bd. III, 125 或 749）："莱布尼茨首次正式把根据律提升为一切知识和科学的首要原则，他虽然就此表明了上述原则两种意义的区别，然而却没有明确地突显出，更不要说在什么地方清楚地讨论过它们。主要章节就是其《哲学原理》中的第32节，稍好一点的

---

① 原版，Ruolstadt 1813, S. 13-14；叔本华全集，hrsg. v. P. Deussen, Bd. III, München 1921, S. 11.

在法语修订本中,标题冠以单子论:……"作为非常肤浅的评论,尚可容忍的成分来自早期,而且还出身于哲学的红灯区。叔本华实际上基于其自己的哲学所传播的思想,或许无非就是——被激怒的声音。反对谢林和黑格尔的这种声音,还采取了完全不同的形式,此后同样在其他地方变得流行起来,但它不可能掩盖其极端的肤浅,由于这种肤浅,19世纪的这些吵吵闹闹的追随者们相信,从柏拉图到黑格尔的伟大的和真正的哲学已经被制服了。

叔本华历史性地瞄向问题的方式——恰恰与莱布尼茨相关——其后果是,他只是表面性地而完全没有从根源上把握根据律,这最明显地表现在第5节（7；Deussen, Bd. III, 7），在那里叔本华首先试图以沃尔夫的形式——当然也要追溯到莱布尼茨——一般性地表达这条原理：Nihil est sine ratione cur potius sit quam non sit。叔本华简单地翻译为："没有什么不具有其为何存在的原因"。在随后的版本中同样这样说！但这个表达公式中却包含着某种完全不同的意思：不是：nihil est sine ratione cur sit（没有什么不具有其为何存在的原因），而是：cur potius sit quam non sit，"potius quam"被叔本华忽略不计了。当然，这只是翻译上的小失误；不值得去追究叔本华这个仅仅哲学上的准确性。但这个potius被忽略显示出,叔本华仍然走在老套路上,他只是表面性地撞上,而不是理解了问题,因为这个potius quam,$μᾶλλον\ ἤ$,"毋宁……而不是"（eher als）,恰恰是 principium rationis（根据律）之问题的关键所在。当然,只有当尝试将莱布尼茨的逻辑学根植于其形而上学,并且从它那方面,超出哲学史的流行模式,哲学地去领会这种形而上学的时候,才能看到这一点。

根据律之缩短了的流俗表达公式，其普遍程度和不确定程度一样。虽说莱布尼茨根本没有提出一种相应明晰的原则性表达公式，涵括原理之所有可能的变形及其运用，然而，提出了三种概括性的表达方式，大致弄清楚了 principium rationis 含义背后存在的问题：1. ratio ›est‹ cur aliquid potius existit quam nihil（"有"为什么毋宁任何事物都存在而不是不存在的原因），2. ratio ›est‹ cur hoc potius existit quam aliter（"有"为什么毋宁这个东西存在而不是其他东西存在的原因），3. ratio ›est‹ cur sic potius existit quam aliter（"有"为什么毋宁它这样存在而不是以其他方式存在的原因）。principium rationis 是**"毋宁……而不是"的原理**，某物先于无物、这个先于那个、这样先于其他的优先性。同时也说明，这条原理之关键在于实际的存在者，在于最广义的实际性，可以说，只有在实际的而不是还仅只可能的东西中，才会遇到某种明确的选择，所以，以这种方式理解的原理就落到了可能性和现实性的关系上。因此，莱布尼茨在 1679 年题为 »De reum originatione radicali«（《论事物的根本起源》）的论文中说（由 Erdmann 首次出版；Gerh. VII，302-308，303）：Hinc vero manifestissime intelligitur ex infinitis possibilium combinationibus seriebusque possibilibus existere eam, per quam plurimum essentiae seu possibilitatis perducitur ad existendum. Semper scilicet est in rebus principium determinationis quod a Maximo Minimove petendum est, ut nempe maximus praestetur effectus, minimo ut sic dicam sumtu.（因此我们可以非常清楚地理解，通过可能的事物之无限的结合和无限的序列，某个东西存在，通过它，最大量的本质或可能性被带入存在。自然中总是会有某种确定的原则，必须通过极大和极小来寻找；比如说，应该通过最小的花费实现最大的效果。）这意味着：通过无限可能的组合或序列，那些东西现实化，通过它们，最多的处于本质性或可能性中的东西被转送到现实性中；那些实际可遇到的，就是一切可能的东西之最好的现实化。

当然，整个论文可以让我们清楚地看到，被造存在的理念处于背景和中心的地位，而 ultima ratio rerum（事物之最终的原因）是 unum dominans extramundanum（唯一的、统治性的、超现实的）。Nam non tantum in nullo singulorum, sed nec in toto aggregato serieque rerum inveniri potest sufficiens ratio existendi.（存在的充足理由既不可能在个别的特殊中，也不可能在全部的集合或序列中。）（同上，302）——当然，通过简单地指出原理之理解的背后无论如何都隐藏着基督教教义神学，这并不能使我们获得太多；相反，人们由此会简单地对待真正的事实问题。（任何时候都会发生这样的情况，一旦人们认为，可以借助心理学的概率算出，最终是什么样的冲动参与了问题的提出和解决，那么问题就会得到解决。人们可能会心平气和地满足于那种世界观心理学的好奇心，只是人们必须清楚，这种精神史上本能动机的搜索，既没有什么可能的对象，也根本没有任何什么权利根据，也没有实施之可能性，如果问题和冲动是同一的，而问题之解决可以通过这种冲动一道被规定的话。）

即使不把特定的神学意义计算在内，principium rationis sufficientis（充足理由律）作为 potius（毋宁）的原理也仍然存在，通过简短的提示很容易指出，这里隐含着一般形而上学之核心问题。我们已经看到，根据的观念（根据作为本质、原因、真理或论据、动因）原始地或最紧密地与存在相关联，现在又出现了一种首先性质上完全不同的关联：根据、ratio 与优先性、potius 的关系，奠基与宁可……而不、选择之自由（最终：propensio in bonum 倾向于善）的关系，所以出现了**根据和自由**的关系。在 potius、"毋宁……而不是"、μᾶλλον、中包含有某种优先的要素。我们通常只在决定关于价值或无价值、价值高或价值低的领域中认识优先之可能性，当然，因为偏爱、估价、否决等而援引价值维度作为可能的视域，还根本无法解决问题，因为价值的观念其形而上学的起源和 ἀγαθόν、bonum（善）的观念一样模糊。尽管如此，ἀγαθόν（善）和 ὄν（存在者）之间的关系在古代哲学中就已经强行产生了。

存在问题与优先问题之间的内在关联在柏拉图那里特别给予了说明，他在《国家篇》中教导说，ἐπέκεινα τῆς οὐσίας（存在者之彼岸）还有 ἰδέα ἀγαθοῦ（善的理念）：1. Ἡ ἀγατοῦ ἰδέα ἐν τῷ γνωστῷ τελευταία（可知的领域中最后的事物是善的理念）(Pol. VII, 517b 8f.)——但是这样的，善的理念成就一切：它是那种包含着一切作为存在者的存在者的东西。存在内在地与 ἀγαθόν（善）相关，这种善的理念是 μόγις ὁρᾶσθαι，难于看到的。2. Πάντων αὕτη ὀρθῶν τε καὶ καλῶν αἰτία（517c 2），一切适当与美好的原因或根据：善的理念是一切秩序、一切共同归属的东西的基本规定。如果共同归属性，κοινωνία（关系）是存在之本质规定的话，那就是说，善的理念首先承载着这种 κοινωνία。3. Ἔν τε ὁρατῷ φῶς καὶ τὸν τούτον κύριον τεκοῦσα（在可见的领域中，善的理念带来光及其主宰）(517c 3)。此外，善的理念带来光，就是说，在可见事物之领域中，同时还有这种光的主人，即太阳。洞穴比喻在这里详细地做了解释：光是看的前提条件，同样，理智性的看要求光，而原始地给予一切存在者之认识以光的，即存在之领会，就是 ἀγαθόν（善）的理念。4. Ἔν τε νοητῷ αὐτὴ κυρία（善的理念主宰着理性的领域）（517c 3/4）——它在通过人的理性可以把握的领域中直接统治着，以这样的方式，即它准备好了真理和理性。真理和理性之内在可能性根植于善的理念。5. Ἡ τοῦ παντὸς ἀρχή（它是所有一切之源）（517b 7）——它是所有一切的开始、根据、原因。这种善的理念是 6. Ἔτι ἐπέκεινα τῆς οὐσίας（甚至超越存在者）（509b 9）——还卓越于存在者及其存在之上。——善的理念所指的是什么呢？在这里，指出一般存在之观念、根据的观念（在多种意义上）与优先、最优越的东西、善的观念之间的纠缠就足够了（参见，进一步第 11 节 b）①。

通过前面所言我们就清楚了：有一种一般的－流俗的对根据原理的理解；这种理解恰恰掩盖了问题的复杂性；这种根据的问题似乎最内在地与一般存在问题同源。同时我们宣称，这种根据问题是逻辑学的核心问题，因此我们试图通过三个章节来论述所标画的难题之整体：I.问题维度之发掘，II.根据本身的问题，III.根据律和作为真理的形而上学的逻辑学之根据问题（参见，第 14 节）。

或许要注意，我们不应以其随便的一个什么公式来着手根据律，而现在又试图去证明它；而应该首先说明根据律所表达的或可能表达的含义。随着原理之意义内容的澄清，其一般的

---

① 同样参见，1926年夏季学期讲座：古代哲学的基本概念［规划为全集第22卷］。

根据－特性也一道明朗；由此出发才能弄清楚，关于这条根据律，存在着什么样的证明之可能性，以及它要求什么样的证明方式。在对根据律之意义进行说明之前，就首先着手讨论诸如此类的问题，比如，是否这条原则是直接明证的，是否它出自理性之本性，是否它依赖于经验，是否它表达了一种实践性的要求，这样做不仅根本不得其法，而且也是徒劳的。或许一切这样的理解都没有涉及这条原理之本质，这条原理要比强行将之束缚于这种流行的区分中丰富得多。

第一章

问题维度之发掘

Die Freilegung der Problemdimension

尽管全部的难题总已经或多或少地预示出来了，但在这种情况下，我们还是想要持守于首先形成的并始终占统治地位的对根据之观念的理解。根据的观念首先作为"原因"或作为"论据"（也就是说，作为持以为真的根据，作为证明之根据）而登场，两者都用 αἰτία（原因、起因）来标画，这件事情绝非偶然。为什么不是偶然的呢？一方面，因为原因或促成的观念，基于我们被交付给了世界，首先或明确地通过某个存在者从另一个存在者产生而表达出来，也就是说，通过与此相关的熟悉精通，借助 τέχνη（技艺）；另一方面，因为存在者同时作为那种言谈之所及的东西而显示，也就是说，在 λόγος（逻各斯）中，或在涉及"真理"的 ἐπιστήμη（知识）中显示。就此而言，这样理解的 λόγος 连同其 τί ἐστιν（是什么）与 ἰδέα（理念）、与 εἴδη（相）相关，我们同时从 τέχνη（技艺）出发，通过作为 ἀρχή（始基）的 αἴτιον（原因、起因）而被引向 εἶδος（爱多斯）。

λόγος（话语、逻各斯）和 τέχνη（技艺），完全宽泛地理解，就是那种行为，在其中一般存在者首先公开出来，固然，在这种视域中存在的观念首先形成。但我们听说，根据的问题最紧密地与一般存在的问题连生在一起，所以容易理解，为什么对根据问题的最初说明恰恰和一般形而上学基本问题一样，在同样的维度中进行。换句话说：根据的问题恰恰同属于形而上学的基本－问题。

我们应该赢获根据问题的问题维度，这就意味着打开视线之领域，根据的现象在其中变得可见，我们在其中得以领会一般根据之所指，由此生发出这个观念。现在，哲学之本质绝不会直接就与其问题领域相符合，也就是说，直接在一般日常理智之视线方向上遇到。进入特殊的问题领域总会要求独特的进路，其特点我们现在不去谈论——尽管这里必须要先行－描画一下事后才真正可能被看到的东西——而是说，我们要亲自在那条道路上继续走上一段。我们从流俗的看法，或者说，与这种看法最接近的问题之理解出发，因为每一种那样的看法都具有其隐蔽的、或许变相的真理。

在传统的逻辑学中同样也有根据律，在随便某个不显眼的章节中，在大量其他定律之中或旁边；人们在同一律、矛盾律或排中律之后，将其算作思维的规则。我们选择从一种可能是最流俗或广泛的含义开始，以便由此突显一个新的难题，并同时表明这条原理可能设想多么形形色色的含义，更确切地说，之所以如此，恰恰是因为它根本没有被严肃地当作问题。

第 8 节　根据律作为思想规则

我们应该弄清楚，作为思想之规则的根据律的表达所说的是什么，其中是否表达了 principium rationis（根据律）原始的意义，根据的观念是否真的清楚；如果不是，那么逻辑学的这条根据律，就不足以充作臆想的基础科学之原则。我们从西格瓦特在其《逻辑学》第 32 节中所给出的表达式出发。①

---

① C. Sigwart：Logik（《逻辑学》），Bd. I, 4. Aufl.（besorgt v. H. Maier）Tübingen 1911.

那里一般性地这样说："第四条所谓的思想规则……表达出了所有一般判断的全部普遍特性,即在于相信某个判断之普适性,同时相信其必然性。"（同上,257）流俗的对根据律的解释说：如果不为其陈述找到某种根据,人们就无法做判断；或者如西格瓦特所言（同上,257）:"没有其确定性的某种心理学根据,就表达不出任何判断。"由此表达出了什么呢？这里言及确定性之根据意味着什么呢？

"确定性"显然不同于目前为止所谈到的陈述或真理之特性,但对于真实存在而言,我们已经提到了根据的一种形式："论据"或"知识之根据"。现在则谈及了确定性之根据。真理之根据和确定性之根据彼此如何相关呢？不同于真理,确定性是什么意思呢？

某个知识的确定性在于,我确信某个陈述之真实性,因此确定性总是先行设定了真理！而这种对真理的确信以某种东西为依据,基于此,确定性持守着相关的真理作为合法的知识财产。然而,是什么给知识之占有谋得了合法性呢？显然是洞见,即洞见到被占有就是真理,而这又是说,这真理是有根据的。由此会得出什么结论呢？真理之根据和确定性之根据不就成了同一个东西或一回事了吗？关于某个真理的确定正是洞见,或者说,获得对真理之根据的洞见。确定性之根据因此就是真理之根据,确切地说,作为那样的根据,即鉴于其真理的奠基活动而被认识到的根据。确定性的根据是被明确洞见到了的真理之根据,确定性之根据和真理之根据实质上是一回事,只是形式上由于被认识或把握的环节有所不同。确定性之根据就是变得明证的真理之根据。

通过这种思考首先可以得出一点：要想把某个真实的陈述持以为真或占有真理，以便确信其本身，就必须最终持守于真理之根据。确定性作为持以为真之途径，作为占有真理的方式，通过被占有的东西，通过真理而共同得到规定；这真理本身就有"根据"，确定性及其确信指向真理之根据。

在前面引用的西格瓦特的话表达出了这种本质关系吗？还是说"没有其确定性的某种心理学根据，就表达不出任何判断"，这句话意味着某种其他的东西？显然如此！更确切地说，之所以如此，只因为这句话根本就不是关于某个本质关系的陈述，而是一个事实确定。积极地转译一下这句话：在每个判断的表达或进行中，都可以发现其确定性的某种心理学根据。但这并不意味着：每个判断都是明证的，也就是说，洞见到了其真实存在的根据，因为大量被做出或被认为是确定的判断，并没有被明确洞见。当然，缺乏对真理之奠基性根据的洞见，并不排除判断之实施或持以为真确有其动因。确定或持以为真之动因，确信之动因并不就直接地随同着明证之根据，据此，如果这种判断缺乏确定性之根据，那么对于它来说，并不就一定也缺乏某种对真理之确信的动因。所以上述论题顶多可以表明：在每个判断之进行中都包含有持以为真的动因。而这并不意味着：某种根据属于真理之本质，并因此也属于作为确定性的真理之占有。

只是，甚至连最后提到的对论题的解释都可能被质疑，任何判断都具有持以为真的动因吗？不充分的论证，甚至没有被论证的陈述也同样会被实施或持以为真——这还不算人们可能会说，这种持以为真恰恰是没有根据的；当然也可能还缺乏这种根据，也就是说，存在着无动因的、没有被论证的陈述；但这些陈述也还不是完全没有根据的，而即便说没有，可这种无动因的、没有被论证的陈述恰恰也还是被"促成"了。

那么，所引用的话说明了什么呢？只不过是说：人们在其判断活动中通常是有动因的。因此，这句话是一个关于人们在其判断中通常都熟悉的实际行为的陈述。然而，这里关于根据的本质什么也没说——它是真理的根据，还是确定性的根据——而只是描述了对待判断之活动根据的普遍方式或方法。

当然，如果指出这种情况就够了，那么除了哲学上一无所获以外，对此就再没什么可说了。只是这种确认不仅代替了根据律，而且如果人们在逻辑学中将之提升为思想规则的科学的话，人们相信通过上述的原理还可以说出更多。人们在确认判断活动中普遍的行为事实的那句话中，看到了一条完全不同特性的原理之基础，即要求一切思想、判断都应该有某种根据。因为通常的习惯是，在判断时要有某种心理学的根据，所以每次判断活动通常都会寻求论据！思想应该被论证或是有根据的。人们把这条规范原理建立在事实确定的基础上，此外还相信，这条给出了标准的规范原理，就是根据律之真正的表达公式。当然，人们还更进一步，并通过以下说明来鉴定这条规范原理：任何陈述都要求证明，所以要求一切语句的绝对可证明性和证明之必然性。

这里试图通过援引经验事实来论证思想的一般规范，这里尝试着经验性地去论证一条先天的命题，我们首先撇开这个事实。这种论证尝试之荒谬，胡塞尔在对心理主义的批判，《逻辑研究》第一卷中就指出了。这种论证当然只具有相对的证明力量或只是消极的，因为问题仍然在于：到底什么是先天的命题，那样一个规范的命题究竟是先天的吗？或在什么意义上是先天的呢？

更加本质性的是要追问，"一切思想都应该提出根据"这条规范性命题，以何种方式与普遍的 principium rationis（根据律）关联在一起。首先容易得出，上述命题只是普遍命题的特殊情况，意思是：一切人的行为作为自由活动，都有其动因，有其动机；因此作为思想的行为也同样如此。（这句话正确地理解是关于一般行为的本质陈述，而不是关于人通常如何一般地进行活动的陈述。）尽管上述规范性命题中所包含的意图，要多于对持以为真之有根据性的要求，确切地说，之所以如此，正是由于为满足这个要求的尝试，导致了去证明持以为真的真理之根据。因此，我们再次遇到了真理根据和确定性根据之间的关系，更确切地说，这种关系现在借助与上述命题相关联，已经被更加清楚地把握了。我们要问：为什么每一次持以为真，每一次真理之占有都应该具有其根据呢？难道只是由于它是其他行为的其中之一吗？还是说，同样或恰恰是因为被当真的东西本身，真实的命题本身，更确切地说，作为真实的命题，与某种如根据这样的东西相关。

但真理本身与根据到底有关系吗？在何种意义上相关？这里的"根据"意指什么？而如果根据属于真理之本质，那么，这种本质关系本身就是要求一个真实的判断有根据的可能性之根据吗？只有从这种要求真实的陈述有根据出发，才导致了对确定性之根据的要求吗？而真理之本质产生某种要求，这究竟意味着什么呢？

通过对根据律之某些理解的讨论，我们导向了这样的洞见，即，根据的问题无论如何都与真理的现象相关，就是说，"真理""真理之本质"这些头衔所指明的问题维度，同时就是根据的问题位于其中的那种维度。在判断活动中，我们已经区别了"诸根据"之多样性，涉及各种不同的东西，以至于"根据"本身意味着各种不同的含义，诸根据的所有这些种类不管怎样都与真理之根据相关。根据这个"头衔"，我们在目前为止的讨论中无论如何都有所理解，但还不是特别清楚，即使我们指出，根据无论如何都与真理相关联也收获甚少，一如我们没有充分地、或在与引导性问题的关系中澄清真理本身之本质。

第 9 节 真理的本质及其与"根据"的本质关系

a）陈述的真理之本质

如果我们执行一项任务，去突出真理和根据之间的本质关系，那么这并不就是要给某些真理指出各种根据，而是关系到指出一般真理依其本质以何种方式与某种我们有理由称之为"根据"的东西相关。一般真理与像一般根据这样的东西的这种本质关系，为"任何真理按理说都是可论证的"提供了内在可能性，而一般真理和一般根据之间的这种本质关系，同时就确定了某种的合法性，即在某些方面必然要求诸真实命题之各自的根据。

真理与像"根据"这样的东西之本质关系，只有当充分弄清楚真理之本质本身之后才会明了，因此首先要求一般地标画真理之本质，但由此出发，就要求展现真理之本质的内在可能性。

如果我们沿着这样的方向追问并寻求回答，或澄清真理之本质的内在可能性，那么就同时表明，我们要描画根据问题必然在其中被提出之维度。所以，我们首先要一般性地描画真理之本质。

我们已经多次强调：真理在判断、在陈述中有其场所；真理不仅要在判断中发现，而且要从判断之本质中获悉真理之本质。当然，所有一切都要假定，传统的论题是正当的。在莱布尼茨的判断学说中实际上已经很清楚，真理通过判断来规定。判断意味着 nexus（联系），connexio（连结）、inclusio（包含）、identitas（同一性）：主词和谓词、诸概念、诸表象的共同归属性；判断在古代就已经是 σύνθεσις νοημάτων，"表象连结"，真理与主词和谓词的这种共同归属性相提并论，正当地共同归属的，就是有效的。真理是**某种表象连结之普适性**，真理作为普适性——我们此外还这样或以派生的方式来描述真理。但这样的描述涉及本质了吗？普适性就是正当地共同归属。究竟根据什么来决定共同归属的东西，在一个陈述是真的基础上，按照什么来衡量适合于它的东西？由何规定共同归属之合法性？如果 identitas（同一性）和 veritas（真理）被并置，那么问题就仍然停在半路。因为数学的思维方式而富有特色的是，莱布尼茨本着他的意图把真理定义为 identitas，而恰恰在这里没再去追问这种 identitas（同一性）之 possibilitas（可能性）。

根据什么来规定表象连结之合法性，也就是说，协调一致的共同归属性呢？是什么决定这种共属性是否一致或不一致呢？陈述是一种协调一致的陈述，也就是说，如果表象关系与判断之所及相符合，那么陈述就相符。协调一致性（identitas des nexus）（联系之同一性）关涉到由判断着的思想之所思及其所指，即对象相符合而形成的合法性和普适性。协调一致的规范因为或通过符合而发生，真理作为普适性、共同归属性或 identitas（同一性），取决于表象和对象之间，νόημα 和 πρᾶγμα 之间相符合。而这种符合自古以来就是真理的特性，它被规定为 ὁμοίωσις（相像、相似）或 adaequatio（符合），也就是说，被规定为适合于……，以……来衡量。但这种适合于……的特性为何或如何属于真理之本质呢？真理之本质以适合于……，以在……上被衡量的观念为引线而得以规定，这取决于什么呢？这种传统的真理之本质规定，adaequatio 的观念是从哪里产生的呢？

目前清楚的只不过是，真理之特性作为同一性，被引回到作为 adaequatio（符合）的真理。同时要注意，以判断为引线把握真理之本质的尝试，不是立刻就会成功；无论如何都不会有明了的结果。只是，我们到目前为止仅仅是把一种理解和另外一种进行了调换，那样一种理解也同样涉及陈述：表象之连结相符合。随着我们追问真理之本质，我们现在身处何处呢？处于表象与诸对象之符合状态，处于主体及其意识中，这种意识包含在其与"意识之外"的对象之关系中，所以，作为符合的真理，无论如何都涉及表象与对象的这种关系。人们应该如何来进一步规定这种关系呢？通过这种提问，我们到达了所有可能的理论的游戏场，人们可以使真理之本质移居到这种可疑的地带吗？人们应该基于某种可疑的知识理论来澄清真理之本质吗？

无论那些赞成，还是那些反对这种传统的真理之特性的人们都忽视了，只是最初为了说明真理之本质而造成的开端，正如真理概念之历史所显示的那个开端，完全或根本无法担保它以正确的方式被充分利用，而且恰恰可能沦为错误理论的开始。把真理规定为 adaequatio（符合）是开端，还不是答案，是提问之开始，还不是解决！

另一方面，在传统中从很早以来就一再采取的澄清真理之本质的道路——经过陈述或 λόγος（逻各斯）的道路——不能因为它导致了困难就简单地被拒绝。一切最终取决于，要以正确的方式走上这条道路，而这条路后来恰恰超出了它只是最初想要通往的地方，从而导向了作为陈述之特性的真理之本质。

只是，以正确的方式走上解释陈述的道路，旨在突显真理之本质，这意味着什么？以正确的方式解释陈述本身意味着什么？毫无疑问属于对**陈述**本身之正确解释的做法是，人们先于一切说明而如其给出的那样来理解它；还有，我们要避免未经事先充分把握属于它（作为一般有待说明的陈述）的东西，未经如其原初给出的那样去把握它，就草率地建立某种陈述理论。当然，这就会产生问题：这里"原初地给出某个陈述"意味着什么呢？当我们先于一切判断理论，先于一切哲学的问题而进行陈述的时候，它本身作为什么显示给我们呢？

人们可能回答说：陈述，一个被说出来的判断，通过言说而说出的一句话，通过词语的一种宣告；这种词语作为语音、声音、声响而给出，通过这些词语我们达于字句、语句，由此达于意义、思想或表象活动，这些都在心灵中发生，心灵中的表象与外在的对象相关。我们在亚里士多德那里就已经发现了这样的次序：声响、语音（φθόγγος, φωνή）、字句、语句、意义、思想、表象、灵魂。这样就会得出结论：我们在首先被给予的东西：声响那里获得了严格而准确的开端，由此我们逐步提升……此外，这个开端和道路将导向已经描画过的表象和对象之符合的问题。我们越是精确而详尽地遵循或说明声响、字句、词句、意义、思想、表象之间的关系，对于一般性地提到的思想和对象之符合的解释就越是科学。

以前面描述的宣告为出发点，就可以把握那首先给予我们的东西吗？没门儿。如果有人在这间教室里做陈述说：这块黑板是黑的，更准确地说，在直接被给予的问与答的关系中这样说，那么，我们通过陈述之理解所指向的是什么呢？难道是指向宣告吗？或者指向进行陈述的表象，语音是其中的"标志"吗？不，而是指向在这里、在墙上的黑的黑板本身！在对这块黑板的知觉活动中，或者说，在回忆中，在对它——这块黑的板，而不是其他东西的思想中，我们随之或随后进行陈述。在陈述中首先给出的，就是陈述之表述**所关涉者**。

但我们由此就收获了很多使某物因此而开始的东西吗？肯定没有，如果由此所意指的是：草率地建构各种理论的话；因为这些理论恰恰通过前面的说明被封锁了。但我们或许还是有所收获，如果每一次真正解释现象之起点在于，首先抓住或把握自行形成的东西。当然，恰当的解释之困难首先就开始了。现在，我们应该牢牢抓住原初的被给予性，并由此返回去追问居于话语中的现象之完整结构。

在对陈述之自然的听取或领会中，原初给予我们的是什么呢？我们从哪个方面把握它？着眼于其表述之所关涉的东西，而这在于：我们把陈述把握为关于……的陈述。

这一点我们已经提到过；现在我们将做更加严格的解释。结论是：我们在对（关于黑板）的陈述之理解活动中，似乎并不是首先处于陈述者的心灵中，然后再从这个心灵出发，以随便某种方式与所说的外在对象相关——毋宁说，我们始终已经面对围绕着我们而存在着的诸物。并非陈述活动首先实现了关联，而是相反：陈述只有在始终已经潜在地与存在者相对待的基础上才得以可能。陈述着的自我，此在总已经在它所陈述的存在者"近旁"了。最初的结果是：陈述作为关于……的陈述，根本就不是原始的与存在者之关系，毋宁说，它本身只有在已经－在－存在者－近旁的基础上才是可能的，这就是单纯知觉着的或某种实践着的行为。我们说：关于……的陈述活动只有在某种**与……打交道**的基础上才是可能的。

对于我们的问题来说，这意味着什么呢？真理的本质能够以陈述为引线来标画吗？如果真理意味着与存在者符合或适合，那么，在陈述中的这种自行衡量显然其基础在于，我们在与存在者打交道之际可以说就已经与这些存在者取得了一致，以至于我们本身所不是的存在者，我们无论如何都要与之打交道的东西，作为存在者对于我们而揭示。所以，最终某个陈述之所以可能是真实的，即在所关涉的东西上衡量其陈述内容，只是因为这种存在者无论如何已经揭示了——也就是说，某个关于……的陈述之所以是真实的，只是因为与……打交道已经具有某种真理了。这种流行的反对 adaequatio（符合）的论证，指出其多余或不可能，对此所基于的前提条件是，陈述之符合必须首先突显主体－客体－关系。

陈述之真理原始地扎下了根，更确切地说，根植于**已经－在－近旁**（Schon-sein-bei）；这种情况"已经"发生，也就是说先于陈述而发生——从什么时候发生的呢？始终已经发生了！

始终，只要或一旦此在生存就发生。这种已经-在-近旁属于此在之**生存**，属于其去存在的性质或方式。

生存是我们每个人本身就是的那个存在者，即人的此在之存在特性的标称。一只猫不是生存着，而是活着，一块石头不是生存着也不是活着，而是现存着。此外，属于生存的还有在-近旁（Sein-bei），这种在-近旁要在如下意义上去理解，即，生存着的此在生存在其近旁的东西，通过这种在-近旁或因为这种情况而得以揭示。在……近旁不是现存于……旁边，就像一个长凳处于另一个长凳旁边那样。长凳不生存，它绝不胜任"存在于房子近旁"，因为这将意味着，在长凳作为长凳的现成存在中有这样的事情，长凳似乎把作为房子的房子展示给了它。

在-近旁作为生存的特性是**揭示着**的，是一种让照面。在-近旁本身就是揭示着的，更确切地说，不是偶然地、而是本质性地揭示着，这种揭示着的存在是真实-存的真正意义。如果我们返回到真理概念之原始意义上，基本的领会就显示给我们，这种领会打着希腊词 *ἀ-ληθεύειν*（不-说谎）的烙印。希腊人已经看到了真理的这种特性，即使他们没有使其洞见在哲学意义上发扬光大，而是被各种理论所掩盖。真理概念作为 *ἀ-λήθεια*（去-蔽）所蕴含的消极性，应该明确地被当作问题。

已经-在-近旁或与-打交道本身就是揭示着的，这种揭示的方式作为对现存事物的揭示活动，在最宽泛的意义上是一种揭蔽（Entdecken）。关于现存事物的陈述，以一种特有的模式，即作为将某物规定为某物的活动而揭蔽这种现存事物。这就是综合（*συμπλοκή*、connexio）的真正意义。这种"某物作为某某"虽然本身是不可分解的，但可以说是有牢固基础的，它只有在揭示活动的基础上才是可能的，揭示活动已经蕴含在与－打交道之中了。这种揭蔽活动，当其做陈述时，始终都被指向……，它和处于打交道之中的原始揭蔽相近。

所以，我们得出以下几点：

1. 真实存在意味着揭示着的存在。

2. 陈述之真实存在绝非原初的，而是基于在－近旁的、打交道的揭示活动，揭示的这种方式是一种揭蔽。

3. 真实存在作为揭示活动属于此在本身之生存。

由此就导致了原则性的问题：既然真理不是原初的，而只是派生地从属于陈述，而之所以如此，只是因为它是作为生存之基本特性的在－近旁的一种本质规定，那么，就此在与现存事物相对待而言，真实存在就只能属于生存，或者说，属于真理，同样也原始地属于此在之其他本质结构。难道真理只是作为揭蔽的揭示活动，还是说，它还需继续更加原始地去把握？

已经进一步明确的是：如果陈述之真不是原始的，而根据处于与真理的某种本质关系中，那么，根据之原始的问题就同样不能借陈述真理去把握。

b）意向性和超越

在我们更为根本地追踪真理的本质之前，我们还应该更加清楚地把迄今为止的讨论占为己有，更确切地说，恰恰通过回顾传统的、始终还是居主流的看法，一如它们同样也完完全全地规定了逻辑学那样。

人们可能会考虑：有在－近旁和现存于旁边，在－近旁属于主体之主体性。而人们相信，主体性恰恰要通过主体－客体－关系来描画，而人们把这种关系理解为主体和客体的现存关系，在没有彼就没有此的意义上：（1）每一个主体都现存性地随有一个客体，（2）每一个客体都现存性地随有一个主体。

我们看（2），在"没有无主体之客体"命题中的"客体"含义是模棱两可的：这是一个本身现存的东西——而这个本身现存的东西着眼于其客体性被理解为对象，但它恰恰是因为那样的对象性而本身被臆想或把握为存在者，这个存在者自发地现存着，并因其被把握状态的现成存在而彻底无所需求。在把现存事物把握为现存之物的活动中，蕴含有一种对现存事物拉回着的释放；把握活动具有这样的特点，即它让被把握的东西在把握活动中顺其自然，并且本身被理解为一种接受活动。如果借助客体性所意指的是本身现存的东西，即无需被把握的东西的话，那么这个命题就是错的。这种现存的事物不需要某个主体，主体之现存并不通过它的现存而确定。在这个命题中同样看不清主体之本质，或者说，主体仅仅被理解为一个把握着的东西，主体可以是其所是，此在生存着，恰恰无需把握作为客体的存在者。对象化或理论性的主体化并不必然属于在－近旁。（然而，如果人们着眼于其对象性而理解客体，那么，这种对象性当然就依赖于一个把握着的主体。）

我们看（1），"随着任何主体都现存着一个客体"。同样，随着所说的话，这个论题就已经成问题了。首先我们来看，这个命题对于主体之主体性恰恰无所言表。主体很可能无需客体就存在；但并不是说，主体无需某种在－近旁就可以生存，因为后者属于主体之存在本身，换句话说：随着此在的生存，只要或一旦此在生存，某种事情就会发生，历史就开始了——说存在者对于另外一个存在者照面或可能照面,更确切地说,无需主体特意对此进行判定就可以这么说,这是闻所未闻的事情。

如果人们招来主体-客体-关系,更确切地说为了描画主体性,那么可以说,借助或援引这种主体-客体-关系,恰恰遗漏了本质性的东西,错失了决定性的东西。遗漏是对这种恰恰有待说明的"之间关系"之特性的描画,而就人们忽视了"相关于"恰恰属于主体性之本质这一点而言,被错失的是主体性的真正概念。当然,即使这样的命题:"相关于可能的客体"属于主体性之本质,也并不就能把一切都弄清楚。人们甚至在还没有把握其真正的存在论意义的情况下就可能会支持这个论题,这所说的意思是:揭示着的在-近旁属于生存。

我们的主题是澄清真理和根据之间的本质关系,对于真理之本质的说明,为此首先要求遵循传统的引线:真理等于陈述之真理;对陈述本身的解释表明这种陈述基于已经-在-近旁;原始的真理居于后者之中。作为生存性的这种在-近旁本身当然就是一个问题,而这恰恰应该基于以主体-客体-关系为开端的表面上的自明性。

值得注意的是,随着这个论题而招来的问题并非毫无进展,它如哲学一样古老,在巴门尼德那里就已经出现了。灵魂、思想或表象、意识与对象相关,或者反过来说:存在者与表象、直观或思想对立或对待(ἀντίκειται),这是一种论断,这种论断很早且轻易地就对前哲学的此在之领会形成了,同样长期地以这种普遍的、不明确的形式保持着。问题呈现出自明而简单的诱人外表,所以自古代以来,在中世纪和近代哲学中,一直到黑格尔的辩证法,话题都要涉及这个问题;尤其是在康德那里,意识与对象的关系成了问题，所以他（在致马尔库斯·赫茨，1772年2月21日）写道："我扪心自问：人们在表象中所涉及的那些东西与对象的关系究竟基于什么样的根据呢？"

但独特之处在于，康德及后来者，尤其是当今的追随者，都同样太过仓促地追问意识与对象关系之可能性根据，而没有一个事先充分地弄清楚这种关系——其可能性本应得到说明——究竟意指什么，这种关系居于什么之间，怎样的存在方式与之相适应。

"关系"真正所表达的含义仍然不清楚，这种模糊性反冲到居于关系之中的东西之不明确性，首先表露为主体概念之不明确性，另一方面，则表露为关于存在者之存在的幼稚性和不成问题性。存在者之存在的"不－依赖性"，一方面或许只是一种消极的规定，而另一方面还可能仅仅意指对于主体的不－依赖性，因此恰恰还是要在与主体的关系中去说明这种不－依赖性，甚至要根本性地当作问题。

鉴于主体和客体的"关系"我们要注意两点：所提问题在其广泛性和原始性方面的简单性，以及相应：它只能整体地去把握，或者就根本不被把握。困难恰恰就在这里，因为起点之自明性诱使人们把解决问题的开端及其条件同样看作是自明地被给予的。

19世纪下半叶和最近十年的知识理论一再将其提问置于主体－客体－关系基础之上，但观念论的和实在论的说明之尝试都一样垮台了，因为有待说明的东西还没有被充分地规定。对于有待说明的现象之先行说明在多大程度上规定了所有的难题，这表现在，最初的说明之影响恰恰是这样深入到了我们的问题，即，在它现实地被赢获或实施的地方，观念论或实在论的知识理论意义上的可能的问题，恰恰根本性地消失了。

最新的尝试把主体-客体-关系理解为"存在关系"，就此而言，恰恰暴露了对核心问题的讨论之不充分或被误导或缺乏理解。只要没有说明，所指的是存在的何种形式，只要这种关系应该存在于其间的存在者之存在形式仍然是模糊的，我们借助这些头衔就将一无所获。人们相信，只要像对主体和客体之存在方式那样，对关系的存在漠不关心，就最可能无偏见地提出问题，反之亦然；就它们都没有谈及存在关系而言，较早的理解更具批判性，因为存在——在尼古拉·哈特曼和马克斯·舍勒那里同样——被理解为现成存在。所以，哈特曼终究也同样被逼回了"批判的实在主义"（或许是关于这个问题的所有提问中最非哲学的）。

《存在与时间》的一项准备性的主要任务是，根本性地摆明这种"关系"其原始的本质，更确切地说，本着一种完全原则性的意图来做（参见第12节和13节作为最初的引导性描画）。通过另一条道路或本着另外的意图，马克斯·舍勒达到了相似的洞见，他到最后还部分由于顾及到我的探究，计划了一篇重要论文《观念论-实在论》①，但这个争辩计划落空了。

在我们1927年12月最后进行的长谈中，我们一致达成了以下四点：1.完全重新提出主体-客体-关系问题，更确切地说，不受迄今为止所出现的任何尝试之约束。2.这绝不是所谓

---

① 第II和第III部分在《哲学报》上发表，1927—1928两年刊，第3册，253-324.［现在收于全集第9卷，后期论著，hrsg. v. M.frings, Bern u. München 1976；S.185-241.］

知识理论的问题；也就是说，不首先通过考虑一个把握客体的主体而提出；这种把握活动一开始就不要求被奠基。3. 它对形而上学之可能性具有核心意义，并与形而上学基本问题内在相关。4. 最本质的是：时机就在于此，恰恰就在官方哲学之无聊乏味的状况下，重新冒险越进到真正的形而上学，也就是说，从根本上去发展它。这就是我们当时在其中分享到的心绪，一场大有希望的斗争的愉快心绪；可命运另有安排。舍勒是乐观的，他相信已经找到了解决方案，而我则确信，我们还没有根本性或整体性地提出或拟定出问题。我们的本质意图在于，首先提出问题并这样来规划，即把全部西方传统其本质性的东西凝结于基本问题之简单性中。

舍勒把上述论文的两条道路，即观念论和实在论道路，作为不可能的而加以拒绝，并同时试图说明之所以两种方式必然失败的原因。两者 πρῶτον ψεῦδος（首要的错误），其特点就是不清楚 essentia（本质）和 existentia（存在）的关系，由此我们可以明确一点：难题取决于一般存在论的某个核心问题；值得注意的只是，舍勒认为，这个问题是决定性的，而在这里一切难题恰恰才开始，而且只有当存在之基本问题被根本地展开的时候才可能开始。舍勒非常明确地拒绝尝试用传统方式解释问题，也大致看到了其失败的原因了，但他未加考虑地由于传统而接受了那些论题，比起那些在知识理论中所处理的论题来，它们更少被奠基或被当作问题。舍勒在真正的问题领域中却恰恰没有更多地看到问题，这就使得他终究如我们所将看到的那样，看错了我的尝试中关键的提问。

尽管如此，我们的相遇不是偶然的——部分是由于我本人师从于舍勒，但首先是因为两种尝试都生发于现象学，而在这里尤其是出自对**意向性**的理解。而恰恰就在这里，我们再次拥有了一个如此自明的术语或概念，以至于人们不想在此长时间停留，在准备阶段就已经为了解决问题而接受了它，似乎得到了进入一切法门的钥匙。与此相反，我们应该把由此所意指的东西本身当作问题。

我们简短地了解一下问题。在亚里士多德那里就已经出现了直观、思想、νόησις（思考）与νόημα（所思）之"相关性"，在19世纪，弗朗茨·布伦塔诺（Franz Brentano）把意向性概念纳入到了他1874年写的《关于经验的立场的心理学》之核心。关于经验的立场——就这里问题如何被提出而言，这是本质性的方式，他的方法性原则是，先于一切自然科学的解释，首先弄清楚心理的东西。所有心理的东西的特点是"对象之意向性的内在"：一切心理的东西都与某物相关。按照传统对能力的划分，布伦塔诺区分了三种"与-相关"，三个相互不可以再归结的心理之物的基本等级：表象、判断和兴趣。他的意图旨在对心理现象做一个分级，但仍没有触及到心理的东西的概念本身；意向性仍然是一种心理学的内在事件，而没有获得原则性的意义。

由于这种困境，胡塞尔借助其"第五逻辑研究"（《逻辑研究》第2卷）中的意向性意识概念来解决问题。他通过指出意向性规定了一般意识之本质，规定理性本身之本质而酝酿了一个崭新的阶段，通过其cogitationes（认知）的内在意向性学说，他同时修复了与笛卡儿以来近代哲学之基本问题的关系。但就像布伦塔诺没有触及心灵本身的概念那样，胡塞尔同样如此，在其观念论的知识理论中，没有进一步提出关于作为意识所构建的存在者的问题。对意向性之洞见没有继续进行到使人们同时发现，将这种结构把握为此在之本质结构，必然会革新人的整个概念，随后，其核心的哲学意义才会变得清楚。舍勒基于其最初的实在论立场接纳了意向性现象学，更多的不是作为一般理性的规定，而是作为本质上属于一个人的行为之本质要素。通过把意向性理解为人格性之本质要素，他看到了意向性本身之决定性的意义，虽然他没有进一步将其当作问题，但根据这种洞见，他成功地超出了观念论和实在论的选择。当然，他同样没有进一步形而上学地把人格性当作问题，而是停留在那里，将其理解为意向性行为之核心。

如果意向性的名称所指的"与－相关"被正确理解的话，那么，它就不能被理解为一种表象活动之特性，这种表象活动从它那方面仍停留于心理的范围内，就像布伦塔诺可能认为的那样；否则我们就将陷于困境，必须假定一个表象出现在其中的灵魂领域，它意向性地指向各种图像，同样属于心理的东西；于是我们就像布伦塔诺那样面临一个问题：心理的领域如何与物理的领域相关？然而，某种知觉活动之意向性并不是指向心灵中的某个图像，然后还被带入与现存之物的关系中，而是和现存的东西本身相关。只有当我们牢牢把握住意向性的这种自然意义，我们才会为一种恰如其分的开端赢得必要的基础。人们会反对说，那样主体－客体－关系就真的完全消失了。当然——但这恰恰就是意向性概念的目的，即消除这个假问题。

尽管如此，我们还必须把意向性本身当作问题，虽然意向性与存在者本身相关，而在这个意义上，它是一种存在性层面的超越着的行为，但它并没有原始地构建这种与－相关，而是说，这种与-相关之基础在于在……存在者-近旁，这种在-近旁依其内在可能性又基于生存。因此，到目前为止对意向性概念的解释之限度和功能，正如其原则性意义一样变得明朗起来。这个概念不仅是对传统意识或精神概念的修改，而且，在一种此在的存在论中根本性地理解这里所意指的现象，将导致对这种境况的原则性的、"普遍的"克服。由此出发，以前的意向性概念，就其被理解为一种对待现存之物的行为而言，表明是一种狭义化了的理解。由此同时也解释了这种情况，即人们倾向于将把握自身的活动，理解为一种存在着的指向内在的意向性。此外，按照这种狭义化，意向性首先被理解为"意指活动"，而意指活动则被理解为认识活动之无关紧要的特性。所以，一切指向某某都首先获得了认识之特性，比如胡塞尔，他把一切意向性行为的基本结构都描画为 νόησις（思想）；所以一切意向性首先就是一种认识着的意指活动，进而以此为基础，建立对待存在者之行为的其他模式。舍勒是第一个弄清楚了，尤其是在论文《喜好和知识》①中，意向行为是完全不同的，比如，甚至喜爱和憎恨也基于认识；舍勒在这里采纳了帕斯卡尔和奥古斯丁的主旨。

对于以前的意向性概念我们要牢记：意向性是 1. 仅仅一种存在性层面的超越，它涉及 2. 对待存在者的生存着的行为，但只是在某种明确的限定中，并且 3. 只能在狭义化的理论性含义中，作为先于目光的 νόησις（思想）出现。

迄今为止全部"主体"与"客体"之关系的困境，都无可

---

① 现收入全集第6卷，关于社会学和世界观学说的论著，hrsg. v. Maria Scheler, Bern u. München 2. Aufl.1963; S.77—98.

争议地以**超越**问题为基础——这个术语首先完全被流俗地理解：某个存在者（此在）提升为另外一个存在者（此在或现存事物），固然，在这种超越活动中，此在超越之所向，在一种完全宽泛的意义上对它揭示了出来。首先我们应该去把握超越这最切近的方面，其流俗的概念。流俗的超越现象意味着此在本质上直接活动于其中的那种超越，如目前为止的讨论所指出的那样，这种超越恰恰很难看到，这要求无偏见的和敏锐的目光。为此进行的准备，将通过突显意向性难题而进行。

与此相比，对于根本性的提问来说本质性的事情在于，发掘原始的超越现象。这种超越问题与主体-客体-关系不是一回事，而是在范围和种类方面更加原始，直接与一般此在问题关联在一起（参见，《存在与时间》，第 12 节和第 13 节；而一而再、再而三地，逐步原始地弄清楚，参见，第 69 节和 83 节）。此在的超越是核心问题——意图不仅旨在说明"知识"，而且要说明此在及其一般生存，而这反过来也是基础存在论的意图。

一般超越问题和意向性问题不是一回事，意向性作为存在性层面的超越本身，只有在原始超越：**在-世界-中-存在**的基础上才是可能的。这种原始的超越使一切与存在者之意向关系得以可能，而这种关系是这样发生的，即通过或因为与这种存在于"此"的存在者活动关联而发生。这基于对存在者之存在的某种先行领会，这种存在之领会率先允诺存在者作为存在者而表现出来的可能性，它先行携带着光，存在者在这种光中得以显示。如果原始的超越（在-世界-中-存在）由此而使意向性关系得以可能，而这种意向关系是存在着的，并且与存在着的东西的关系基于存在之领会，那么，原始的超越和存之领会之间必然根本上存在着某种内在的亲和；当然，它们最终是一个东西或同一回事。

我们前面（a 节）看到：真实存在作为揭示者的存在，归属于在……现存之物-近旁；对现存之物的"揭蔽"是打交道活动的一种基本形式，所以，真理之本质整体上只能作为一般超越问题去说明。

第 10 节　超越问题和存在与时间的问题

存在之领会形成了一般形而上学的基本问题。"存在"说的是什么？全然是哲学的基本问题。这里不展示《存在与时间》中的提问及其"重复"；我们不这样做，而是想从外部来显露其指导原则并这样来确定"超越问题"。

a）首先做一个一般性描述：问题的开端仍然是对此在之生存的分析的基础存在论，这种分析在基础存在论的意图中发生且唯一本有这种意图；由此出发，开端、进程、界限和某些现象具体化的方式得以规范。从此在之存在方式出发——首要的是生存，存在之领会被带到明处。此在的这种存在状况具有这样的性质，即在其中可以显示出本质性地归属于此在的存在之领会的内在可能性。因此，所关系到的不是人类学或伦理学，而是这种存在者其一般存在——而为此关系到一种准备性的分析；此在本身的形而上学倒还不居中心。

b）指导原则：

1. 对于存在者，即分析的主题来说，我们不选择"人"这个头衔，而选择中性的"**此在**"（das Dasein）这个头衔。这个存在者由此被描画，对于它来说，其真正的去存在的方式，在一种明确的意义上并非无关紧要。

2. "此在"这个头衔之特有的**中性**（Neutralität）是本质性的，因为对这种存在者的解释先于一切实际的具体事物而进行。这种中性同样说明，此在两种性别都不具有，但这种无性别状态不是空洞虚无化的漠不相关，不是一种无关紧要的、存在性层面的虚无之空洞的消极性。此在其中性不是无关紧要的无人或每个人，而是生存物之原始的积极性和威力。

3. 中性不是抽象的虚无性，而恰恰是**本源**之威力，本身蕴含着每一个具体而实际的人性之内在的可能性。

4. 这种中性的此在根本不是生存者；此在向来只能在其实际的具体处境中才生存。而中性的此在或许是内在可能性之源泉，从每一个生存活动中涌发，内在地使生存得以可能。分析始终只是就此在而谈论生存者的此在，而不是针对生存的此在；后者是荒谬的，因为人们只能谈论生存着的东西。所以，此在的分析先于一切预言或世界观式的声明；同样也不是什么智慧格言，这些只是着眼于形而上学的结构。与这种作为某种"此在的体系"的分析相对立的，是生命哲学的偏见，这源自于对概念的惧怕，证明了其对于作为思想性的或历史性的建筑术的概念或"系统"的无知。

5. 这种中性的此在因此同样不是自我式的个别事物，不是存在着的孤立的个体，我们并不是要把个体之自我性拉入到一切难题的中心。然而，此在之本质存在——通过其生存而属于它自己本身，从一开始就要接受。虽然开端之中性意味着人所特有的一种孤独，但不是在实际的生存性的意义上，好像做哲学活动者成了世界的中心,而是说,它是人之**形而上学意义上的孤独**。

6. 此在通常因为实际地消散在身体性中,并由此消散在性别中而隐藏了内在的可能性。最内在地被孤立了的作为此在的人之形而上学的中性,不是从存在性的东西中空洞地抽象,一种"既不－也不",而是源头之真正的具体,还－没有实际地消散。此在作为实际的此在,此外向来被分散到某个身体中,并由此向来首先被分裂为某种确定的性别。分散,分裂,听起来首先是消极的(正如"破坏"一样),而存在性层面上理解,与这些否定的概念连结在一起的,立刻就显出无价的东西之意义环节。而这里涉及某些其他的东西:涉及多样化之描画(而不是"多样性"),这种多样化向来存在于每一个个别化了的实际此在本身之中;根本与那样的想法无关,即,一个大的、秉承其简单性的原始存在物,在存在性层面上被分裂成众多的个别事物,而是涉及阐明多样化之内在可能性,正如我们将更加清楚地看到的那样,多样化存在于每一个此在本身之中,身体性为其展现某种有机要素。多样性同样也不是单纯形式上的规定性之"多",毋宁说,多样性属于存在本身,换句话说:按照其形而上学的中性的概念,一种原始的**扩散**(Streuung),本来就属于一般此在之本质,从某种完全确定的方面说就是**消散**(Zerstreuung)。为此我们粗略地指出:此在作为生存着的此在,向来都绝不仅仅与某个客体相对待,即使如此,也只是以这样的方式与其相关,即对于事先或始终同时出现的其他存在者视而不见。这种多样性并非通过有众多客体而发生,而是相反,这同样适用于对待其本身的行为,更确切地说,根据最宽泛意义上的历史性结构，就此在作为延展而出现而言。此在之实际消散的另外一种本质的可能性是其空间性，此在消散在空间中的现象表现在，比如，一切话语都首先通过空间意义来规定。当然，这种现象只有当空间的形而上学问题被提出时才可以被澄清，只有遵循时间性问题之进程才可以弄明白（根本性的是：空间性的后存在论［Metontologie］；参见，附录）。

7. 这种归属于中性的此在之形而上学本质的先验的消散——作为其向来实际生存性地分散或分裂的约束的可能性——这种消散基于此在的一种原始特性：**被抛性**。

8. 这种有待形而上学地把握的、被抛地消散于杂多之中，是此在作为向来实际的此在，可能让自己承受它所不是的存在者的前提条件，而此在与之保持一致则首先恰恰基于消散。此在可以使自己承受那比如，我们在非常宽泛的意义上所称作自然的东西，只有依其本性被抛或被困在某物中的东西，才可能使自己承受或环抱这些东西。这也同样适合于此在原初地、神话式地融化于自然之中，神话式的此在因其被裹挟性而具有这样的特点，即它并非有意识地就其存在方式而去成为它自己（但这并不是说，某种自我意识对于他缺失）。而这复又属于实际消散之本质，被抛性或被困性本身仍然深深地隐藏着，而某个绝对的被裹挟存在之简单性或"无-忧性"，恰恰由此而出现在此在中。

9. 此外，还完全被中性地理解的、此在之本质性被抛的消散，在此在与此在之**共在**中宣告出来。这种与……共在并非基于实际的共同在此而产生，不仅仅在性别被分裂的肉体性生物所想象得更加原始的种属性存在的基础上就可以说明，而且，这种种属性的汇集趋势或种属性的统一，不得不以此在之消散本身，也就是说，以一般共在为形而上学的前提。但此在的这种基本特性，根本或从来都不源自于种属性的有机结构，不能从彼此共同的生活中推导出来。而且，每个实际的身体性和性别只能解释——甚至这也只能在一切解释之本质的偶然性之界限内——实际此在之共在在何种程度上直接侵入到这个明确的实际方向中，在其中，其他的可能性被削弱或仍然被锁闭着。

10. 作为真正的生存关系的共在，只有当每一个共同生存者都真正可能是，或已经是他自己时才有可能，而这种共在之自由根本上先行设定了具有此在特性的存在者之自我规定的可能性，但问题是，作为本质上自由的此在，如何可能生存于实际被约束的彼此共在之自由中。如果共在是消散的一种形而上学的基本规定，那么这里就可以指明，这种消散本身最终根本性地基于此在之自由：形而上学意义上被孤立的此在之形而上学的根本本质凝集于**自由**之中。但如何形而上学地把握自由的概念呢？这似乎太过空洞又太过简单。然而，存在性层面的不可说明性，并不排除存在论－形而上学层面的领会！自由是核心问题（不－依赖性、约束、规范、尺度）之标称，对此，在说明世界概念（第11节c）的时候略有提及。

论题中表明了此在的分析所关涉为何。这还要求两条进一步的指导原则，以便弄清楚这种分析如何进行。

11. 这种此在的形而上学，首先作为分析论，只有通过存在状况本身之自由筹划才能赢得。由于此在向来作为它自己而生存，而本己存在和生存一样，向来只有在其进行中才存在，所以，此在之存在论基本状况的筹划，必然向来都直接发源于此在之真正或完整的能在之某种最极端的可能性结构。筹划的方向指向作为整体的此在，或指向其整体性之基本规定，即使它在存在性层面上向来只能作为生存者而存在。换一种说法：赢得此在之形而上学的中性和孤独，根本上只有在筹划者本身之极端的生存性**投入**（Einsatz）的基础上才是可能的。

这种投入对于形而上学的筹划，对于一般形而上学来说是必要的和本质的，但作为个别的生存性活动，在每个实际的生存活动之多种具体的可能性范围内，恰恰因此而不是尺度性的或不受约束的。因为恰恰是形而上学筹划本身揭示了此在之生存的本质的有限性，这只有在本己的非本质状态中才能生存性地得以领会，这种有限性只有通过或在对向来可能的整体之效劳中——当为自己形而上学地奠基时——才会变得具体；这整体在形而上学的追问中，以某种完全特有的方式展开。在做哲学活动者的形而上学的筹划或生存性的投入中，在何种程度上确实存在着一种生存性的引导，更确切地说，一种直接的引导，这是一个奇特的问题。

12. 着眼于此在之形而上学的中性和孤独，对其结构的存在论解释恰恰必须是具体的；中性绝不与某种一般意识的模糊概念之不明确定等同；真正的形而上学的普遍性并不排除**具体**，毋宁说，从某个方面看是最具体的东西，就像黑格尔已经看到的那样，尽管被抬高了。此在现象之分析的具体化，给予此在之形而上学筹划以方向和内容，但很容易误导人们，首先，想当然地理解这种具体的此在现象，其次，对于其极端的、限于基础存在论的措辞，从颠倒的方面作为生存性的现象加以绝对化。生存性的投入越是根本，存在论-形而上学的筹划即越是具体；而这种此在的解释越是具体，原则性的误解就越容易产生,生存性的投入本身是本质性的和唯一的,而这本身恰恰还要通过筹划,在其当时的个人之无关紧要的状态中公开。

基础存在论之生存性的投入,带有一种极端个人主义或极端无神论的外表——这是世界观式的解释,人们喜欢这种解释。然而,必须考察的是,这种解释是否占理,即便有理,它具有什么样的形而上学的、基础存在论的意义。尽管人们不可能看不到,通过那样一种基础存在论的说明,还没有任何东西被决定,毋宁说,真的恰恰应该指出,这样做什么都不可能决定;然而,某种实际处境之"前提"的实际必要性始终还是存在着。

这些指导原则应该简要地点出,什么样的意图是此在之分析的基础,在分析进程中要求谁的意图。这种分析的基本意图就是指出存在状况之内在可能性,而这同时就意味着超越之内在可能性。

但为什么旨在揭示存在状况之可能性的准备性此在之分析,现在成了对此在之**时间性**的突显?为什么此在之形而上学的筹划,沿着时间及其根本的解释方向行进呢?难道就是因为时间之相对论,或者说,关系到某种客观的时间测量原理?或者说,难道是由于柏格森及其追随者斯宾格勒讨论过时间?还是说,因为胡塞尔已经探讨了内在时间意识的现象学;要么,因为克尔凯郭尔在基督教的意义上谈及过与永恒性不同的时间性;或者,难道是因为狄尔泰主要看到了此在之历史性,并把历史性和时间联系起来了?难道之所以此在之分析被筹划向时间,是因为人们想,如果把上述成果融汇到一起,那么事情就很好办了?简而言之,因为人们可能会突发奇想,把这些对时间问题不同的讨论混杂起来，并如俗语所言："想到头。"对于哲学，有太多像头脑简单的小莫里茨想象的那样，认为由五个诗人可造出第六个（当还没有辩证文学的时候，我就已经与克尔凯郭尔争辩，当在哲学的研究班中提到狄尔泰还不名正言顺的时候，我就与他进行争辩）。此外，所谓的"想到头"也有其特殊的困境。为了把某物"想到头"，甚至把克尔凯郭尔、胡塞尔、柏格森和狄尔泰加起来，人们必须事先拥有想到头所指向的这个终点；而始终还成问题的是：为什么恰恰提及这些人？

着眼于揭示存在状况之内在可能性，作为时间性的此在之分析论，毋宁说无非就由形而上学的这个基本问题之事实情况所规定，更准确地说：由这样的基本洞见所规定，那就是，存在之领会，处于一种与时间的原始关系之中，而这种关系目前完全不清楚且难以捉摸。

如果只有这样，时间性的分析论才能从形而上学基本问题中获得其导向的话，那么迄今为止对时间的解释，从亚里士多德经过奥古斯丁一直到柏格森，其决定性的内容就可能被提升或占有，而想要摆脱这些帮助，则是一种可疑的天真，即使确实只是间接的作用，但在亚里士多德那里所要寻求的，同样规定了所有后来的时间问题，特别是柏格森的问题。

可为什么时间和存在之领会有关系呢？这事并非明摆着。然而，因为可通达的东西绝不会全然隐蔽，否则有限的此在就根本通达不了，所以确实有对于或指向这种关系的某些暗示。在我们探究这种关系之前，我们事先做个回忆，以便更加敏锐地理解存在之领会的难题。

巴门尼德早就已经认识到并确定了 εἶναι（在）和 νοεῖν（思）

之间的关联：τὸ γὰρ αὐτὸ νοεῖν ἐστίν τε καὶ εἶναι（残篇3）（因为思想和存在二者是同一的）。当然，这里首先应该做的是，消除误解。在19世纪有人尝试要把这句话作不同的知识理论的理解，人们从中看到了比如"观念论的第一次闪光"，这样，巴门尼德的意思似乎就是：主体是那首先将存在者确定为存在者的东西，或者说，他似乎是这样想的，正如人们理解康德那样：对象符合知识。就巴门尼德那里第一次说，存在与主体相关而言，所有这些说法都包含着某种真理之内核。然而，这里接下来的恰恰才是本质性的：与νοεῖν（思）相关联的εἶναι（在）虽说还没有和ὄν（在者）清楚地区别开来，但肯定不是这个意思：ὄν（在者）仅就其是存在者而言，好像是由某种νοεῖν（思）促成或产生的；所指的不是存在着的因果关系意义上的依赖性或"设定"。同样草率的是说——正如谈及存在性层面的促成那样，在巴门尼德那里就可以找到所谓批判的成见，也就是说，一种哥白尼革命意义上的知识理论的动机，反正是基于对康德的误解。

为反对这类解释，人们指出，在全部古代哲学中根本就没有那样的观念论，为此当然要说，将巴门尼德思想解释为"观念论"同样站不住脚，因为这里所涉及的，不是对于一般存在者与存在着的主体之关系的表态，而是涉及一般存在之真正的形而上学问题的第一次闪亮。所关涉的不是到底是主体设定存在者，还是它作为认知者符合存在者，而是关涉到，人究竟以何种方式领会某种像存在这样的东西。恰恰是那些在知识理论层面上不是以观念论方式思考问题的人，他们确信自己，尤其是在当今，对于所谓批判主义的优越性，并认为可以成为中世纪和古代传统的代言人，而他只不过是表现为观念论的反面，也就是说，同样以知识理论的方式思考，或者根本没有什么思考，甚至几乎没有能力去把握问题。

所以，如果人们根本上对于古代哲学基本问题有那么一些理解，并足够原始地把握住了其根源，那么，就根本不会去涉及什么实在论或观念论意义上的态度或立场，更确切地说，之所以与之无关，不仅是因为它们作为知识理论式的提问，两者同样站不住脚，而且是因为就基本问题（存在）而言，根本就与知识理论毫无关系，而存在之基本问题先于任何知识问题。为了看到这一点，人们当然必须现实地把握或具体地彻查古代形而上学的基本问题。

《泰阿泰德篇》中（185a ff.）有一个容易理解的思考，表明了柏拉图如何将巴门尼德关于 νοεῖν（思）与 εἶναι（在）的论题，构建为存在与灵魂、ψυχή 的关系问题。在那里，苏格拉底跟泰阿泰德解释说：存在、他性、同一性、相同性，所有这一切你既不能通过听，也不能通过看来把握，而你还是可以说"它们存在"，即使你没有听到也没有看到。当你说"咸"的时候，你知道，你必须靠哪种能力，即味觉。而对于这个存在，却找不到身体的那个器官，而我看似乎是灵魂通过它本身将所有这一切，我们就其存在而说出的一切纳入视野。这里表明：我们获得一切存在之规定，首先不是通过身体感官的方式，而是通过灵魂本身，纯粹出于其自身，依照其内在的自由而与存在相关。灵魂从自己出发自己将自己延伸及存在，也即是说，灵魂是纯粹自为的，以 ἐπόρεξις（伸出）的方式领会某种如存在那样的东西。

对于巴门尼德的开端及其在希腊哲学中发展，我们要记住：ὄν（在者）1. 不能从 νοεῖν（思）或 λέγειν（说）中存在性地推演出来（后者毋宁说是一种 $\delta\eta\lambda o\tilde{v}v$，使公开）。所关涉的 2. 不是知识理论的命题，关于认识的尺度关系之颠倒，两种误解都以主体－客体－关系为根据，并太过轻易地对待问题。正如同样出自《泰阿泰德篇》的证据所表明的那样，毋宁说所涉及的是存在问题，当然只是最初的发端，而这个问题定位于作为 $\psi v\chi\acute{\eta}$（灵魂）的"主体"，就此而言，我们称为主体性的东西，还是摇摆不定的。此外，我们必须区分被其所明确意识或认识到的，冠以诸如 $vo\varepsilon\tilde{\iota}v$（思想）、$vo\tilde{v}\varsigma$（努斯）、$\lambda\acute{o}\gamma o\varsigma$（逻各斯）、$\psi v\chi\acute{\eta}$（灵魂）、$v\acute{o}\eta\sigma\iota\varsigma$（所思）或 $\check{o}\rho\varepsilon\xi\iota\varsigma$（欲求）等各种头衔的东西；而它们如何还发挥着其他作用，比如在 $\tau\acute{\varepsilon}\chi v\eta$（技艺）或 $\pi\rho\tilde{a}\xi\iota\varsigma$（行事、作为）中——这些我们同样要认识到，即使不是以其存在论的功能来认识。对于存在问题所形成的积极成果是，存在和主体性（此在）之间存在着某种特殊的关系。

经过这个回忆之后，我们就可以致力于指出时间和存在之领会之间的关系了。一个（a）更多是外在的指示，另一个（b）则已经更多点到了问题之核心。

a）着眼于时间，存在在以下存在领域中被划分为 1. 内在于时间的东西（自然和历史），2. 外在于时间的东西和 3. 超时间的东西，后面两者作为非时间的东西。

人们可能反对说：这些提示正表明或更多表明，存在者，外在于时间的和超时间的，无时间的，恰恰是说，不是所有的存在者都"在时间中"。当然！但问题是，是否由此就穷尽了存在者的时间关系。因为我们应该看到，问题是完全不同的——不是说：存在者是否在或不在时间中，而是说：存在者之存在是否要着眼于时间而得以领会。在这种情况下结论就是：虽说外在于时间或超时间的东西,在存在性层面上被意指为不在时间中,但这种"非-时间"却恰恰只是一种与时间相关的特定模式,就像不运动的静止是运动的一种模式那样,只是说,这里还存在着一种更为根本的关系。因此就要求阐明,这种关系为什么或如何得以可能,由于什么样的内在必然性,对存在者之存在的流俗领会一定要返回到时间上。更进一步:处于问题中的时间关系没有被穷尽,通过内在于时间意义上的时间,甚至根本还没有被遇到。这种存在之领会本身需要澄清。同样,不"在时间中"的存在者,而恰恰是这种存在者,关于其存在,只有在时间的基础上是可以领会的;但为此就要更加根本地去把握时间。存在通过某种时间关系被领会,而存在与时间的这种关系问题就是那个"与"。

b)我们的问题是,存在与时间之间的关系在何种程度上已经被看到。在最初非常草草地提示之后,现在我们接下来指出第二点①,这本身又分为两点(α、β)。

α)为存在者之存在的专门头衔,当然也常常为存在者本身所使用,这就是 οὐσία(实体):存在者-性质。它是构成存在者之为存在者,ὂν ᾗ ὄν,构成存在的东西。更确切地说 οὐσία 本身就具有双重含义,这并不是偶然的,在亚里士多德那里第一次明显出现,而在柏拉图时可能就已经被广泛确立了。

Οὐσία(实体)是 modus existendi(存在模式)、现存意义上的存在。比如《泰阿泰德篇》155e 4 ff.: εἰσιν δὲ οὗτοι οἱ οὐδὲν ἄλλο οἰόμενοι εἶναι ἢ οὗ ἂν δύνωνται ἀπρὶξ τοῖν χεροῖν λαβέσθαι, πράξεις

---

① 同样参见,1927年1月26日科隆讲座:康德关于图型法的学说和关于存在之意义问题。

δὲ καὶ γενέσεις καὶ πᾶν τὸ ἀόρατον οὐκ ἀτοδεχόμενοι ὡς ἐν οὐσίας μέρει…那些人，他们认为，除非可以用手抓到的，就没什么现存着；一切其他的都不属于 οὐσία、现成存在的范围。

Οὐσία（实体）是 modus existendi（存在模式）意义上的存在：是-什么、所-蕴含的、本质，某物成其所是的东西——使之"实存着"或不实存。因此（自波依提乌斯以来）用拉丁词 essentia（本质）翻译希腊词 οὐσία（实体）并不合适；后者含义更加丰富，同样意味着 existentia（存在）。亚里士多德想给出这两种含义，为此他区分了 πρώτη οὐσία（第一实体），这个存在者，如其存在着，如此这般-存在，和 δευτέρα οὐσία（第二实体），是-什么，本质。

两种基本含义都指向时间。Existentia（存在）：那真正"存在着"的，作为 existentia 的存在，通过 ἀεὶ ὄν（永存者），通过始终存在着的，从来都不会在任何一个现在不存在，"任何时候都在此"存在的东西而得以表达。essentia（本质）则意味着所是，ἰδέα（理念），那事先将每一个存在者规定为存在者，并因此作为 ὄντως ὄν（真正的存在者），越发 ἀεὶ ὄν（永存者）。时间关系不仅在这种**不断的持续**、ἀεί（永远）的特性上显而易见，而且还更加原始地，在另一方面也非常明显，尽管还多有遮蔽。

Οὐσία（实体），代表存在者及其存在的头衔（所是和如此这般是一个词），同样是一个存在性层面的标称，更确切地说，恰恰代表了那些在日常人之此在中总可以使用的东西：被使用的物件、房屋和院子、能力、财产，那些首先或大多总是在场的东西。οὐσία 的时间意义更清楚地以这种前哲学的含义出现，在这种意义上当前的东西，不仅仅是或不是那么的 ἀεί（永久），而是在每一个现在都是**当前的**——而当前（Gegenwart）就是**在**

场性（Anwesenheit）意义上的时间特性。Οὐσία（实体）通常只是 παρουσία，即在场性的一个简写，παρά 作为在近旁 - 在场（Anwesendsein-bei）的标称，作为在某物最近的近处持续在场的标称，出现在柏拉图所有的存在论主要问题之中。

存在者是始终在场者——通过持续不断的在场性。**持存性**和**在场性**具有一种首先成问题的时间特性。（如果我们由此对照前面提到的在托马斯那里的转变：intuitus praesens, omne praesentialiter subjectum, esse Dei als actus purus（当下直观，面对面地被投射的整体，作为纯粹行动的上帝之存在），那么原则上就会显示出同样的存在概念）。

β）但从另一方面来说，存在与时间的关系却可能很明白——即使还没有成为问题，而只是承认这回事。对于把存在者规定为存在者的东西，对于存在（作为 ἰδέα［理念］和 γένος［种属］），在古代存在论（亚里士多德）中就有所言表，它比存在者 πρότερον（更早、先于），更确切地说，一种特有的 πρότερον（早、先）；作为 πρότερον φύσει（自然之先）有别于 πρότερον γνώσει（认识之先），πρότερον πρὸς ἡμᾶς（对于我们之先）。存在比存在者更早；这种归存在所有的"先于"，是一种突出的"规定"，它不涉及把握存在者之机理的 γνῶσις（认识）。存在之早于，是本质上"较早的东西"，从较早的而来，用后来存在论的话语说就是：a priori（先天的）。一切存在论的追问，都是关于"先天的东西"之追问或对"先天的东西"的某种规定。

"先于"，很明显还是一种时间规定：没有时间就绝不会有早先，比任何可能的"先于"更早的是时间！因此：如果存在是 πρότερον（较早的）或 a priori（先天的），那么它就与时间处于一种原始的关系之中。当然，这里"较早的"，即时间指的是什么，如果人们试图与流俗时间概念为伍的话，仍然是不清楚的——甚至是完全难以捉摸的。人们立刻就会看到，这样行不通；这其至已经通过前面提到的区分被希腊人所拒绝。

存在之 *πρότερον*（早先）不是 *πρότερον πρὸς ἡμᾶς*（对于我们之先），不是在这样的意义上，即它本身比存在者更早地被我们认识到。毋宁说，我们总是首先把握存在者，大部分情况就是这样，而无需我们把握存在本身。因此，就被把握的顺序而言，存在不是较早的东西，而是最晚的。然而，它是 *φύσει*（自然地）较早的（因此有作为客体的存在者），从自身出发较早的东西。这所意味着的，当然还既不清楚又模棱两可；所有这一切都没有在存在论或后存在论意义上被澄清，因此都被在存在性层面上来理解。然而，存在，即使被定级为 *ὄντως ὄν*（真正的存在者），也绝不是存在者。较早也同样不是指存在作为某种形式的存在者先于另外一个存在者，不是存在之早先现存。因此，较早的东西既不是就被把握顺序而言，也不归于现成存在的顺序，既不是逻辑上的，也不是存在性层面的早先，不是这两种中的任何一种，肯定不是！

我们确实经常说：存在在一切把握存在者的活动时就已经事先被领会了，先行的存在之领会仿佛把光给予了一切把握存在者的活动。"事先就已经""先行"——难道不是较早的吗？当然！但我们也还说过，较早的东西并不关涉把握活动之顺序——而我们现在谈及先行的存在之领会，事先的一种领会活动；*οὐσία*（实体）、*ἰδέα*（理念）之 *πρότερον*（更早、先于）还不是 *πρότερον γνώσει*（认识之先），但或许要注意的是：这里的

γνῶσις（认识）总是意味着关于存在者的认识活动，而正确地理解，否决这种 πρότερον（先于）只能消极地说明：存在不是存在者，对存在的把握不在把握存在者之顺序中。所以，就宽泛的被把握意义而言，存在最终一定是更加的早，先于一切对存在者的把握活动，最终，存在以某种与把握存在者截然不同的方式自行给出。存在在一种原始的意义上"**自在**"地给出——它是 πρότερον φύσει（自然之先）或 πρὸς ἡμᾶς（先于天）；正确地理解只能是，不作为其他存在性层面的东西之一。存在是唯一的或真正的"自-在"——因此是存在之领会的本源性，即（正如将表明的那样）自由。

存在是较早的，既不是存在性的也不是逻辑性的，而是在先于两者之原始意义上的较早，以不同的方式先于两者之每一种意义——既不是存在性的也不是逻辑上的较早，而是存在论意义上的。但这就是问题，也就是说，这恰恰是问题，存在如何"较早地"存在，作为存在它如何原始地与时间相关。存在与时间，这是基本问题！只要这个问题没有被提出，或者说相对地得到解决，"先天"这个术语的使用就仍然不正当或缺乏证明，同样，当谈到后天的东西以及一般区分时也是如此。

存在是较早的东西，其意义还很模糊。如果我们指出柏拉图在其 ἀνάμνησις（回忆）说中首先看到的另外一点，这种意义就将以某种方式闪亮起来。存在是我们重新回忆之所向，我们使其作为某种东西而给予我们，就此我们这样理解，它已经或始终已经被给予我们；从不陌生，而始终是熟知的，"我们的"东西。因此，存在是那种我们总已经领会了的，我们只需重新对之去回忆，以便获得其本身的东西。在把握存在的活动中，我们没有把握任何新东西，而是根本上熟知的东西，也就是说，我们总已经生存于对存在的领会之中，我们由此而对待那些我们现在称之为存在者的东西。这种回忆涉及存在，并因此而展开了一种原始的存在与时间的相关性：总已经在此，却始终只有通过重新返回到此才得以把握。这不是流俗的对存在着的发生事件、对存在者的回忆，而是**形而上学的回忆**，其中宣告了那原始的存在与时间之相关性。在这种形而上学的回忆中，人领会其真正的本质：作为存在者，领会存在并在这种领会的基础上去对待存在者。

按照柏拉图（《裴德罗篇》249b 5-c 6）的说法，一个根本看不到真理的活物，就根本不会表现出人的形态。因为人必须与其存在形式相应，以那样的方式领会或认知，即与存在相关，他谈论他所知道的东西（κατ' εἶδος λέγειν）（凭借谈论爱多斯）。只有人可以通过他领会存在者之存在而拥有关于某物的真理，存在之领会活动，是对那些我们的灵魂中以前已经看到过的东西之回忆；以前，即在灵魂还与神一起漫游的时候，它曾经可以超出我们现在称为存在者的东西而看出去。柏拉图在回忆现象中看到了存在之领会与时间的关联，而这只能通过某种神话才能弄清楚。

至此，我们指出了存在问题与时间的某种关系。

而存在问题是一般哲学的基本问题，最密切地与之相关的是引导性的超越问题，关于根据之本质或关于根据和真理之本质关系的问题，根据我们的主题，将我们导向：以根据问题为引线探究作为真理的形而上学的逻辑学。如果一般存在问题尤其是对于我们的问题来说绝对是核心，如果更进一步，存在与时间的这种关系存在着，而如果最终这种关系还一直遮蔽着，或被当作某种自明的东西来接受的话，那么，我们就应该现实地提出存在及其与时间的关系这个核心问题，而这就意味着：核心问题必须着眼于其对于哲学本身的原则性意义而 1. 根本地且 2. 普遍地被提出并制订。

1. 存在问题之**根本化**。我们已经简要指出了 εἶναι（存在）和 ψυχή（灵魂）之间，以及 εἶναι（存在）和 χρόνος（时间）之间的关系，还有在 ἀνάμνησις（回忆）中 ψυχή（灵魂）和 χρόνος（时间）之间的关系。更加原始地去把握存在和灵魂之间的关系，同样存在和时间之间的关系——而这意味着澄清灵魂和时间之间的关系。

存在和灵魂：这意味着指出，存在之领会，为何处于灵魂所代表的东西中，或者说，在于其存在恰恰首先要通过灵魂来标明的存在者之中；为此就要求对此在进行原始的恰当的解释。由于这种解释旨在着手一般存在问题，所以它也同样是形而上学的或存在论的，也就是说，它取决于揭示此在之存在的特殊性质，以便由此出发弄明白，鉴于其特性的这种此在之存在，如何恰恰本身之中就包含着诸如存在之领会那样的事情。通过尝试一种此在之存在论的原始的和恰当的解释表明，传统哲学在形而上学层面上，恰恰没有原始地和恰当地，尤其是没有在基本问题的关联中解释这种存在者，更确切地说，不是由于马虎或无能，而是出于根本原因，这原因在于存在之领会本身的起源之本性。

而存在论地原始地解释此在，同时就意味着原始地解释时间。后者也和某种现存的东西一样，即——按照传统的时间概念——通过"现在"而被解析。

因此我们应该像对此在那样,同样开始对时间进行一种原始的解释,也就是说,原始地揭示两者之间的关系。时间 ἐν τῇ ψυχῇ（在灵魂中）或 in anima（在心灵中）,这是古代的看法（参见亚里士多德和奥古斯丁）。而时间被看作现存的,在灵魂中无论如何都现存着,这在康德那里（作为时间和我思之关系问题）还是如此,在后来者那里也完全没有得到说明。柏格森前不久试图更为原始地去把握时间的概念,时间交织在意识中,他比以前所有人弄得都清楚,但本质性的东西在他那里仍然不决,甚至还没有成为问题。他在传统的意识概念,即笛卡儿的 res cogitans（思想物）的基础上发挥其时间解释,形而上学基本问题,此在和时间性之间的原始关系问题没有被提出,更没有涉及一般存在问题,为此,前面提到的问题应该是准备工作。

如果存在原始地与时间相关,而如果存在之领会原始地属于此在之本质,属于其内在可能性的话,那么,时间必然共同规定此在的这种内在可能性;也就是说,应该将时间性证明为此在之基本状况,更确切地说,旨在存在问题并由之所引导。但时间概念本身由此就发生了改变,由此就产生了一种原始的、对待一般形而上学之历史的基本态度。我们听说:存在——先天的东西。如果先天的东西是存在的基本特性,而如果先天是一种时间规定,且如果时间与存在相关联,固然,存在之领会根植于此在之时间性的话,那么,先天和时间性,即此在之存在状况、主体之主体性之间就存在着某种内在关系。这最终绝非随意的唯心主义成见,就像人们如今喜欢宣称的那样,先天的问题在柏拉图和亚里士多德那里,同样就像在笛卡儿、莱布尼茨、康德和德国观念论那里，最紧密地与主体问题纠缠在一起，其关系直到现在还是非常模糊的。

2. 存在问题之**普遍化**。在这方面问题如今同样变得陌生，甚至由于恢复存在论和形而上学的运动而被弄得更加陌生。还有一种广为流传的、出自康德主义的对存在论之误解，他们认为，如果提出一个存在论问题，那么，就决定了人们在知识理论层面上支持实在论，因为这种实在论承认自-在-存在者。

如今对存在论的兴趣首先是由现象学唤醒的，但甚至是胡塞尔和舍勒，更不要说其余人等，都没有看到存在论的影响。人们甚至会这样理解，就像如今随处可见的那样，或许在李凯尔特那里，在存在论的名下，把物之自在-存在，其所谓对于主体的独立性当成了问题而做了某种考察。关于主体性的问题本身绝非存在论，而是属于知识理论，存在论应该指的是：强调客体，在目前只是关注了主体之后。在这个意义上，存在论就被与知识理论层面上的实在论见解——观念论的对立面——拼凑到了一起。存在论一定是尽可能地忽视主体——而相反，根本的必然性就在于，将主体性作为问题。与此相反，如今的理解首先没有将存在论视为关于存在的科学，而是关于存在者的科学，更确切地说，其次是视为关于客体，最广义的自然的科学。

在存在论的复兴中，人们看到了某种向中世纪实在论经院哲学，向亚里士多德的回归，后者作为伪装了的教父而出现。在这种意义上，人们同样在康德那里寻找存在论的动机。舍勒、尼古拉·哈特曼和海姆苏伊斯意识到，在康德那里除了其知识论-观念论的思考之外，还有那所谓的存在论-实在论的特性，同样还要让客观世界存在之倾向。这种关于存在论的想法是荒谬的，既非亚里士多德的也不是康德的。

那被视为知识理论的，被误以为是对康德的存在论解释，恰恰就是真正的存在论；形而上学不是反对知识论的，毋宁说，强调这一点是必要的，即《纯粹理性批判》的分析论，是从柏拉图和亚里士多德以来，将存在论真正地当作哲学的问题的第一次尝试。而人们坚信那样一种胆大妄为是不可能的，因为康德当然是个批判者，也就是说，康德的意见是，不是知识符合对象，而是后者符合知识。

存在论的问题首先完全或根本与声名狼藉的外部世界之实在性的假问题，与自－在－存在者对于把握着的主体之不依赖性的假问题毫无关系。毋宁说，存在论问题恰恰在于看到，如果弄不清现存之物的自－在－存在意味着什么的话，那么这种所谓的知识问题根本就不可能被提出，而如果弄不清楚一般存在之意义问题必须如何被提出的话，那么现存之物的自－在－存在就根本不会被作为问题而提出，更不用说去解决了。

但以这种形式回绝某种流行的错误——它从根本上无益地导致一切所谓对形而上学的兴趣，仍然只是消极的。积极地展开存在问题之普遍化意味着指出，什么样的自相关的基本问题，在自身中就蕴含着一般存在问题。如果存在和时间被追问的话，那么基本问题中简单的名称"存在"意指什么？

存在论的基本问题不仅和关于外部世界的"实在性"问题不是一回事，而且这个问题先行设定了一个真正的存在论问题：澄清诸物如此这般存在之方式及其领域状况。其中，自然的物质性事物的存在当然不是唯一的，同样还有历史，有艺术作品。

自然也有各种不同的方式：空间和数、生命、人的此在本身。Modi existendi（存在模式）多种多样，而这种多样性向来同时就是那些存在者明确包含着的事实、明确的所是。"存在"这个头衔以这样的广泛程度被意指，即它涵括一切可能的领域。存在之领域的多样性问题，如果被普遍地提出的话，恰恰本身就包含着"存在"这个一般标称之统一问题，"存在"之一般意义转化到多种领域的意义之方式问题。这是**存在观念及其诸多领域变式之统一**的问题。难道说，存在之统一意味着普遍性的另一种形式或题材吗？这个问题无论如何都是一般存在之观念的统一或普遍性问题，这个问题亚里士多德就已经提出来了，尽管没有解决。本质性的事情向来都是，如何理解存在概念的普遍性。

但领域之多样性仅仅是一个方面，从这个方面讲，存在问题从一开始就必然被普遍化。我们在说明 οὐσία（实体）的含义时已经听说，存在同样指根本地如此这般的存在和所是，对存在的这种划分从古代就被接受了。人们由此将之当作某种自明的东西，而从来不去追问：这种对一般存在观念之划分的内在可能性何在？其根源何在？为什么每一个存在着的某物——如果可能按照其所包含的事实而总是个什么东西的话——都要通过某种所是和可能的如此这般存在而得以规定？因为甚至形式上的某物——对此我们说，它表明不包含任何明确的事实——也正是通过它缺乏某种明确的事实而得以突显。（关于形式的问题这里不再深入探讨。）

存在不仅意味着领域及其归属的 modi existendi und essendi（存在或本质之模式）的多样性，而且这种观念意味着存在鉴于其本质性的 existentia（存在）和 essentia（本质）之划分，这种划分是一个存在论的基本问题——**存在之基本环节**问题。

目前为止,我们列举了两个基本问题,都涉及存在本身,而没有去注意,存在,正如其向来划分为 existentia 和 essentia,正如其向来分化到各种领域,所以毕竟始终是存在者之存在。存在和存在者区别开来——而根本上只是这种差别,这种差别之可能性允诺着存在之领会。换一种说法:在存在之领会中蕴含有存在与存在者的这种差别之发生,这种差别首先使得像存在论这样的东西得以可能。因此,我们把这种首先使得像存在之领会这样的东西得以可能的差别,称为**存在论差异**。

我们有意使用这个无关紧要的术语"差别",因为问题正是,这些有差别的东西,存在和存在者,以何种方式是不同的或完全被区别开来。这一点很清楚,随着存在论差异问题,不禁就产生了原始的存在问题和追问存在之核心。我们无需补充说明,这种存在论差异必然会重新在上述基本环节和领域化问题之全部范围内被遇到。

与这个存在论差异问题,与上述其他问题最密切纠缠在一起的,是那我们目前已经不断地、但似乎只是从反方向所力求的:存在和真理的内在关系,存在之真理特性。属于作为形而上学的逻辑学的,是原始的真理和存在之关系问题,**存在之 veritativen(真理的)特性**的问题。

"存在"这个一般标称包含着这样四个基本问题:1. 存在论差异,2. 存在之基本环节,3. 存在之 veritativen(真理)特性,4. 存在之领域性和存在观念之统一性。

据此,存在的问题就被作为核心的、普遍的和根本的问题弄清楚了。对于追问某种像一般存在之领会这样的东西之内在可能性意味着什么，我们有了一些认识，那种存在之领会是人之生存的本质标志。在描画被流俗领会的存在性层面的超越时我们看到，这种超越如何存在于意向性之中，而对待存在者之行为，存在性的行为，先行设定了存在之领会，这意味着：存在性层面的超越本身还基于原始的东西，基于原始超越，因此与存在之领会相关。关于这个问题的困境现在表明了，而这反过来就是说：超越问题，真理问题，由此根据问题，只有在标明一般存在问题之问题维度中才会提出。换句话说：超越问题和一般存在问题同样普遍和根本地被提出，因此，这个问题绝不仅限于主体与不依赖于它的诸物之关系，不是一个关于存在者之某个特定领域的问题。人们同样不能停留于，或者说，从某个不知怎么从天而降的主体－客体－关系开始，而是说，正如对于一般存在问题那样，对于超越来说，主体之主体性本身才是核心问题。

为此有三个论题：

1. 存在者自身就是其所是和其如何是的存在者，即使比如此在没有生存。

2. 存在不"在"，而只是就此在生存而"有"。生存之本质中蕴含有超越，也就是说，世界之给予，它先于一切或为了一切趋于或处于存在中的、内在于世界的存在者。

3. 只有当生存着的此在本身给出像存在那样的东西，存在者才能宣布其自在，也就是说，第一个论题才同时或根本上得以被理解或认识。

请注意，由于存在不在，并因此根本或从来都不是某种在存在者中与之共－存着的东西，自－在－存在者的存在是什么，这样的问题根本没有意义或不合法。但人们还可能会问,存在者之中有什么可与存在(存在不在,而"只"是有)相称?当存在使其存在者可通达的时候,它就原始地或自在地给出。对于这种存在者,其自在存在本身还不可能被追问,我们始终只能认识存在者,但绝不是存在着的存在,这只能从超越或存在论差异出发才能够变得明朗。

因此,我们在第二部分第一章想要获得的已经达到了:发掘根据问题的问题维度——而这无非就是发掘一般形而上学之核心追问方向的问题范围。在我们转入第二章并在所赢获的问题维度中展开根据本身的问题之前,还应该简短地,可以说通过一个附件,进一步描画这个问题维度及其拟定的方式。我们将这个问题维度及其探讨进程标画为基础存在论。

附 录

标明一种基础存在论的观念和功能

Kennzeichnung der Idee und Funktion einer Fundamentalontologie

在基础存在论名下，我们来领会一般存在论的奠基，属于这项任务的有：1. 有待表明的作为形而上学基本问题的存在之追问的内在可能性根据——将此在解释为时间性；2. 剖析包含在存在之追问中的基本问题——存在问题的时间阐明；3. 展开这个难题的自身领会，其任务和界限——骤变（Umschlag）。

对于接下来的讨论并结合这个讲座的上下文，一个非常一般性标画就足够了。这个标画关系到，不要狭义地或片面地理解基础存在论。这时的引导性问题是：为什么基础存在论一开始就是一种生存论的分析？这里的"生存"意味着什么？在何种程度上生存论的分析作为形而上学的历史和"人性"，将通过形而上学的完整概念而体验其意义？

随着或通过这种基础存在论，我们才能够抓住，更确切地说，从某个明确的方面抓住西方哲学的基本活动之内在的或隐蔽的生命。我们多次看到，这个难题的基本特点如何从一开始就宣告出来了，我们应该尽最大可能使之得以明确把握，而不要停留于无关紧要的状态中；更确切地说，之所以如此，不是因为这些问题早就或始终已经被提出，不是由于其年久而被赋予了某种显位，而相反，是因为基础存在论所把握的问题，其难题本身属于人之生存，属于此在之形而上学的本质，如其为我们所明确可见的那样；只是因为或恰恰因为这样，这些问题其明确的、具体的内容从西方哲学一开始就登场亮相了。

基础存在论始终只是在重复这些古老的、早先的东西，而只有当我们给予其以改变的可能性的时候，这些东西本身才会通过重复而流传给我们，因为这是这些问题本身按照其本性所要求的。所有这一切，如将要阐明的那样，都在存在之领会的历史性中有其根据，而独特之处在于，传统，也就是说，表面化的传递却恰恰拒绝这种在重复中去改变的问题，传统传下来固定的规则和意见，固定的追问和探讨方式，人们现在把这些意见和漂浮不定的观点所构成的表面传统称为"问题史"。而由于这种表面的传统及其对哲学史的处置，拒绝赋予问题以生命，而这就意味着拒绝改变并试图扼杀它们，所以我们应该与之进行斗争。

不是说古代的东西应该被克服——如果在这方面"批判"是合适的话（不是首要的，然而在任何场合都要求）——而是说，应该与上述传统之卑劣代言人进行斗争，而这只有通过我们努力为这些基本问题，也就是说，此在本身之中蕴含着的 metaphysica naturalis（形而上学之本性）谋求一种改变的时机才会发生。这就是我所理解的对传统的解构，它并不是要扫除这两千年的传统并让自己取而代之。

即使我们必须如此果断地重新返回到核心的、其普遍性和根本性被把握了的问题之简单的力量中，致命的错误仍然是，人们恰恰想要把这些问题绝对化，并由此致使其本质性的作用落空。我们人倾向于——不是如今才这样，也不是偶然的——首先误解哲学之核心问题，以有利于兴趣或直接显而易见的东西，或者倾向于，如果要把握这些核心问题，就不假思索地或同样盲目地将其绝对化，固化于本源问题的某个明确可能的阶段，将其弄成一项永恒的任务，而不是导致或酝酿新的本源之可能性。为此，无需事先看到这种新的本源，而是说，基于此在之有限性，恰恰只需要始终在实际的可能性中工作即可。因为哲学活动是本质的有限性的事情，所以实际的哲学的每一次具体化，都必须同时为这种实际情况做出牺牲。

虽然追问和思考活动之特有的喘息无法消除，但要求我们尽力不要意外地突然为其所牺牲。我们难以达到这一点，即完全贯穿某个难题的内在理路，并保持其生动性和改变之能力，或者说，如果我们还能够做到这些，那么我们也不再拥有力量，为其他同样本质的可能性赋予全新的气息。或者，如果这是可能的，那么，相应的劳作也是困难的，因为根本上从以前的东西中解脱出来内在地是不可能的。当时的视域就这样仍然绽露着；本质性的东西始终允诺着将来，作为真正的继承人。但本质性的东西，不是那可以反驳的或时代精神所讨论的东西。（如果康德曾经是被勉强驳倒了他的那些同代人所理解的那个他，那么他当然就处于糟糕的境况中。）

哲学之有限性不在于它遭受到了限制并不再可能继续前行，而在于它通过其核心问题之简单性而隐藏着一笔财富，向来都一再要求重新使之觉醒。

基础存在论所涉及的是我们首先要注意的，那就是，这个核心问题之根本性和普遍性，或者说，单只它本身就直接导致我们认识到，这个问题虽然是核心的，但正因为其本质性而不是唯一的，换句话说：基础存在论并没有穷尽形而上学的概念。

只有当存在者恰恰也已经存在于此的时候，此处才会有存在，在基础存在论中暗藏着向一种原始的形而上学转变的趋势，只有当存在之全部难题得到领会之际，这种趋势才是可能的。将存在论拉回其曾经由之出发的地方的内在必然性,人们可以在人之生存的原始现象中弄清楚:"人"这个存在者领会存在;在对存在的领会活动中,同时蕴含着存在和存在者之差别的发生;只有当此在领会存在时,才有存在。换句话说:存在在领会活动中给出的可能性,必须以此在的实际生存为前提条件,而后者反过来又以自然的实际现存为前提。恰恰就是在根本提出的存在问题之视域中显示出,只有当存在者之整体已经在此存在时,所有这一切才可能变得清晰可见或作为存在而得到理解。

由此一个特有的问题就成了必要的,它以存在者之整体为主题。这个新的问题之提法居于存在论本身之本质中并通过其骤变、其 μεταβολή(改变)而形成,我将这个难题标画为**后存在论**(Metontologie)①。这里的后存在论－生存性的追问之领域,同时就是生存之形而上学的领域(这时才可以提出伦理的问题)。

实证科学同样将存在者作为主题,但后存在论不是某种普遍科学意义上总括性的实体论(Ontik),将各门具体科学的成果经验性地编排成一个所谓的世界图像,以便随后由此推演出某种世界观或生命观。诸如此类的事情在某种意义上在前科学的此在中是活生生的,尽管后者还具有某种其他的结构;自然世界观之可能性和结构是一个特殊的问题。人们总是一再试图做一种存在性层面知识的总结,并美其名曰"归纳的形而上学",这种情况表明了一个在历史中必然一再冒出来问题。

后存在论只有基于根本的存在论问题或从其视角出发,并与后者统一才是可能的;基础存在论的根本化恰恰就是从存在

---

① 本书将"Metontologie"直译为"后存在论",也有学者建议翻译为"元存在论",以突出其更加"本厚"或"基础"的意味。——译注

论本身中萌发出前面提到过的存在论之骤变。我们在这里似乎通过"学科"来区分或借助头衔来期待的东西，是一回事——正如存在论差异一样，就是一种或那种人之生存的原始现象！将存在思考为存在者的存在，将存在问题根本地和普遍地把握，同时意味着在存在论之光中将存在者其整体性作为主题。

浅薄的或咬文嚼字的观点认为，在基础存在论作为学科出现之后，作为补充被确立为另外的一个带有新头衔的存在论。不仅如此，基础存在论也根本不是固定的学科，因为现在小孩有了名字，就应该一劳永逸地以一种想象中的哲学体系占据那目前还空着的位置，而它现在还只是必须被补充或扩建，以便（如门外汉或实证主义想象的那样）用几十年的时间，将哲学带到一个幸福的终点。再者说，那个"位置"可以为任何一个哲学所占据，更确切地说，每次总是在改变。

人们不能把模式化的咬文嚼字和追问的严格混为一谈，而必须清楚，我们通过分析只是抓住了那在任何分析之初就已经成为基础的东西，作为原始的统一性和整体性，作为我们并非事先没有明确实施的综合，毋宁说，这种综合仿佛始终借助或通过我们，只要我们生存就已经被实施了。

我们不仅需要一般性的分析，而且可以说一再会产生幻象，似乎当时的任务全然是唯一的或必然的。只不过，只有领会了这种生存技艺的人，在他的各种事务中，把当时所把握住的东西作为全然唯一的东西去对待，尽管如此，他仍然清楚这种所作所为之有限性，只有这种人，才是领会了有限的生存的人，并可能希望通过生存去成就某种东西。这种生存技艺不是自我反思，一场无所谓的狩猎活动，以便激起人们通过它谋求某种平静或免于事务的动机或情结,毋宁说,它是对事务本身唯一的清楚明了,是在猎取真正的可能性。

结论是:形而上学的基本问题之根本化和普遍化,要求在时间性上对此在进行一种解释,存在之领会以及由此存在论的内在可能性,应该通过时间性本身得以阐明——但不是说,这种内在可能性仅仅由此就会被意识到,毋宁说,它只有在实现的过程中,也就是说,在(表现为四个主要问题的)基本问题本身的拟定过程中才得以被领会。存在论之奠基和拟定的这种整体就是基础存在论;它是:1. 对此在的分析以及 2. 存在之时间性的分析。而这种时间性的分析同时就是**回转**(Kehre),存在论本身通过这种回转,明确地返回到形而上学的实体论中,而存在论总是不明确地居于其中。我们应该通过根本化和普遍化的运动性,将存在论带向潜藏于其中的骤变,在发生回转的地方,就会出现向后存在论的骤变(Umschlag)。

基础存在论和后存在论,其统一形成了形而上学的概念,但这只是表达了哲学的一个基本问题本身的改变,这已经在前文和在导论中,和哲学作为 *πρώτη φιλοσοφία*(第一哲学)和 *θεολογία*(神学)的双重概念一起提到了。而这只是存在论差异当时的具体化,也就是说,存在之领会实施的具体化,换句话说:哲学就是生存之形而上学本质之核心的和全面的具体化。

这个必要的、一般性的、有分寸的、简短的对基础存在论之观念和功能的提示,为的是使我们不仅看到问题视域之广度,而且同时也不要看不到狭长的小路,我们在具体处理接下来的问题时必然走上那条狭路。

第二章

根据的问题

Das Problem des Grundes

第11节 此在的超越

a）论超越的概念

我们追问根据的本质，也就是说，追问像一般根据这样的东西之内在可能性。对于这个问题的阐述导致了一种洞见，它只有在一般存在问题的维度中才可能被提出并回答，可通过以下标称来指出返回到这个维度中的各阶段：根据、根据律、思想规则、判断、陈述、真理、意向性行为、存在性的超越、存在论的超越、存在论、一般存在问题、形而上学。

根据问题之具体考察发端于一般存在问题；后者通过此在的分析而得以准备，而这种分析展示出作为基本现象的超越。为了不一蹴而就，我们从超越问题开始，但所要探讨的不仅仅或不首先旨在此在的分析，即基础存在论，而是与根据问题相关。按照迄今为止所说过的，这是因为我们在充分解释超越的时候，可以说自发地就会遇到根据之现象和本质。

现在，我们应该在牢记先行给予的问题视角的同时，可以将其缩小一些，以便将目光集中到超越现象。这个词的一般含义是什么，字面意思是什么，作为哲学的术语又是什么意思？

我们从字面意思出发，并尝试首先确定使用"超越"这个术语时的含义。字面含义来自于 transcendere：超过、逾越、越向，因此**超越**（Transzendenz）就意味着：被越过、逾越，而**超越的东西**（Transzendente）则用来标画那逾越之所向，那为了可以通达或便于理解而要求某种逾越的东西，彼岸的，对面的东西；最后，**超越者**（Transzendierende）意味着：那实施逾越者。所以，字面含义包含以下几点：1. 宽泛意义上的某种活动，某种行为；2. 从形式方面看某种关系：逾越向……，更确切地说，从……出发越向……；而 3. 某种被越过的东西，某种界限、限制、深谷、某种"居于此间的东西"。这首先只是些当我们理解"超越"的含义时，限于一般意见范围内的一般性说明。

现在我们应该描画这个词在哲学术语上的使用。我们不需要深入讨论所有变式；两种主要含义就足够了，一切其他使用都可以回溯到它们；更确切地说，我们抓住**超越的东西**的概念，并考虑到关键的对立概念而描画其哲学含义之特性。这个术语意味着：1. 超越的东西区别于**内在的东西**（Immanenten）；2. 超越的东西区别于**随机的东西**（Kontingenten）。

对于第 1 点：超越的东西区别于内在的东西。后者是停留在之内的东西，指的是：停留在主体中，在心灵或意识内的东西——于是超越的东西就是，不停留于其内的，而是存在于其外：居于心灵或意识**之外**的东西。所以，这样处于界限或围墙之外的东西，如果人们站在这个意识最深处的院子里说，就越过了围墙并处于其外。但就这个意识进行认识而言，它与之外的东西相关，于是，超越的东西作为现存于之外的东西，同时就是**处于对面的东西**。

主体在这里仿佛被想象成了一个带有其内、盒壁和其外的盒子。当然，众多的意见不会支持意识实际上就是一个盒子，但在类比中本质性的或正好适合这个超越之物的概念的是：内与外之间的界限必须被逾越。也就是说：内在首先或真的就通过界限被限制，而界限必须首先被打通，必须首先去**除限制**。

于是，超越本身被视为关系，不知怎么通过越过或穿透盒子壁而维持着盒子内和外之间的交往，这样就产生了说明这种交往之内在可能性的问题。人们不是试图用因果关系去解释它，就是心理地或生理地去解释；要么就不知怎么召唤意向性来帮忙；或者人们将这桩事业看作毫无希望，人们停留在盒子内，并试图在其内部去解释，如何去理解这里那些据称是从外部存在者带入到表象中的东西。

在这种情况下，又有另外一种内在观点被人们所喜爱，与之相应，意识的概念也同样发生了变化。而超越问题经常地或随时随地被提出，是否明确或不明确地定位于内在性的对立概念，原则上以上述关于主体或此在之盒子－表象为基础。舍此，逾越限制或界限的问题真的就毫无意义了！我们已经清楚了，超越问题取决于人们如何规定主体之主体性，也就是说，此在之基本状况。这种盒子－表象是否从一开始就是合理的？而如果不是，为什么还如此顽固？

换一种说法：我们已经表明，超越不是我此外还指派给某个主体的一种规定，而是问题变成了，主体性之本质是否首先，或者说，恰恰要通过正确理解了的超越而变得可把握。

基于已经描述过的超越概念，与内在性对立的概念，人们称为知识理论的东西才首先得以可能，因此，我们把这种超越概念称之为**知识理论层面的**。如果这种概念因为基于草率的开端而并不合理,那么一般知识理论也就同样如此。但由此并不是说,知识不是哲学的问题。与知识理论的超越概念不同,我们区分出最宽泛意义上**神学**的超越概念。

对于第2点,与随机的东西相反的超越。随机的东西是那种涉及我们的、直接与我们有关的东西,我们自己被视为与之等同的,我们的行为和我们的种族存在于其中的东西。与之相反,超越的东西是跃居于一切之上的,作为那些东西以之为条件的——无条件的东西,而同时是真正的不可企及的——充盈的东西。超越就是跃居于有条件的存在者之上意义上的逾越。

超越在这里又成为一个关系概念,但不是主体和客体之间的关系,而是有条件的一般存在者——主体同样属于这一类以及一切可能的客体,和无条件的东西之间的关系。这里反过来了,超越的概念本质上通过超越所逾越之所向的含义和观念来规定,通过跃居于随机的东西之上的东西来规定。跃居在这里表达了一种存在之等级差别,更准确地说:被造物和创造者之无限的差异,如果我们——不是必然的存在,曾为了超越的东西而委任基督教所理解的神的话。就超越的这第二种概念无论如何都始终指的是无条件的东西或绝对,而后者首先意味着神而言,我们可以谈及某种神学的超越概念。

现在,两种超越的概念,认识理论的和神学意义的,可以将那总已经发生过的和总是一再返回来的东西连结起来。因为人们不管明确与否,已经将知识理论意义上的超越概念确立为基础,于是,某个主体之外的存在者或居于这个主体对面的东西就确立了。在这些居于对面的存在者之中,有那高于一切的东西:这些事物之原因,所以,就有某个居于对面的东西,和同时居于一切有条件东西对面的逾越的东西，在这双重的意义上超越的东西，就是卓越的东西，超出一切经验之上、充盈的存在者。于是，关于知识理论意义上超越的东西之可能的理解问题，就与关于神学意义上超越的客体之认识的可能性问题纠缠在了一起。当然，后面的问题以某种方式是意在解决前面的问题，因此，外部世界之存有及其可认识性问题，就与对神的认识及其存有之证明的可能性问题纠缠在一起。

一切神学的形而上学，而同样一切体系性的神学，都处于这两个超越问题之纠缠中。如果甚至把理性和非理性的差别，也被分派到随机的和超越的东西上，那么混乱就无以复加了。这种不充分地或错误地被提出的问题像一团乱麻，在存在论哲学和体系化神学中继续搅动，人们将其代代相传，而纠缠状况只能因配备各种新词而愈加混乱。

不值得为了哲学去追查这种混乱甚至将其理出头绪，我指出这些是出于其他的原因，旨在我们的核心问题。粗略地看，同样在康德那里或恰恰是在他那里，两种超越问题之纠缠是促使其提出问题的动机，更确切地说，贯穿其哲学活动的每一个时期，尽管想要把这种流俗的关联作为解释康德的基础，是一种根本的歪曲。毋宁说，我们应该看到，康德恰恰是如何尝试从这种超越问题之相互缠绕中解脱出来，当然只是部分地获得了成功，而并没有把超越问题当作他的核心问题。

我们对于康德那里超越问题之发端给予简短的说明，为此我们从一段话出发，在那里，他在区分现象和自在之物①的背景中，以如下方式牢牢抓住了"我们之外"这个术语的双重意义："由

---

① 参见，讲座：对康德纯粹理性批判的现象学解释，1927—1928年冬季学期。[作为全集第25卷出版；hrsg. von I. Görland, Frankfurt a. M. 1977.]

于'我们之外'这一表述，不可避免地会导致某种模糊性，它一会儿意味着某种作为自在之物本身有别于我们而实存着的东西，一会儿又意味着仅仅属于外部现象的东西，所以，我们为了使这个概念在后一种含义上，即本来被理解为由于我们外部直观的实在性而造成的心理学问题这个含义上摆脱不确定性，我们就要把经验性的外部对象，通过我们将其直接称之为在空间中遇到的物，而与那些在先验的意义上也可以这样称谓的东西区别开来。"（《纯粹理性批判》A373；B 版中缺失）

因此，"我们之外"指的就是：1. 独立的存在者本身；2. 这个存在者本身，但思考为某种绝对认识之可能的对象，这种认识对于我们是不可能的，思考为我们之外的理解之可能性。"我们之外"一是说：我们自己所不是的，现存的，但本身只能在被抛的此在之出位的超越，即在－世界－之中－存在的范围内展示的东西。"我们之外"同样也可以指不仅不是我们自己的，而且居于有限的出位之超越可通达范围，即现象之外的东西，就其自在地被考察而言。"我们之外"意味着完全有限的此在意义上的，及其作为一个有限存在之可能性意义上的"我们"之外。现象本身有"两方面"（A38, B55）：物自身，作为一个存在者，本身存有的东西——对我，一个有限的主体展示。这首先意味着，客体本身自在地被考察，不考虑如何依照刺激而被直观的方式；它通过无限的理智，即 intuitus originarius（原初直观）被直观。其次要注意的是，存在者通过何种形式对于一个有限主体变得可通达；于是自在存在者就是现象（同样参见，A 251 以下）。

一向是最实质性的，也是风行最广泛的马堡学派的康德解释，其最大的误解之一在于，他们把自在之物理解为某种被分开的东西并试图免于对其进行解释。康德在»Opus postumum«(《遗著》)中说：自在之物绝不是与现象不同的存在者，而两者只是表达了"对同一个客体之表象的不同方面（respectus）"。同一个存在者可以是 intuitus originarius oder derivativus（原初的直观或派生的直观）的相关物；其差别"仅仅在于那……主体……如何被刺激的关系之不同"。①

康德意义上的超越首先定位于自在存在者被理解的两种可能性，定位于直观的两种本质性不同的方式。超越的这种含义是本质性的，因为其并非是与某种心理学理论相关而阐明的，而是以主体与存在者本身的直接关系为基础。人们不能通过从知识理论层面将其废除的方式来消除自在之物的概念，而是说，这个概念（作为绝对理智的相关物），只有当人们可以指出，绝对智慧的前提条件在哲学上是不必要的时候才会取消。

所以我们要区别的是：作为现象的物本身和作为自在之物的物本身。1. 从正确理解了的自-在-之物-概念出发，推演出作为"有限的"对象之现象的自在之物的概念，2. 从现象出发，"X"其内在本身被描述为物本身，但不是严格意义上的"自在"。

请注意，这里有两个问题：1. 在何种程度上"无限性"被先行设定为引线？ 2. 在何种程度上，在康德那里还指出了对于存在论来说更加原始的、棘手的存在性层面的东西（Ontischen）之功能？存在论根植于存在性层面的东西，而且还要出于所根植的东西，先验的问题才得以被阐明，同时先验的问题也才使

---

① 康德，Opus postumum, E. A dickes 叙述和评价, Berlin 1920, S.653（C 551）u. S.695/96, Anm.5（C 565）. [Akademie-Ausg. Bd. XXII=handschr. Nachla Bd. IX, S.26 u. S.43.]

存在性层面的东西其功能被洞见。

康德的《纯粹理性批判》整个是在超越问题的范围之内——它在原始的意义上恰恰绝不是认识论的，而是自由的问题——这还不算康德彻底从根本上确保了这种超越现象。当然，人们必须按照他想要说的意思来读才行。在清算休谟、莱布尼茨、沃尔夫等人的时候，本质性的东西渗透于这种划分其间。

与知识论和神学意义上的两种超越概念不同，根本性地说：超越既不是内在领域与外在领域之间的某种关系，以至于在其中要被逾越的，是一种从属于主体的界限，它把主体从外在领域分隔开。超越同样不首先是某个主体与某个客体的认识者的关系，作为其主体性的附加物，为主体所特有。超越尤其不简单地是充盈的东西，或有限认识不可通达的东西的头衔。①

毋宁说，超越是：1. 主体之主体性的原始状况。主体作为

---

① 超越问题退回到关于时间性和关于自由的问题中，而只能由此才可以指出，作为本质性的存在论差异的，对作为超强力的，作为神圣的东西的存在之领会，在何种程度上属于超越本身。这不是要在存在性层面上证明神圣的东西其"在此存在"，而是关系到澄清这种出自此在之超越的存在之领会的本源，即澄清这种存在之观念对于一般存在之领会的归属性。（同样参见舍勒的那样一种起源的观念。）只有从"存在"和超越之本质出发，只有借助或通过属于超越之本质的完全扩散（参见，第10节，第6条指导原则），这种作为超强力的东西的存在的观念才可能被领会，但不是根据解释某个绝对的你，也不是作为 bonum（善），作为世界或作为永恒者。（有待思考的仍然是：存在和 διαμόνιον（神灵），或者说，存在之领会和 διαμόνιον，存在作为根据！存在和虚无——畏。）我们在讲座中有意不涉及这些，因为恰恰在这里，在当前，在粗暴的、不真实的虔诚的情况下，辩证法的幻象尤其严重。宁可容忍对无神论的无聊谴责，甚至，当它只是在存在性层面上被说道时，还是完全合理的。而臆想中对神的存在性层面的信仰，其实难道不是无神论吗？真正的形而上学比普通的信徒们，"教会"的成员们，甚至任何宗教团体的"神学家们"都更加虔敬。

主体超越着，如果它不超越着，就不是主体，也就是说：此在绝不是生存着，然后偶尔才实施某种逾越，而是说，生存活动就意味着原始的逾越，此在本身就是逾越。这是因为：超越不是此在朝向其他存在者的（在其他可能的行为中）随便的某种可能的行为，而是其存在的基本状况，以之为基础，它首先才可能对存在者采取行动。只因为此在作为生存者存在于某个世界之中，它才可能学会这样或那样对待存在者或与之进行争辩；但并不是由此才出现了存在者。

2. 超越的意思并不是逾越将主体首先封闭在某个内在空间的界限，而是说，被逾越的是可能对主体公开的存在者本身，更确切地说，恰恰在其超越的基础之上。因此，被逾越的东西随着此在而存在，所以，不是此在的存在者被逾越，那种存在者作为那样的存在者，即以其本身而出现。从一开始就越过了存在者而不是其他东西的超越，首先使得这种事先被跳过的东西作为**存在者**在存在性层面上**面对而立**，并作为立于对面的东西以其本身而成为可把握的。

所以，此在在其超越中所逾越的，不是其自身和客体"之间"的鸿沟或围栏，而恰恰是作为实际的此在就存在于其中的存在者，被此在所逾越。客体事先就被逾越，更准确地说：存在者，此后可能变成客体的东西被逾越。此在被抛地、实际地，通过其身体性完完全全地在自然之中，而超越恰恰就在于，此在存在于其中的或它本身所归属的这些存在者，被它所逾越。换句话说：此在作为超越者超出自然之外，虽说作为实际的此在被自然所环抱。作为超越者，也就是说，作为自由存在者，此在对自然来说是某种陌生的东西。

3. 作为主体的主体超越"之所向"，不是某个客体，根本不是这个或那个存在者，不是某个明确的物或某个同类的存在物或某个其他的生物。可能具有照面特性的客体，或者说，存在者，是被逾越的东西，不是超越之所向。主体超越之所向，是我们称之为**世界**的东西。

4. 由于超越构成此在之基本状况，首先属于其存在而不仅仅是某种外加的行为，并且由于这种原始的此在之存在作为逾越而越向某个世界，我们用**在－世界－之中－存在**这个术语来标画此在之超越的基本现象。

就此在生存，也就是说，就生存性地在－世界－之中－存在而言，存在者（自然）同样已经被越过，存在者就这样维持着自在地敞开自己的可能性。就此在生存而言，客体总已经对它变得可通达，但此时，这种客体以何种可能的客观性方式而被把握，还是完全不明确或变化不定的；物本身其自－在－存在成为可揭蔽的可能性有各种不同等级。

舍勒虽然没有真正看到这种内在关系，但作为第一个，他洞见到了他所称为"诸物之存在的相对性"（Daseinsrelativität der Dinge）的东西（这里的在此存在（Dasein）意味着现成存在）。按照舍勒的看法，有一个误导的问题之提法，那就是，人们先着眼于物，然后再追问其客观性。对于存在者来说揭蔽有等级，有各种不同的表明其自身的可能性，有各种不同的等级——但人们不能说，与对太阳的自然把握不同，物理学的把握才是真正的把握。

就此在作为在－世界－之中－存在生存而言，它始终已经外在于存在者那里；当然这种说法其实还不恰当，因为这个"已经在外"先行假设了它在某个时候还在内。即使我说：此在的意向性行为始终已经对存在者或为存在者去除了界限，同样要以"它曾被限制"为基础。这种超越所意指的，借用迄今为止的各种见解都无法说出，在目前问题被曲解而陷于困境的情况下根本难以看到。无论柏格森——他最少，还是狄尔泰，甚至胡塞尔，都同样没有看到问题和现象；胡塞尔两年前从一开始就强烈地对此予以反对。

如果超越在在－世界－之中－存在的意义上就是此在之形而上学的基本状况的话，那么，此在的形而上学必须——完全旨在基础存在论，从一开始就指出这种基本状况。更确切地说，要求我们尝试着一开始就从知识论的主体－客体－关系之传统的超越概念出发，把这种基本状况弄明白。因此，《存在与时间》在第一章的阐述之后，就在第二章"作为此在之基本状况的一般在－世界－之中－存在"开始了探究；由此，第12节和13节对现象和最初的熟悉状态进行了一个先行勾画。而如果人们仅仅做一个方法上的完全微不足道的猜想，那么，他们就可能推论说，这种基本状况显然对于此在的形而上学来说是核心，所以不断地重复，而且在解释的进程中总是更加原始地重复，而这就意味着：总是更加被作为核心问题亮相。所以要尝试着根据最初标画的基本状况，首先划分其结构环节，另一方面，在最早使某种通达道路得以可能的关系中，进一步重新将其纳入整体。而如果全部探究都在力争把时间性突显为此在之形而上学的本质，超越本身显然就只有从时间性出发才是可把握的，而时间性作为基本结构，必须在探究的整条道路上始终作为核心问题进入视线。对畏惧的分析（第40节），关于此在、世界性和实在性的问题,同样还有良知的解释和死的概念,一切都服务于不断推进的对超越的突显,直到它之后重新而明确地(第69节)成为问题:"在 - 世界 - 之中 - 存在的时间性和世界之超越问题"。所以,超越在这里始终还是,甚至恰恰是头等的问题。通过这些提示我想说的是,问题不允许被低估,人们必须坚持不懈,不要恰恰在难题才刚刚开始的地方就偃旗息鼓了。意向性根植于超越之中,这件事情恰恰在这里(第363页注释)才被谈及并被确定为存在论的基本问题。

超越,在 - 世界 - 之中 - 存在,从来都不可与意向性相提并论或等同;如果人们这样做,就像多次发生的那样,那么由此就只能证明人们距离这种现象之领会还差得远,证明这种现象实际上并不是立刻就会把握到。更确切地说,这种基本状况,依照其内容及其结构,并没有因此使其理解变得复杂,而事实情况是,我们偏见重重并想要草草了事;或者说,人们没有足够本质地理解那唾手可得的东西,因此,在具体解释上所做的努力和耗费的精力可能还不够,同样,为弄清这种超越的基本现象的道路也没有足够严格地开辟出来。(参见,《存在与时间》,第351页及以下)。我难以相信,要以这样的方式去强调这种基本状况,即,人们只需要盯着这种基本状况,就像盯着黑板那样,以便"觉察"它,这里所讨论的与这个意义上的察觉根本毫不相干!而比我目前为止的解释还可能更为根本的东西,将从第二部分中产生;有必要指出这样的事实,即舍勒本人还不曾看到用超越这个词所意指的是什么。①

----

① 参见,《观念论-实在论》,同上,第293页上面[全集第9卷,第215页下面]。

我们现在想要尝试进一步弄清楚此在之基本状况，而这首先意味着：驳斥明显的误解。首先人们可能会感到奇怪，如果超越的意思是在-世界-之中-存在，那么对此为何要，甚至作为问题来小题大做，由此所表明的，是可能有的最明显不过的事情。此在在-世界-之中-存在——毫无疑问，实际生存着的此在，一个现实生存着的人，当然作为现实的存在者在其他存在者之中存在着，它站在大地上，走在大树下，穿梭于其他人之中。此在在世界中，也就是说，实际生存着的人出现在其他存在者之中，其余存在者全体之内。很清楚，人们没有正确地看到，这里还本该是问题的东西——当然，人们可以最有底气地说，这句话：此在依其基本状况，即依其本质在世界之中存在，这句话明显是错误的，因为同样明白无误的是，这个或那个人生存着，这件事并非本质必然的，人的观念中并没有蕴含说，它现实地生存着，也就是，在世界中存在着；某个如人之此在那样的存在者在世界中存在，这仅仅是可能的；而如果要说：此在之本质就在于其在-世界-之中-存在，明显是荒谬的。

那么实际情况应该是：此在实际地生存着，这并不属于此在之本质，而这种存在者向来同样可能实际上没有生存着，这恰恰才是其本质。没有人居住在地球上，宇宙照样可能存在，想必在人生存之前，宇宙存在久矣。

那么我们如何可能宣称，在-世界-之中-存在属于此在之本质呢？如果这句话仿佛应该是真的，那么在-世界-之中-存在必然说的是某种其他的东西，而其所表明的，原则上当我们强调：在-世界-之中-存在是此在之**基本状况**时，就已经确定了。因为决定性的东西在这里只是消极地得到表达：当我说到此在，其基本状况是在－世界－之中－存在时，我当然说出了些属于其本质的东西，但就此而言，我并未考虑，那样存在的存在者是否生存着还是没有。换句话说，"此在依照其基本状况是在－世界－之中－存在"这句话，绝不是对其实际生存的断定：我通过这句话并没有确定，我的此在实际地出现了，我也根本没有说，按照其本质，它必然向来也实际地生存着，而我说的是：如果此在实际地生存，那么它的生存具有在－世界－之中－存在的结构，也就是说，此在依照其本质是在－世界－之中－存在，无论它实际地生存着与否。

此在之所以在－世界－之中－存在，不是因为它恰恰实际地生存着，而是相反，它可以作为此在实际地生存，只是因为其本质是在－世界－之中－存在。所以，我们应该原则性地或严格地分清：1. 对实际生存的陈述，这个确定的此在现在生存着，这里决定了某个此在实际生存与否，更确切地说，针对其生存方面。2. 形而上学的本质陈述，无论此在实际生存与否，在－世界－之中－存在的状况都属于此在之本质。这里根本不决定，它是否实际生存着或没有生存，但或许说出了属于此在之内在可能性的东西，如果它本应可能生存的话。在－世界－之中－存在，超越描画了存在之基本方式或此在的生存的特点，而并没有说，是否它实际地生存着；类似的陈述：物体是广延的，这是一个本质的陈述而非确定事实的陈述，由此并不表明，这个或那个物体是否现存着。关于生存之超越的陈述，是一种生存论（存在论）的陈述，不是生存性（存在性）的陈述。

可是，所有这一切只能用于原则性地规定这句话的意义，使我们远离歪曲的解释，实质性意指的东西，还远没有弄清楚，这要求耐心而逐步的筹备，而首先要求一种意愿，想要看到指引应先行指向何处。断定：属于此在之本质的是，它在世界之中存在着，这意思是，它实际地现存于其他存在者之中。与之相反的话是：在－世界－之中－存在属于此在之本质，描画了此在的本质状况。两次说的"世界"意味着某种根本不同的东西，所以，关键的首先在于：世界作为（在其中的东西）意味着什么？其次：这里的在－之中意味着什么？

所以，这句话：此在具有作为其存在之基本状况的在－世界－之中－存在，应该是一个本质陈述。于是关键就在于：此在依其本质"具有"某种像世界这样的东西，它不是通过实际地生存着，不是通过和它同类的其他存在者，和其他种类的存在者同样实际地存在着（或者说，它同样在这些东西之中）而获得世界，而是相反：只有当它作为此在，根本性地具有像世界那样的东西时，它才可能作为每个这一个明确的此在而生存。

因此容易理解，对超越之基本状况的考察或领会之困难显然在于，世界的概念所表明的某种特有的内涵。所以我们现在想要尝试着通过说明和规定"世界"的概念，弄清楚超越作为在－世界－之中－存在其基本结构。

b）世界的现象

我们的目的在于，进一步了解通过"世界"被描画为超越本身之某种规定性的东西。超越是在－世界－之中－存在。世界，由于属于超越本身，是一个严格意义上的先验概念。"先验的"

在康德那里的意思基本上和"存在论的"一样；但涉及最宽泛意义上的"自然"的存在论。对于我们来说，这个术语之含义等同于：基础存在论的。

"世界"这个术语是多义的，但这种多义性不是偶然的。我们首先应该沿着其多义的方向追寻传统的概念，也就是说，探究它所有的含义，以及它如何每次都所指各异，由此将推断出我们借真正属于超越的"世界"概念所意指的东西。当我们首先把目光投向"世界"概念的历史时，这个概念之独具特色的多义性会变得好理解，当然，对于我们来说，这只能涉及一些微不足道的特征指示。

如果我们在古代哲学中，更确切地说，就在其决定性的开端（巴门尼德和赫拉克利特）那里四下环顾，那么，立刻就有某种值得注意的东西显示出来。希腊词"世界"是 *κόσμος*，而这个标称的意思是什么呢？恰恰不是人们习惯所认为的那样，不是指那种现存的存在者，世间的物体，日月星辰，地球，一如某个特定的存在者。*κόσμος* 也根本不是指一切存在者总和，通常也不是指存在者本身，它不是这些东西的名称。毋宁说，*κόσμος* 表明某种"情状"，*κόσμος* 是对于**去存在之方式**的标称，而不是针对存在者本身。*κόσμος οὖτος*（这个世界），这是指存在者的这种特定情状，存在者的这个世界区别于另外的一个。存在者本身维持其整体情状，其世界可能会变成其他的一个世界；或者说，人们可能支持这样的论题，即，存在者的世界始终保持为同一个世界。我们用"世界化"（welten）这个词，以便表达存在的这种如何。*κόσμος* 的这个基本含义——莱因哈特（Karl Reinhardt）第一次原则性地指出（巴门尼德和希腊哲学的历史，

1916年，第174页以下以及216页注释）——在前苏格拉底哲学家们的多个残篇中出现过。

米利索斯，残篇 7：ἀλλ' οὐδὲ μετακοσμηθῆναι ἀνυστόν [τὸ ὄν]· ὁ γὰρ κόσμος ὁ πρόσθεν ἐὼν οὐκ ἀπόλλυται οὔτε ὁ μὴ ἐὼν γίνεται：而同样不可能的是，存在者被改变了世界（umgeweltet），因为先前的、已经世界化着的世界不毁灭，那么还没有世界化的世界就不生成。巴门尼德在残篇 4 中与 τὸ ἐόν 相关而谈到了 κατὰ κόσμον：使用理智（而不是你的眼睛），看那比当前更远的东西（即看其真正的存在）；因为它不会把自身封固的存在者分成部分，既不鉴于其整体情状，即 κατὰ κόσμον 而将其完全分散，也不以其他方式把它集结起来。阿那哥萨克拉，残篇 8：没有什么东西完全被彼此分开或完全用斧头被砍掉或劈开，τὰ ἐν τῶι ἑνὶ κόσμωι：在世界之中存在着的存在者；存在者在这里意味着：作为整体以某种方式世界化了的东西，具有某种特定的整体情状或关联。κόσμος 作为整体之"如何"是每个分裂的东西之基础，分裂并不毁坏世界，而且本身只有以此为根据才是可能的。（世界的每个"部分"是有限的。）赫拉克利特，残篇 89：ὁ Ἡρακλειτός φησι τοῖς ἐγρηγορόσιν ἕνα καὶ κοινὸν κόσμον εἶναι, τῶν δὲ κοιμωμένων ἕκαστον εἰς ἴδιον ἀποστρέφεσθαι：清醒着的人属于一个或共同的世界，而每一个睡梦中的人却转入其自己的世界。这里的世界出现在和清醒和睡梦之关系中，作为实际的此在特有的基本行为。清醒是此在之情状，存在者在其中作为一个或同一个东西，对所有人表明同一种世界特性；存在者显示出某种每个人都可以通达，每个人都遵守的普遍的一致性。与之相反，在睡梦中，自行显现的存在者，因为个别化而各自具有一个自己的世界特性，各自以其完全特有的方式世界化。

通过这些例子我们已经可以推断出以下几点：1.世界是存在者之存在的方式的名称（即使世界概念还没有明确在存在论层面上成为问题）。2.世界意味着整体性，存在者的统一和可能的分裂。3.存在的那种方式是可变的或不可变的；世界与运动性，与变化和时间处于关联之中。4.世界在此在及其恰恰如何存在的方式上，无论如何都是相对的，更确切地说，5.鉴于此，世界要么是一个共同的，一个或同一个世界，也就是说，使得存在者以同一种一致的方式对所有人宣告出来，要么，对每一个个体按照其自己的方式表明——每个人的世界或本己世界。

通过更多的证据，我不仅证实而且还区分了这些含义，而它们总体上弄清楚了一点，即通过这种准备性的考察，重要的在于看到："世界"概念具有某种奇特而普遍的（作为与分裂相对的整体性）就此却恰恰本质性地与人之此在相关的特性。对于我们随后将通过解释超越指派给这个标称的真正先验的含义来说，这只是初级阶段。

现在，承上启下，我们应该注意这一点，诸如"世界"这类表达存在者的某种情状、存在者之如何存在的概念（它可能这样或那样世界化），容易或经常，甚至大部分情况下首先被用来标画存在者本身。比如，"河流"的意思是：流动着的东西，这条特定的河流，在这里流动着，蘭河；而"河流"同样标画存在者之如何存在的方式，流动而不是转动。同样，希腊词 $\varphi \acute{o}\sigma \iota \varsigma$（自然）指的是质料或形式意义上，作为 $\mathit{\alpha \rho \chi \grave{\eta}\; \kappa \iota \nu \acute{\eta}\sigma \varepsilon \omega \varsigma}$（运动之本源）的自然；词尾 -ις 从字面上就已经提示出了某种"如何"，相应地，"世界"首先或本来就意味着存在者之"如何"——而同时也意味着这个存在者本身。两种含义不明显地走到了一起；世界：存在者其某种明确的"如何"。

比如保罗，当他在《哥林多书》和《加拉太书》中谈到 κόσμος οὗτος：这个世界时，这就意味着：存在者的这种整体情状，更确切地说，不仅仅或首先不是我们的意义上"宇宙性的"自然；"这个世界"意思是：人的这个情状或这个状况，其此在的这种形式或方式，更确切地说，其对待善和劳作的行为，对待自然和一切敬善的方式。的确，κόσμος 直接就是人之此在存在之方式，其思想或思想方式：ἡ σοφία τοῦ κόσμου（世界智慧）的名称。这个 κόσμος，这个"如何"，通过其与已经出现的 κόσμος，与 αιων ο μελλων（来世）之关系而得到规定；所有存在者的情状都与 ἔσχατον，即最终情状相关而被看到。这里又一次清楚地表明：κόσμος 指的是一种"如何"，更确切地说，本质性地和此在和时间相关。Κόσμος 是人性意义上的世界，在其弃神的思想意识中，也就是说，在其对待自己和一切存在者的基本态度中的人之共同体或团体，于是，"世界"就这样变成了对人的生存之基本方式的表达。首先参见《哥林多书》1，28：καὶ τὰ ἀγενῆ τοῦ κόσμου…ἐξελέξατο ὁ θεὸς τὰ μὴ ὄντα, ἵνα τὰ ὄντα καταργήσῃ：而神选中了世上无世袭的、卑微的、不-存在的，以便消除存在着的、统治着的。

如果我们仅仅对原则性的东西感兴趣，那么在基督教概念的形成中恰恰显示出，"世界"是如何直接地 1. 意指去存在的方式，更确切地说 2. 在与人的首要关联中：涉及其与存在者的关系。

按照奥古斯丁的说法，mundus（世界）意味着被造物之整体，而 mundus 同样经常代表 mundi habitatores，世间的居住者，那些安置在其中的存在者；而这不仅一般性地意味着，他们除山川河流之外也同样存在在这里，而且这些把自己安置于其中的存在者，首先通过某种基本行为、估价、对物的举动或理解之方式，通过"思想意识"：corde esse cum mundo（心怀世界去存在）而得到规定。Die habitatores mundi（世间的居住者）就是 dilectores mundi（世间之欢喜者），die amatores vel impii vel carnales（爱或不敬或淫欲）。Mundus non dicuntur iusti, quia licet carne in eo habitant, corde cum deo sunt.（Opera, ed. Migne, tom. IV; 1842）（公正不是针对世界而言的，因为他们可以肉体生活在世间，而同时他们的内心和神在一起。）由此出发非常清楚："世界"用来标画对待存在者之弃神的方式，人就生存于这些存在者之中。所以，"世界"是 1. 这样生存着的人的团体的总称，并首先意味着 2. 这种特定的生存之方式，通过或由于这种方式，一切存在者都以某种明确的价值和状况得以展示。总而言之：世界是"如何"，而不是"什么"。

同样，对于托马斯·阿奎那来说，世界与 universum（宇宙万物），universitas creaturarum（创造物的宇宙）同义，于是同样和 saeculum, secundum quod mundi nomine amatores mundi significantur（就世界这个词标志着那些喜爱世界的人而言的世俗）（"凡夫俗子"）同义。Mundanus（世界的）与 saecularis：世间的同义，与 spiritualis（神灵的）对立；所以有 die astuia mundana，世间的机智，世俗所怀有的机智。

Mundus（世界）概念的那种含义在近代形而上学中被采纳，以下情况可以表明。形而上学被划分为 Metaphysica generalis（一般形而上学）和 Metaphysica specialis（特殊形而上学），而后者被分为 Cosmologia（宇宙学）、Psychologia（心理学）和 Theologia（神学）。在鲍姆伽登那里，宇宙学的规定原话是（《形而上学》第 351 节）：Cosmologia generalis est scientia praedicatorum mundi generalium.（一般宇宙学是世界之一般属性的科学。）Mundus mundus（universum，πᾶν）est series（multitude, totum）actualium finitorum, quae non est pars alterius. "世界（存在者之大全）是有限的现成存在物的序列（众多性、整体性），这个序列本身不再是其他某个东西的部分。"在这个做作的定义中，一切规定都被混杂着使用，在表面性总结的意义上被拼凑到一起。世界简单地就是现实的现存事物之总和，所以古代就已经具有的特殊含义，在这里完全消失了，康德第一个在这里点中了本质性的区分。

康德非常清楚地将世界理解为如何，存在论－形而上学意义上的整体性。这表现在 1. 在对鲍姆伽登的补充说明中，2. 在区别**世界**和**自然**时，3. 在按照学院概念和世界概念对哲学进行划分时。

1. 在康德对鲍姆伽登《形而上学》（学院版，第 XVII 卷 = 手稿遗物第 IV 卷）的边注中：Nr. 4085："世界的观念不是任意的［而是一个必然的概念］。因为正如我必须有限地思考一个不再是整体的部分［其中被思考的恰恰是整体］那样，我必须这样思考一个不是部分的整体。"就我们思考一个整体而言，世界必须必然地被思考；康德在这里没有继续论证，我们必须思考某个整体，其原因何在。Nr. 4329："世界是有限的，因为它是相互限制的存在物的一个 totum（整体）。" Nr. 4521："目前的世界概念更多地服务于，对某个实质性的或孤立的整体之观念［所以是一个存在论的世界概念］进行整理，而不是由此证明某个无论什么确定的原因之存在。"Nr. 4522："不可能是某个其他的［更加原始的］整体之任何部分的世界，是先验的理解中的世界。不是某个现实的整体之任何部分的世界，是自然科学的理解中的世界。因为可能与现实只能通过以下方式来区分，就前者而言，conditiones（条件）不能通过普遍的规定来考察，所以一个除自身之外不再有任何其他条件的整体世界，因其绝对必然的本性，没有内在的可能性的制约，同样也没有任何其他现实性的限制。从这样理解的世界出发，可以推断出某个统一的原因及其全足性，进一步还可以推断出这个世界之统一性。但从不是绝对的宇宙的那种世界出发，就不会比从一般 composito substantiali（实体性复合物）中推论出更多。有限地从某种简单的 multitudine rerum finitarum（有限事物之杂多）出发，不会比从一个唯一的 finito（有限物）中推断出更多。"

通过上述思考，同时批判性地针对唯理论的教条形而上学，康德的世界概念变得尤为清晰。世界不仅意味着那种，比如，作为存在性层面的现存事物之明确总和的整体性，以至于世界只能进展到仅仅现实的存在者之统一整体所能达到的那么远，而且，世界是那样的整体性，其普遍性通过内在可能性之整体得以规定。因此，康德非常明确地超出了存在性层面，作为 series actualium finitorum（有限现实事物之序列）的世界概念而走向了先验的概念，这同样也是康德先验辨证论的积极工作和形而上学的内容。只有从这样的世界概念出发，我们才能够推断出绝对的原因——如果这种推论根本上是有意义的话。但现在，世界的这种先验的概念是一个观念，所以推论本质上是不可能的，我们不可能从某种可能的东西，同样也不可能从可能性之整体出发推断出现实的东西,而充其量只能推断出某种绝对根据之观念——先验的理想。

在另外一个补充说明中(同上,Nr. 3799),康德在如下意义上总结了世界概念的含义:"如果世界的概念意味着全部一切可能的事物,即与全足的根据相关的可能的东西,那么世界概念就是丰盈多产的。"由此表明:前哲学的、肤浅的、存在性层面的、作为系列的世界概念根本就言之无物,这个概念甚至本质上退回到了古代 κόσμος(世界)- 概念之后。另一方面,这个概念也和康德先验的世界概念不一致,这个概念在康德那里在先验辨证论中又具有一种其他的含义,对此这里只能提示一下。

2. 康德在《纯粹理性批判》(A418-419,B446-447)中说:"我们有两个术语:世界和自然,它们有时彼此是相通的。前者意味着一切现象之数学的整体及其综合的总体性,不论是在宏观还是微观方面,也就是说,不论综合之进展是通过复合还是通过分开。而这同一个世界恰好又被称之为自然,就其被当作一个力学的整体考察而言,并且人们不是着眼于空间或时间中的聚合,以便将之作为一个量而实现出来,而是着眼于诸现象在此存在方面的统一。"这里首先发生的是,世界概念又一次被限制在存在者之 totum(整体)上,但似乎不是在存在性层面,而是存在论地理解的,更确切地说,有别于自然而理解的。形式化地表达差别:世界是数学的整体(数学的整体性),而自然是现象,即我们有限的存在物可以通达其自身的存在者之力学的整体性。可通达的存在者处于这两种规定,存在论的和超越的规定之下,为了正确地理解它们,要求说清楚"数学的"和"力学的"两个名称。

康德不仅在这里使用这种区分，而且贯穿于《纯粹理性批判》，更确切地说，他由此把范畴全体划分为两个等级：质和量的数学的范畴以及关系和模态的力学范畴。而就存在论的基本原则以范畴为引线来划分而言，康德谈及数学的和力学的原则；前者是直观之公理和知觉之预期，后者是经验之类比和一般经验性思想之公准。直观之（数学的）原则是一种直观的确定性，思维之（力学的）原则是以一种能够进行推理的确定性；每一个确定性都是某种"完备的"确定性（A162，B201）。

康德用"数学的"和"力学的"头衔所意指的东西，就内容而言，既和数学也和物理学的力学的某种东西毫无直接关系。但选择这两个名称，或许是为了标画某些东西（范畴、原则、理念），这些东西其可能的应用，即就其与存在论层面的东西相关而言：着眼于其实施，着眼于其用以规定当时存在性层面的东西，可以通过这两个名称来标画。"在纯粹知性范畴在可能的经验上的应用中，其综合的使用〔基本原则〕要么是数学的，要么是力学的：因为它们一部分单纯应用于直观，一部分应用于一般现象的在此存在。"（A160，B199）"因此，我将把前者称为数学的原则，把后者称为力学的原则。但人们或许要注意的是：我这里看到的一方面既不是数学的原理，另一方面同样不是一般（物理学的）力学原理，而仅仅是与内感官相关的纯粹知性的原理（没有区分其中被给予的表象），由此那些原则全都获得了其可能性。所以，我对它们命名更多着眼于其应用，而非意在其内容。"（A162，B201-202，参见，B202 注释中对 conjunctio in composition oder nexus〔连结方面的组合或联系〕的划分。）

对于康德的一般存在论来说，典范性存在者当然就是自然，也就是说，存在者自身，如数学的自然科学所揭示的那样。所以，一般存在论规定在这些存在者上面具有某种可能的应用，本身可以通过它们可被应用于其上的对象而维持其名称。"数学的"和"力学的"首先不是存在论的标称，而是借助它们，从被存在论地奠基的存在者出发，标画存在论层面的东西。从这些规定的选择我们就清楚了，康德通过其一般存在论，同时有一个积极的意图，即给作为一般存在者之科学的"物理学"谋得存在论的基础；但这并不意味着某种物理学的科学理论。

就自然物的实质内容通过其扩展的（extensive）和强度的（intensive）量（在笛卡儿那里通常只是通过 extensio［广延］）规定而言，而量是那种被数学地规定的东西，而这种规定的先天基础是作为纯粹直观的空间和时间，数学的范畴和自然之本质的范畴，其 essentia（本质）相符合。与之相反，那些关于存在者的康德称之为力学的范畴，并不关涉自然其所是（Wassein）方面，而是其如此这般存在（Daβ-sein）方面，其 modus existendi（存在模态）。力学的范畴是"实存"（Existenz）的范畴，数学的原理是存在论的－本质的原理，力学的原理是存在论的－实存的原理。

正如世界和自然涉及同一个的东西，数学的整体性和力学的整体性也一样。世界是展现那种先天规定之全体的整体性，表达的是按照其实质内容属于某种可能的存在者的东西。自然相应是界定 modus existendi（存在模态）的整体性，这里的自然（参见，注释，A418，B446）在原始的**希腊的**意义上，被理解为我们同样称之为物质自然（natura formaliter spectata）（形式上被看见的自然）的现成存在之如何。所以，世界鉴于其所包含事实的本质内容而标画的自然领域，从来都不意味着存在者之本质性的或实存性的整体性；同样也不是可能性之整体（omnitudo realitatis）（实在总体），像前面评注鲍姆伽登那样，世界是属于自然的东西之先天实质内容的整体性——不管其实存与否！

当然这里有一个困难：modus existendi（存在模态）的存在论恰恰同样是先天的，这种模态同样属于自然，不确定的仍然只是，它实现了与否。这终究是一个普遍的难题，在传统的形而上学和存在论中，或在本质的考察中，尤其是在胡塞尔那里。在排除现实的情况下（在现象学还原中）所是（Was）被突显出来——但通过排除现实的东西，现实性，即 modus existendi 及其与狭义的本质内容的关系并没有被排除。本质在这里具有双重含义：它意味着 essentia（本质）和 existentia（存在）之先天的东西。

这个作为数学的整体性的世界概念，作为先验的理想，恰恰没有将 existentia（存在）一道包括在内，这表明，世界概念在康德那里，即使每次都定义了其独特的含义，总体上还是没有说清楚，而且还是太狭义了。

3. 我们现在还要了解康德对世界概念所做的另外一种使用。康德对于哲学的本质区分了一个双重的概念，我们在这个讲座中也已经多次遇到：Metaphysica generalis（一般形而上学）和 Metaphysica specialis（特殊形而上学），作为准备性的形而上学和作为终极目的的形而上学——πρώτη φιλοσοφία（第一哲学）和 θεολογία（神学）。哲学作为 Metaphysica specialis，作为真正的形而上学，是"依照世界概念"的哲学，涉及的问题是：我能够知道什么？我应该做什么？我可以希望什么？但这种真正的形而上学为什么叫做依照世界概念（in sensu cosmico）的哲学呢？它们恰恰与自然无关，而是和人相关，更确切地说，恰恰与其生存及其本质相关；参见，逻辑学讲座（学院版，第 IX 卷，25）导论（第 III 节）中的第四个问题：人是什么？而这就是依照世界概念的哲学！这里又展示出这另外一种值得注意的、"世界"概念与人之此在的生存，与人之整体的本质的关系，同时也显示出刚刚提到的、康德作为整体性的世界概念的含义。所以康德说（《纯粹理性批判》A839，B867 注释）："[作为旨在"世界公民"的哲学的哲学意义上的]世界概念，在这里意味着那涉及每个人都必然关注的东西的概念；因此，如果一门科学仅仅被视为意在随意获取机巧的科学的话，我就按照学院概念规定其意图。"所以，按照康德的说法，"逻辑学"，甚至"存在论"在某种意义上同样是入门知识（参见，《逻辑学讲座》导论第 III 节）。

沿着"世界"概念这种使用的方向，立刻就会引出"世界观"这个术语，在康德那里就已经发现了，但还没有我们如今的含义。我们通过"世界-观"所意指的不是观看自然意义上的世界，而这里的"观"作为 repraesentatio singularis（独一的表象），意思是对每个人之生存本身所关注的东西之统一整体的表象、思想、认知活动。在雅斯贝尔斯的著作《世界观的心理学》（1925，第 3 版）中，"世界观"这个头衔同样在这种意义上被理解；这种心理学的任务是要表明，"人是什么"。

我们一起思考如今世界观的含义，即，某种明确的表态通过世界观而做出，或者说，是用以做那样一种表态的手段——更确切地说，作为每个明确的生存性的表态。哲学本身根本不给出世界观，同样也不负有那样的使命，相反：它是一种可能的生存形式，按理说，恰恰本身不需要任何世界观，因为它活动于世界观的诸多可能性之中。（而在何种程度上还需要"投入"，参见前文第10节，第11条指导原则。）"世界观哲学"根本就是一个荒谬的头衔，它只能表明：探讨世界观之本质，其内在的必然性和可能的形式。但"科学的哲学"这样的表述其实同样是悖理的，因为哲学先于一切科学，但这只是因为哲学本来就在卓越的意义上，是"科学"仅仅在一种派生的意义可能所是的东西，这种"先于"才是可能的。在要么是科学的哲学，要么是世界观哲学之间做选择，同样是肤浅的，就像肤浅地将二者连结起来一样。

相比之下，康德通过区分"依照学院概念的"和"依照世界概念的"哲学所意指的，以某种方式只不过和刚刚提到的区别相一致。之所以说以某种方式，是因为形而上学的观念并没有相应于奠基本身那样，被积极地论证或阐明。

我们总结一下世界概念之历史的这种定位："世界"作为存在者之存在的概念，以其诸多可能性之全体性标画存在者之整体性，而这些可能性本身本质上与人之生存相关，而后者通过其终极目的被把握。旨在为接下来现象学地说明先验的世界概念做准备，而同时作为对前述内容的系统总结，我们可以区分四种世界的概念（参见，《存在与时间》，第64页以下）：

1. 一个存在性层面的概念："世界"仅仅是现存事物本身之总和，即自然的名称。人们因此也可以把这种前哲学的、幼稚的世界概念，称作存在性的－自然的世界概念。

2. 一个（某种意义上的）存在论的概念，可归于前面提到的那种概念："世界"作为自然的领域，作为一般性地属于某个自然的东西之全体。

3. 又一个存在性的概念："世界"现在不是指（无机的和有机的）自然，而是指作为实存着的东西的生存着的人；在这个意义上我们谈及"大千世界""社交界名伶"或"界内人士"。不同于存在性的－自然的概念，这种前哲学的世界概念是存在性的－生存性的（或者同样可以说人味的）概念。

我们前瞻性地称第 4 种为存在论的世界的概念，不是存在性层面上意指人的社团，而是鉴于此在形而上学的基本状况：超越，在存在论层面上意指一般此在之形而上学的本质。

先验的世界概念显然与其余的概念以某种方式相关。另一方面，没有任何一个从 1 到 3 所提到的概念，即使它们加在一起，能够穷尽作为超越之建构的"世界"的概念。

但鉴于两种前哲学的－存在性的世界概念，我们还要注意某种本质性的东西，我们从第三点提到的生存性的世界概念出发。比如，如果我们用"时尚界"这个术语：我们在其中所理解的就不仅是穿着时髦的单个人们的某个聚会甚至某个社团，而且对于"世界"这个术语来说，根本性的在于，我们恰恰意指用这个词所描画的那些人他们的举止行为：所有那些他们在其中活动的场所，旅馆或赛马场等等，也同样属于作为世界的这些内容。如果人们想要指出（按照第 1 点），这个概念仅仅描画现存的物，尤其是被使用的物件，而现在这个世界概念必须被补充或替换，而补充或替换的方式是，说世界是人的概念并描绘着人的周围世界或遥远世界，这样做同样完全错过了本来就是前哲学的世界概念。毋宁说，"世界"不描画被孤立的物，同样不描画被孤立的人，而前哲学概念中已有的本质性的东西，是人之此在和诸物的关系，或者说，诸物与人的关系。

换句话说：前哲学的－存在性的概念，其首要的内涵本来就不是某个特定的存在者，而是此在之生存活动的如何——也就是说，从全体性方面所理解的、对待存在者和对待其自身的行为。人的生存活动之如何，要在整体中或通过整体去规定，此在在－世界－之中－存在指的是：依整体而存在，更确切地说，鉴于如何而依整体存在。如果它恰恰结合为一个个体并从这个个体期待一切的话，那么这种期待恰恰是生存及其整体性的见证。

因此，在世界之中我们同样可能不理解各种被使用物存在性层面的关系，历史文化性的物区别于自然和自然物，但或许恰恰是对被使用物及其关系的分析，给出第一次弄清楚世界现象的某种根据和方法。世界因此也不是作为用具的存在者，作为人们在其中所熟悉的东西——好像在－世界－之中－存在就意味着：活动于文化事物中；同样世界也不是人之多样性。毋宁说，所有这些存在者都属于我们称之为世界之内的存在者——但不是世界本身，而世界是什么？如何存在呢？

我们在这里，如同已经多次强调的那样，问题不可能全面铺开，时间上也没有足够的活动余地，以便稳步地具体阐明问题之关联，接下来，我试图借助历史地瞄向**柏拉图的理念论**向前推进，尽管这种定位同样也只是不清楚的。反过来，我们只有通过突出原始的超越现象，才能够赢获重新透视柏拉图理念论、说明 μέθεξις（分有）和 μεταξύ（在之间、其间）的视角。

通过前面的考察我们感觉到，整体性的特点无论如何都属于世界的概念，世界根本上应该是对此在之超越而存在，此在超越存在者，跳跃就是越向世界。在超越中所越向的存在者，不仅是那种此在本身所不是的东西，而且在超越中此在恰恰还越过作为存在者的自己本身——更准确地说：这种跳跃使得这样的事情成为可能，即此在可能成为如其本身所是的某种东西。只有通过越过它自己，此在向来对于其本身的失据（Abgrund）① 才得以呈现，更确切地说，只是由于这种存在本身的失据要通过超越或在超越中展开，它才可能被掩盖或被弄得看不清楚。

但问题不容回避：此在超越之所向的世界是什么？这种整体性与此在本身如何相处？世界是理念的王国，*ύπερουράνιος τόπος*（在天之外的地方），是沉浸于此在之中的理性所直观或观看到的东西吗？还是说，世界是蕴藏于主体之内的理念之整体？从这些问题已经可以明显看出，世界概念问题作为先验的问题，完全与主体之主体性问题，同时与关于一般存在的存在论基本问题纠缠在一起。

如果我们用先验的概念所命名的现象是核心，那么，它必然在所有真正的哲学中，以无论怎样的一种方式，甚至以某种非常隐蔽的形式，尽管本身还没有被把握，始终已经显露出来。理念论的构想以本身还没有被揭示的超越，或以世界现象为动机，这是不容怀疑的，但同样清楚地被指出的是，理念论的概念恰恰不可能涉及世界概念，因为理念本身和对待理念的行为，仅仅被当作一种对存在者之某种明确把握的提升——而这种把握是**直观**。看，这里一切都返回到这种活动，关联着某种明确的、

---

① "Abgrund"通常有"深渊""失足"的意思，其前缀"ab-"是"去掉"的意思，"Grund"是"根据""基础"，"Abgrund"即"失去根基"，本书译为"失据"。——译注

非常片面的存在概念，在 ιδέα（理念）、θεωρία（观看、思索）、intuitus（直观）或本质直观中所表明的、对某种看的意识的援引，几乎不适合于解决超越问题，也根本不可能看到超越现象。

理念和看、θεωρία（观看、思索）、intuitus（直观）（ιδέα 这个词本来指明的）之间的关系是本质性的，因为其中表达出理念论的本源：就某种存在被判归给理念本身而言，它们，如亚里士多德已经看到的那样，仅仅是存在者之倍增；除此之外，理念作为常存者，是免除了流变的东西，是通过纯粹的观看被看到的东西；所以，理念论意味着对待存在者之行为的基本方式，即理论性直观的倍增，因此与后者一道翻了倍。如果理念论与超越现象相关，而理念与直观有关联，那么其中就蕴含有以直观活动为引线去把握超越现象的意图。这种意图在古代就已经酝酿了，后来导致了将超越问题定位于知识论的主体－客体－关系。

由于人们进一步将直观活动当作 αἴσθησις（感觉、感受）并将其与对美的把握联系在一起，人们就倾向于不仅依靠 θεωρεῖν（观看），而且依靠审美的活动去理解或论证超越。这种倾向由于这样的理解而得到加强，即通过美学的直观，物最原始地如其所是的那样被看到——这种理解以这样的错误看法为依据，即在审美的直观中，主体不同时介入被直观的存在者。

人们不能把超越加在理论或审美意义的直观上，因为它不是存在性的行为，同样也不能算作实践的行为——在熟巧－使用着的或其他的什么意义上。核心的任务恰恰是，通过此在的存在论，返回到这种行为区别之共同根源的背后；当然，并不是简单地要求去履行这项任务，超越先于任何可能的一般行为方式，先于 νόησις（思想），同样先于 ὄρεξις（欲求）。

世界的现象被歪曲，或者说，被存在性层面地确定为现存的理念王国，某种单纯的直观可通达的领域，其主要原因之一在于，超越从很早以前就首先在 θεωρεῖν（观看）的意义上被理解，而这意味着：超越没有从其原始地扎根于此在之真正的存在方面被探寻。尽管如此，作为真正的行动，作为 πρᾶξις（行事、作为），这种情况自然同样也不为古人所陌生。如果我们把超越问题和自由问题联系在一起，那么就要求不要狭义地理解自由，以至于认为自由属于和 θεωρεῖν（观看、理论）不同的 πρᾶξις（行为、实践）。直到康德关于实践理性优先的学说，尤其在新康德主义那里，自由问题仍然是模棱两可的；从能力划分的角度看：想象力、直观、思维，从非此即彼地处置接受性或自发性的视野出发，人们必然会将康德所关心的事情，将理论行为收回到实践中，理解为，康德给予实践行为以先于理论行为的优先性；而康德所走的道路是为两者原始地奠基，尽管他还没有完全有意识地根本地提出问题。而问题在于：不仅直观、θεωρεῖν（看），而且行动、πρᾶξις（实践）的共同根源。

我们看到：理念关联于一种 ἰδεῖν（看）；在一般西方哲学的发端处，直观、单纯的看就是基本行为，超越在一定程度上首先在这种行为中找到了家。尽管后来理论活动表面上似乎被实践活动所代替（实践理性的优先性），但仍然以古代的开端为指导。真正的超越现象并没有被安置在任何一种确定的行为中，不管是理论的、实践的还是审美的，作为朝向存在者的行为，它们全都只有在超越本身的基础上才是可能的。

虽然在柏拉图那里，超越之真正的根源没有被探究，但在现象之不可避免的强迫下，借 *ἰδέα*（理念）所想象的超越与超越之根源，即 *πρᾶξις*（实践）之间的关系，可以说被揭示出来：理念虽然与直观相关，但在柏拉图那里却有一段话，按照其说法，在存在者或 *οὐσία*（实体）之上，**超出众理念之上**，*ἐπέκεινα τῆς οὐσίας*（在众实体的另一边），还有**善的理念**，*ἰδέα τοῦ ἀγαθοῦ*。这里出现了一种超越，就理念与流变的存在者相比已经是超越的而言，人必然要求其作为最原始的超越。

善的理念意味着什么，基于我们从柏拉图那里的所得，并非简单地就可以确定。这种 *ἰδέα τοῦ ἀγαθοῦ*（善的理念）最终还具有一种神秘的特性，同样确定无疑的事实是，通过这种提示，哲学的动机还没有得到揭示。但就此而言，同样并不把我们引向如今尤为明显的道路，即简单地将善的理念转义为价值的概念，因为价值概念——在某种有待确定的界限内有其必要的功能，同样发源于传统形而上学，其真正的存在论基础没有被说明或奠定。

毋宁说，我们在 *ἰδέα τοῦ ἀγαθοῦ*（善的理念）方面必须学会看到的东西，具有这样的特点，柏拉图，尤其是亚里士多德将其描画为 *οὗ ἕνεκα*（由于），**为之故**（Umwillen），某种东西存在或不存在、这样或那样的为何之故（worumwillen）。超出存在者和众理念领域之上的 *ἰδέα τοῦ ἀγαθοῦ*（善的理念），是"为之故"——这意味着：它是超越众理念之全体的真正的规定，因此同时组织安排其整体性；为之故作为 *ἐπέκεινα*（在那一边、在远处）突出于众理念之上，但恰恰通过卓越于它们而规定之，并给予众理念以整体性形式、*κοινωνία*（结交、关系）和归属性。所以，如果我们在最高理念中考虑 *οὗ ἕνεκα*（由于）之特性，理念论和世界概念的关系就显露出来了：世界的根本特性，由以维持其特殊的先验构造形式之整体性的特性，就是为之故。世界作为此在超越之所向，首先通过为之故来规定。

但某个为之故（Umwillen）本质上只有在有某种意愿（Willen）的时候才是可能的。如果超越，在－世界－之中－存在构成了此在之基本状况，那么在－世界－之中－存在必然同样与此在之生存的基本规定原始地连生在一起，或者说，从后者：即**自由**生发出来。哪里有自由，哪里才会有为之故，才有世界。简而言之：此在之超越和自由是同一回事！自由给予自己以内在的可能性；某个存在者作为自由的，本身必然就是超越者。

c）自由和世界

但现在，谜团重新出现！此在之自由，在－世界－之中－存在和世界之首要特性，为之故之间的内在关系是怎样的呢？

我们从最近的讨论开始。迄今为止的措辞似乎只是一些形式的规定；此在，我们可以说，为某种东西之故（umwillen von etwas）而生存，而现在还要实质性地确定，此在生存是为何之故（worumwillen）。人为了其意愿而生存的终极目标是什么？由此，我们就进入了决定性的问题。但只是看起来如此，因为这个问题是模棱两可的，它本身显得好像直接探究到了整体，然而却是一个草率的问题。它先行假定了，这个问题无论如何都是可以客观决定的，而在追问本身的意义上最终却取决于，向来只有发问者本身才有能力在真正的意义上提出或决定这个问题。而如果情况是这样的，那么就必须指出，为什么是这样的，换句话说：必须通过此在之形而上学弄清楚，为什么与其存在之本质相符合，鉴于终极目的，此在本身必须承担提问和回答，为什么寻求某个客观的答案本身是一种，甚至根本上是对人之本质的误解。

与关于现存事物之真理不同，关于生存着的东西的真理是为了生存着的东西的真理。这种真理仅仅在于作为生存活动的真实－存在。与之相应，追问也要这样去理解：不是作为关于……而询问，而是作为为了……而追问，在其中已经被追问的，如何通过提问者而被预订。

所以，当人们着手在人之终极目的问题上寻求某种答案之前——其实根本就没有答案，在我们试图给形式的为之故充实内容之前，我们必须进一步追踪这种为之故本身，以免作为世界性之建构的为之故的结构探讨得不够充分。

此在的生存通过为之故来规定——此在出类拔萃之处在于，对于这种存在者，它在其存在中以某种特殊的方式与这种存在者本身打交道。此在之存在或能存在（Seinkönnen）是其生存的为之故。但是——人们立刻就会反对——我们确实给出了一种为之故的内容性规定，并确定了此在之终极目的：那就是此在本身；不仅如此，我们还给出了终极目的的规定，以最高尺度来衡量，这种规定是片面的；是一种极端的唯我论，最明显的自大狂，宣称一切存在者，自然、文化以及还可能有的东西，都仅仅是为了个别的人及其唯我的目的而现存着。实际上，如果在此在存在论命题的意义上，那么这确实是狂妄荒唐的；但这样说的确是没有认识到，为什么需要一种对此在的分析，以主张这种过分的无稽之谈。另一方面，康德最后也说：人作为其本身的目的而生存。

事情最终还不就那么简单，如果在此在的某种形而上学中本质性地宣称：属于此在之本质的，是它本身与其自己的存在打交道。人们可能会给予这句话的校正完全是多余的，比如指出，那么多的人恰恰为别人做了牺牲，或专注于对别人的友谊，或在社团中融入他人。校正是多余的，因为它想要修正某种它根本修正不了的东西，因为前面那句话当然不是存在性地断言说，所有生存着的人都实际地对于当时所有围绕在它周围的东西，仅仅为了其各自的某种唯我的目的而大加利用或本就在利用。存在论的话语——属于此在之本质的，是其自己的存在居于其为之故中——并不排除这种情况，即实际上对于人来说恰恰事关他人的存在，所以那句存在论的话，恰恰表达的是以下情况之可能性的形而上学根据，即，像此在这样的东西可能为了他人或通过他人而与他人共在。换句话说：如果这句话——属于此在之本质的，是它在其存在中关系到这种存在本身——从一开始就是一个此在之存在论的分析，并直接与表达超越相关的话，那么，这就是一种简单的、最原始的方法论要求，至少是要问，从这句存在论层面的本质性话语中，是否表达出了或可能表达出一种存在性层面的、世界观式的命题，宣扬一个所谓的个人主义的唯我论。

在这句话中，以及在所有与之相关的表述中，所关涉的都不是生存性的、伦理式的唯我论，而是存在论-形而上学地标画一般此在之自我性（Egoität）。只是因为此在首先由自我性规定，它才可能实际地为了其他此在，或与作为一个"你"的其他此在一道生存，这个"你"不是存在性层面上一个实际的"我"的复制品；如果它根本不是此在，也就是说，根植于自我性的话，它同样也不可能作为"你"本身而生存,本身也不可能作为"你",对于另一个"我"而存在。属于此在之超越的自我性,是"你"生存,或我－你－关系可能实存的形而上学的可能性条件。同样,"你"最直接地就是"你",如果它不简单地是一另外个"我"的话,但或许"是"——一个:"你"本身。这种本己性就是它的自由,而这种自由和自我性是一回事,只有以之为基础,此在才可能是唯我的或利他的。

我们通常会把我－你－关系弄成问题,仅这一点就表明,我们超越了每个实际的"我"或实际的"你",并把这种关系理解为一种一般的此在关系,也就是说,理解其形而上学的中性或自我性,当然大多情况下,我们没有从这种自明的前提中预感到什么。对于可能的我－你－关系之形形色色有趣的分析,都根本没有能力去解决此在之形而上学的问题,因为它们甚至不可能提出这样的问题,并且通常或从一开始就已经以随便某种方式先行设定了全部的此在之分析论,并不断地利用这种分析论。如今,出于各种完全不同的动机,我－你－关系问题成了关于世界观的兴趣问题,有社会学的、神学的、政治的、生物学的、伦理的问题,它们都赋予我－你－关系以某种特殊的意义;而哲学的问题由此被掩盖了。

所以,这里在主体性问题或在全部的此在之存在论方面出现了新的独特的困难,首先的问题涉及封闭的主体与一切客体不正当的隔绝,一种错误的看法认为,从一个首先无世界的主体开始是最无需前提的。而目前的困难涉及一种看法,以某个即使最终超越着的主体为开端,恰恰是更加个人主义的、更加唯我的主体主义,此在的存在论越是根本地被当作问题或任务,个体主义就必然越发极端；我们准确地说：那样一种假象，以及把握并坚持存在论意图之困难就越是纠缠不休。

如果我们说：此在本质上向来是我的此在，如果我们的任务是根据这种特性存在论地去规定此在，那么这并不意味着，我自己的本质就该作为这个实际的个体或随便其他的个体而被探究。问题的对象不是我自己的个体本质，而是一般我性或自身性之本质。同样，如果"我"是存在论解释的对象，那么，我性（Ichheit）就是形而上学的中性；这个核心的我性，我们称之为自我性（Egoität）。但这样还是存在着误解的危险；人们可能会说：你性（Duheit）难道不必然也会以同样的方式成为话题，或者说，你性难道不必然会被同样原始地和我性扯到一起吗？这当然可能是个问题，但我性作为你性的对立现象总还不是形而上学的自我性。这里很清楚，"我"这个头衔，在相应于"你"隔绝的意义上，总是被迫于孤立我自己。与此相反，我性恰恰不意味着实际与"你"相区别的"我"，毋宁说，自我性意味着那种甚至作为"你"之基础的我性，恰恰阻碍了将"你"实际地把握为一个从前的 ego（自我）。但为什么"你"不简单地就是第二个"我"呢？因为区别于你的存在的我的存在根本不涉及此在之本质，也就是说，因为"你"不仅仅是作为其本身的那样一个东西，同样也不是"我"，所以，我大多情况下使用本己性（Selbstheit）这个词来表达形而上学的我性或自我性。因为"本己"（selbst）可以同样的方式表达"我"和"你"："我自己"，"你自己"，而不是"你–我"。

纯粹的本己性，被理解为此在之形而上学的中性的本己性，同时是存在论层面表达此在之形而上学的孤立的术语，这种孤立绝不允许和自己个体性的某种自私的－唯我的升级混在一起。尽管如此，这种个体性如何通过投入（Einsatz）而必然发挥作用，我们在（第10节，指导原则11）中就暗示过了。由于本己性是生存之基本特性，而生存活动向来意味着某种能存在（Seinkönnen），那么生存之可能性就必然服务于具体地突出存在论的本己性，所以是所选择的一条激进的建构道路（参见《存在与时间》第64节）。同样，我也从不认为，这个难题及其内在的任务如今能够被迅速地把握，甚至必须被大众所把握。黑格尔在《精神现象学》前言中所描述的情况，如今更甚于当时："注意到这样的事情很是令人不快，无知或风度品味尽失的粗野本身，其思想没有能力去把握一个抽象的命题，更谈不上把握多个命题的关系，却一会儿被确认为思想之自由或宽容，一会儿被说成具有创造性。"①

成为其"为之故"是存在者之存在的本质规定，这种存在者我们称之为此在，我们目前简称为"为之故"的这个措辞，为这种存在者可能成为它自己，也就是说，适合于其存在的本己性提供了内在可能性。以本己的方式存在意味着：在存在中根本性、本质性地成为它自己，这种成为自己本身（Zu-sich-selbst-sein）组建了此在之存在，绝不是某种后来的、除生存活动之外还要另加考察的能力。成为自己本身恰恰就是生存活动，只是这种成为自己本身必须在原始的形而上学范围内来理解，不允许被固化为随便某种行为或能力，甚至某种把握的方式：

---

① 著作集（Vollst. Ausg. Durch e. Verein v. Freunden des Verewigten）Bd. 2, hrsg. v. J. Schulze, Berlin1832, S. 54 [Philos. Bibl. Bd. 114, 6. Aufl. Hamburg 1952, hrsg. v. J. Hoffmeister, S.55] .

对……的认知或统觉云云。毋宁说，成为自己本身作为本己-存在，是存在性层面上实现自身的行为之各种不同可能性的前提条件。

反过来：只是由于这种存在者依其形而上学的本性由本己性所规定，它才可能向来作为实际的此在，作为自己而明确地选择它自己——而这个"可能"中也包含着：它同样也可能放弃选择。这种根植于本己性中的可能性，特意选择自己本身或放弃这种选择，意味着什么？在这种特意选择自身中，本质上一道被选择的究竟是什么？

而这里就蕴含有一般"可能性"之本源：只有出于自由，只有某种自由的存在物才可能作为超越着的存在而领会——它必须，为了作为那样的存在者去生存，也就是说，在存在者"之中"或"随之"一道去存在。

我们已经多次听说，所有这些形而上学的命题如何不断地遭到误解，被从存在性-生存性层面上理解。引起这些误解的一个主要原因在于，人们没有时时保持形而上学的问题视野，而恰恰就是在我们目前所处的说明阶段上，尤其是危险重重。我们说过：此在选择它自己。人们猝然把此在的头衔认同为流行的、孤立而唯我的主体概念，而人们把此在选择自己本身解释为一种唯我的-自私的返回自身；而在真正的形而上学意义上，情况恰恰相反。此在或只有作为此在的此在才会选择自身（此在），我们曾多次不厌其烦地指出：作为此在的这种存在者总已经和其他存在者共在，或总已经在不具此在特性的存在者之近旁，在超越活动中，此在超越每一个存在者：超越自己本身，正如超越每一个它那样的存在者（共同在此者）和那些不具此在特性的存在者。此在通过选择自身，恰恰真正地选择了其与他人之共在，或恰恰选择了其存在于非此在式的存在者之近旁。

在明确的选择自身之中本质上蕴含着完全的自身投入，不是投向它还不是的地方，而是就其生存而言，投向它作为此在总已经在或如何存在的地方。每次投入实际上离到达还差多远，根本不是形而上学的问题，而是个体的问题或事实。只是由于此在基于其本己性可能特意选择它自己，它才可能为他人投入，只是由于此在通过成为其自己的存在，根本上可能领会诸如"自己"这样的东西，它才压根可能反过来听从一个你自己。只是由于此在，由为之故而组建，通过本己性而生存，所以诸如人的社团这样的东西才有可能，这首先是生存论存在论的本质性命题，不是关于唯我论或利他主义之先后次序的伦理性命题。生存论存在论理解的本真选择自身的现象，最根本地使此在之形而上学的本己性显露出来，而这就意味着：超越就是超越自己的存在，超越作为与他人共在的存在者，超越自然或用具意义上的存在者。这里又一次方法性地包含着指明极端的生存论存在论结构。

请注意，在克尔凯郭尔那里大量言及选择自身或言及个体，那么如果我仅限于再次说些克尔凯郭尔所说的话，那么这不仅是多余之举，而且鉴于克尔凯郭尔的意图，恰恰必然本质上步其后尘。他的意图不是我们的意图，而是与之有本质性的不同，我们的意图不是妨碍，而是促使从他那里去学习他所给予的教导。而克尔凯郭尔根本没有深入到这个问题的维度中，因为这个问题对于他来说本质上不曾存在——他的写作具有完全不同的根本意图，同样就要求完全不同的手段和方法。

其"为之故"属于此在之本质，这个命题是一个存在论的命题，它表达了关于此在之本质状况其形而上学之中性方面的某些东西。它的为之故，此在，在这一点上，在这种为之故中，蕴含着生存性的、唯我的或非唯我的为我之故（Meinetwegen）的可能性根据，但同样原始也蕴含着为他之故（Seinewegen）或为一切存在性的为何之故（Weswegen）的可能性根据。为之故作为此在之本己性的建构，具有这种普遍的跨度，换句话说：它是此在作为超越者的超越之何所向（Woraufzu）。

在有关超越问题的背景中，我们从关于理念世界或 *ἐπέκεινα τῆς οὐσίας*（实体的那一边）开始，遇到了作为世界之基本特性的为之故。这种为之故被理解为此在之形而上学的结构，而不是考虑某个实际生存者之特定的自私的意图设定，对于这种作为世界之形而上学的状况或基本结构的为之故，我们还须更加严格地探究，以便由此领会作为超越的在－世界－之中－存在。

为之故（Umwillen）在某种意愿（Willen）中或为了某种意愿而是其所是。但这种为之故并不是指生存性的－存在性的性质，而又一次是指形而上学的本质，意愿之内在可能性：**自由**。在自由中始终已经有那样一种为之故生发出来，这种为之故在自由的本质中自行维持着。诸如为之故这样的东西不是在随便什么地方现存着，自由只是随后与之相关，而是说，自由本身就是为之故之本源；但另一方面又不是这样的情况，好像首先有自由而随后又有为之故，而是说，为之故和自由是一回事。就此而言，这样的问题是非本质的，某个被规定为自由的存在物在何种程度上实际上是自由的，或者，它在何种程度上知道它的自由；它在何种程度上是自由的或仅仅是潜在自由的，在何种程度上被他人或非此在式的存在者所夺取或束缚，对此，这里无所言表。只有一个自由的存在物才可能是不自由的。

这里对自由的解释同样应该从传统角度转出来，传统观点首先旨在强调与强制的、机械的序列不同的从－自身－开始、sua sponte，自发性。但这种"自发"如果离开本己性，就仍然是不确定的——这就是说：人们必须把超越收回到自由之中，甚至在自由本身之中寻找超越之基本本质。

换句话说：首先通过为之故而标画的世界，是原始的、给予自由的此在以有待领会的东西之整体性。自由对自己形成领会，它是原始的领会活动，也就是说，原始地筹划它本身使之得以可能的东西。在为何之故（Worumwillen）本身的筹划中，此在给自己以原始的**约束**，自由使此在从其本质之根本上对它自己进行约束，更准确地说：给予它自己以约束的可能性。蕴含在为之故中的约束之整体就是世界。根据这种约束，此在将自己束缚在一种达到自身的能在上，而这种成就自己的能在，就是通过能在现存事物近旁存在而能与他人共在。本己性就是自由的约束性，约束是为了自己或成就自身。

此在作为自由的此在筹划世界。而这种筹划活动只能这样来筹划，此在保持在这种状态中，更确切地说，以这样的方式，即束缚于这个自由的支点，也就是说，它把此在置入其所有的超越维度中，置入可能的选择活动空间中。这种约束对抗自由本身。世界在面对这种自由本身的自由中得以维持，世界是此在为何之故的**自由的对峙**（freier Widerhalt）。据此，在－世界－

之中-存在本身无非就是自由；自由不再被理解为自发性，而在于前面指出的其形而上学之本质状况（当然这还远没有完全被规定）。

为之故的自由的对峙，正如所指出的那样，作为超越，具有越过向来实际或事实上的存在者的特性。世界作为此在，即超越者之本质的内在可能性整体，**超过**一切现实的存在者。无论何时或无论多么经常遇到存在者揭示自身这样的情况——而恰恰当它们以其自在的形式揭示的时候——其实始终只是作为一种限制，作为一种可能的东西之可能的实现，作为由于可能性方面的某些剩余而造成的不足而揭示，此在作为自由的筹划本身始终已经处于其中。

此在本身是**过剩的**，也就是说，由于对一切存在者的一种原初的不知足（Ungenügsamkeit）而被规定为过剩的；不仅在一般形而上学的意义上，而且在生存论地实际的个别化方面都是如此。这种首要的不知足可以通过某种存在性的、生存性的行为表现出来：只有基于这种首要的不足，安于某某（Beruhigung-bei）、生存性的自我满足（Selbstzufriedenheit）或不满足（Selbst Unzufriedenheit）才得以可能；这种不满足不能和形而上学意义上的不知足混淆起来。胜过一切当时实际的或事实上的存在者的自由之本质，其胜出之特征，同样或恰恰在绝望中表现出来，某种特有的不自由通过绝望而席卷本身被深埋的此在。甚至这种完全实际的不自由，是对超越的一种基本证明：因为绝望恰恰在于，绝望的人看到了可能的东西之不可能性，他曾还通过对之感到绝望而见证过可能的东西。

在世界本身之中，因此在超越或自由中蕴含着的特有的、对实际的存在者的超出，符合 ἐπέκεινα（在那一边），换句话说：世界本身就是超出的；具有此在特性的存在者由于充溢而出类拔萃；世界是"为之故"的自由的、越出性的对峙。

仅就此在通过其形而上学之本质，自由地维持着并越出它本身的为之故而言，它作为这种朝向可能事物的越出者，形而上学地被看作存在者得以作为存在者而表明自身的场所。具有此在之本质的存在者，必然作为自由而彰显，也就是说，世界必然通过越出而照面，存在者必然被建构为在－世界－之中－存在，即作为超越者，如果超越者本身和一般存在者本身一样，本应被公开的话。所以此在终究就是这样，从这种在－世界－之中－存在出发形而上学地看，作为实际生存着的，无非就是存在者之**进入世界**（Welteingang）的存在着的可能性。只有当存在者从存在者之全体性方面通过此在之生存而存在着，也就是说，当时间性时机化的时候，才会有存在者之进入世界的日子和时间，进入世界反过来又形成存在者之可揭示的可能性。

在我们转而去弄清楚前所标明的超越之内在可能性，以便由此出发看到根据之本质扎根于其中之前，我们应该通过简短描画进入世界之特征进一步弄懂超越。

就可能成功地弄清楚超越而言，必须明确一点，即世界不是指存在者，既不是单个的客体，也不是客体之总和，与主体相对而立。在人们想要把超越说成是主体－客体－关系那里，特别是在实在论残余那里，人们常常或喜欢说，主体恰恰始终已经先行设定了"世界"，由此而意指存在着的客体。首先要牢记的是，这个命题距离哪怕仅仅看到真正的超越现象都相去甚远；对此完全无所言表。

主体"先行设定"存在着的客体，"先行设定"这种客体如此这般，这究竟意味着什么？除了我们从没在任何地方遇到过先行设定之外，再想不到更多的意义。难道这意味着，"我们"事先做假定，假定客体是什么吗？基于某种约定吗？我们有什么权利做这样的假定，我们究竟如何做这样的假定？确实只有在孤立主体的前提下。难道存在者向来作为那样的存在者对我们展示，我们仿佛只能以请求的方式任其现存吗？从那样一种前设中看不出任何蛛丝马迹。在谈及"世界"或客体的先行设定时，只有一点是中肯的，那就是，实际生存着的此在总已经遇到了现存的东西，与事先就已有的存在者相遇了。但这种存在者及其事先就如此这般，并不以某种前提为根据；仿佛是基于某种形而上的结交：让我们假定，有存在者，然后我们想要试图生存于其中。这种遭遇现存事物，恰恰最严格地反对说我们已经先行设定了现存的东西，甚至所说的恰恰相反，那就是，我们作为生存者，根本没有必要事先设定客体。

当然，如果存在者没有机会进入世界的话，那么它（现存的东西）就根本不可能被遇到，因此，我们谈及存在者之可能的或偶然的进入世界。这种可能性何时或如何现实化？进入世界不是那种意义上现存事物方面的事件，即，它就此发生改变并以这种改变为基础而闯入世界。现存事物进入世界是与之一道发生的"某事"，进入世界具有发生的、历史的特性。当超越发生，也就是说，当历史性的此在生存时，进入世界就会发生；只有这样，此在的在-世界-之中-存在才是实存的。而只有当这种在-世界-之中-存在实存时，现存的东西向来也已经进入到世界中，也就是说，成为内在于世界的东西，只有作为生存着东西的此在，才给出进入世界的机会。

据此，内在于世界性不是现存事物其本身的某种现存特性。现存事物是作为那样的或其所是的存在者，即使它没有直接内在于世界，即使进入世界没有随之一道发生，甚至它根本没有被给予这样的机会。内在于世界性不属于现存事物本身的本质，毋宁说，它只是一种原始意义上现存事物得以展示其外观的先验的可能性条件，也就是说，存在着的此在经验或把握其外观的条件。进入世界及其发生，不是现存事物首先才成为现存事物的前提，不是那些作为其现存性而对我们公开的东西在其中出现的前提，不是我们那样领会的东西之出现的前提，而仅仅是现存事物就其自己的存在而言，恰恰表明其不需要进入世界的前提。

超越着的此在作为在－世界－之中－存在，给予每一个实际的存在者以进入世界的机会，而这种从此在方面的机会之给予，无非就存在于超越活动中。

但如果内在于世界性不是作为现存事物的现存事物之内在于世界的特性，那么，内在于世界性归于何处？其本身如何存在？显然，这种性质属于世界，或仅仅与后者一道，仅仅只有当在－世界－之中－存在发生时才发生。只有此在生存，才有世界本身。那么世界不就成了某种"主观的"东西吗？实际上就是如此！只是人们现在不能再强加流俗的、主观主义的"主体"概念，而是应该看到，作为实存着的、为现存事物谋求进入世界的在－世界－之中－存在，恰恰根本上改变了主体性或主观的东西的概念。

当此在生存的时候，进入世界在同一时间也已经发生，更确切地说这样发生,即,随着恰恰进入这里的现存事物,此外其实**什么都没有**发生,完全还没有言及的是,恰恰是在进入世界的基础上,生存着的此在才可能从它那方面涉及、遇见或触及到现存事物。但如果随着进入者进入世界的发生而什么都没有发生的话,那么,世界本身不就什么都不是吗?实际上,世界什么都不是——如果"什么都不是"的意思是:不是现存意义上的存在者,而更多的是:非－存在者意义上的乌有,此在本身所超越的东西之乌有;而它同样超越它自己。世界:一种虚无,非存在者——然而还是某种东西;不是什么存在者——但存在,所以,世界绝不是 nihil negativum（消极虚无）意义上的虚无。那么世界是怎样的一种 nihil（虚无）,且归根到底是在－世界－之中－存在本身?

由此,我们遇到了超越本身,遇到了在－世界－之中－存在,作为跃出有待越过的对峙之内在可能性问题,此在本身通过跃出使自己领会其形而上学的本质,以便将自己原始地束缚在这种作为自由的自身领会中。所以我断言,超越之内在可能性,就是作为原始的时间性的时间!

第 12 节　超越与时间性
(nihil originarium)（原初的虚无）

作为自由的存在者,此在筹划它的"为之故",作为其能在的本质可能性之整体。自行维持着它的这种为之故并通过这种维持而生存着,这种存在者以它的方式自为地自己使用自己,这种自为地自己使用自己,按照前面的说明,没有唯我论自私自利的意思,毋宁说:只因为此在根本上作为自由存在者为自己使用自己，它才作为向来实际的此在本质性地面对选择，正如它向来在存在性－生存性层面上为了他者或自己而使用自己那样。但或许——自由的可能性恰恰只不过又是不自由——此在处于不能决定状态，每次向来都依照势态而任其发展。我们在实际的生存性层面上难得是自由的，这种说法并不反对此在之形而上学的本质，而是支持它。一种错误的想法认为，当人们把自由孤立理解为一种漂浮不定的绝对任性的时候，就最可能纯粹地把握了自由的本质。毋宁说，相反我们恰恰应该把握自由的有限性并看到，通过指明其受约束性，自由丝毫不会受到损害，其本质不会受到削减。

被标画为自由、在－世界－之中－存在、超越的东西，也必然如我们所指出的那样被理解。所有这些都不是在一个孤立主体中或在其内在中隐藏着的装置，而是说，自由本身就是超越的，对于存在者的超出通过自由发生且向来已经发生，而我们始终以这样的方式遭遇这种自在存在着的存在者，即我们通过自由而返回到这里，从源头出发而在源头之中。所有存在性层面上对待存在者，此在式的或非此在式的存在者的行为，首先都不是这样超越的，它启动了，并意向性地设定与客体的关系，而是说，意向性关系仅仅是对那些基于超越已经被超过或揭示的存在者当时实际的占有之方式。

我们必须对于根深蒂固的追问方向和思路无所顾忌，要学会看到此在如何基于其形而上学的基本状况，基于在－世界－之中－存在，始终已经按照可能性超出了一切存在者——而在这种超过－之上中并不会遭受绝对的虚无，相反恰恰是在这种超出－之上中，约束性作为世界而呈现出来，通过这种对峙，存在者才首先或恰恰可能或必然得以维持。着眼于超越的这种基本现象，我们现在应该去把握时间性。

时间性本身是什么，我们如何将其进一步阐明？关于时间性，人们可以从多方面进行思考，人们可以从随便哪里着手，尝试着对其进行分析或说明。对于我们来说所涉及的不是对于时间之惯常的、孤立的哲学思辨，随着这种思辨，总会沿着以随便一条什么道路达到另外的哲学问题。毋宁说，时间，正如所指出的那样，与一般存在之领会处于一种当然还很模糊的关系之中，因此，时间在一般形而上学中承载着一种核心的系统的功能；所以，对时间的解释必须首先由此出发来引导。通往解释时间的道路不是简单的，我本人所走的道路，也不是唯一的；但每一条都障碍重重。为了我们的目标，我选择另外一种处理方式：我们不妨尝试直接教条式地指出时间之本质，这意味着，排除关于时间之流俗的问题之提法。

我试着简短说明一下流俗时间理解的主要思路：

1.时间首先本身是一种无论何时何地、无论如何都现存着的东西，存在于运动之中，更确切地说，在其中流走，正如我们所言：消逝着。

2.这种作为流逝的时间（一定程度上是一般流逝性的样例）是某种内在于"灵魂中"、主体中、意识中的东西，因此需要一种内在意识，以便捕获时间。因此，理解或解释时间的可能性，本质上要取决于灵魂、主体、意识、此在当时的理解力。

3.时间虽然是某种灵魂中流淌着、消逝着的东西，但还不真正归属于灵魂之核心，因为人们向来与空间一起来看待时间；在空间中，空间性的东西是我们通过感官而体验到的，因此这也同样适合于时间：时间属于感性（甚至在胡塞尔和舍勒那里现象学的理解也是如此）。人们像通常那样理解感性，它们与精神或理性保持着差别——这些东西本身不是时间性的，而是处于时间之外（站在康德的立场上，无需言过其实人们可能就会说，自发性作为自由，地地道道处于时间之外）。

4. 时间从柏拉图以来就被和永恒相区别，而永恒本身或多或少地被神学地思考，于是，时间的东西变成了不同于天国的世俗的东西。时间由此出发同时具有了某种世界观的特性，这种特性助长了人们根本不能真正看到时间现象其形而上学的意义。

所有这些既为流俗的理解，同样也为哲学的理解所熟知的对时间之描画，都不可能是任意的，随便杜撰或编造出来的。时间之本质本身必然使这些理解得以可能，甚至导致这些理解，尽管它们恰恰都没有击中时间之形而上学的本质。

因此，如果人们把事情简化，或简单地从这些流俗的观点出发，自为地编造基础存在论关于时间的分析所突出的东西，而不是首先从自身及其特有的意图出发将其占为己有，那么，所有这些都将陷于混乱。我们想要从以下五点正面确定时间之形而上学本质的主要特点，而这五点并不直接就和上述四点相对应：

1. 与时间之本质相适合的是其出位的（ekstatischer）特性。
2. 与这种出位状况一起共同属于时间的还有其视域特性。
3. 时间既不消逝也不居停，而是自身时机化（Zeitigung）[①]。时机

[①] "zeitigen"的一般含义是产生、形成、导致、招致，"Zeitigung"是名词，国内有翻译为"到时"，意思是某事物到了其出场的时机。本书翻译为"时机化"，意在强调时间性本身让事物出场，为之提供时机，突出时间本身的优先性以合"形成""招致"之意，其他场合则按照一般含义翻译。——译注

化是"运动"之原初现象。

4. 时间并不相对于感性，而是比这种感性，如同比精神和理性更加原始；当然，我们只能认识的理性概念，有限理性的概念必须以之为基础。

5. 方法上要注意的是：时间，由于它构成此在之形而上学的关联，如果此在被理论性地从随便某个方面主题化，无论是作为心理的整体，还是作为想要－认识的主体，还是作为自我意识或作为身体、灵魂和精神的统一，时间恰恰变得不可理解。毋宁说，对此在的分析作为引导性视域，必须选择那在实际生存活动中，先于一切或外在于或不管任何理论，而仍然引导着此在在其与他人之共在，在其与非此在式的存在者之关系中成就－其－自身的视域。

关于时间问题的古典文献有：亚里士多德的《物理学》Δ10-14；普罗提诺的《九章集》III, 7；奥古斯丁的《忏悔录》第 XI 卷；康德的《纯粹理性批判》：先验感性论，先验演绎和图型法，原理分析论，二律背反学说；黑格尔的《哲学科学百科全书》(《耶拿逻辑学》的预备阶段)和《精神现象学》；柏格森的所有著作；胡塞尔《论纯粹现象学和现象学哲学观念》第 1 卷中只有简短的注释；参见伯克，《对几何学及其物理学使用之现象学论证的稿件》(见，哲学现象学年鉴第 VI 卷，1923，第 385 页及以下)；现在胡塞尔本人的《内在时间意识的现象学讲座》，在《年鉴》第 IX 卷出版 (对此进一步参见下文)。(亚里士多德和奥古斯丁对时间的探讨是本质性的并为后世建立了典范。之后是康德，虽然他并没有完全清楚地意识到，但将问题最大限度地向前推进到了真正哲学问题之维度中。)

我们仅限于探讨最重要的前两点。

关于第1点，与时间相适合的是其**出位的**特性。我们试图把时间的这种本质特性弄明白，为此就要求回忆一下流俗的时间观念，更准确地说：我们惯常对待时间的态度。我们在这里谈及对时间的某种态度，这就已经表明，时间作为我们日常同样对待的很多事物（比如空间）的其中之一而出现，我们通常都怀有一个钟表，一个计时器，这一事实是我们对待及如何对待时间的标志性证据。我们测量时间不单是出于简单的求知欲，确定刚好有多少时间，毋宁说，我们以这样的方式测量时间，即我们借助时间来计算。这里借助时间计算的意思首先不是说：数字性地规定时间，而是说：**算计它**，就是说：利用时间，通过计算的方式利用时间，不丢失时间。每个人都熟悉时间，知道当他说到时间时指的是什么，然而却很少有某种关于时间的概念。而我们也没有将这种对时间之前概念的了解占为己有，比如，我们从随便什么地方、从其他人那里接受诸如时间之类的东西，将其移置到我们的内心之中。我们不是无论如何都学会了认识时间！我们所学会的，仅仅是测量时间的方式，实际的具体的方式，我们充其量以这种方式实践地与时间打交道。时间本身揭示于每一个此在其自身中——尽管如此，时间仍然是某种陌生的东西久矣。我们罕有被时间占有之感，它在一种形而上学的意义上占有我们，我们很少能成为我们本身所是的这种力量的主人，我们很少能自由地生存。

我们日常如此频繁地与时间打交道，或多或少有意识地，甚至近于迂腐地与之交往，我们如此经常地谈论时间，提及或说到时间，可时间却还是离我们很远，与我们漠不相关。而这部分是由于，我们对其最特有的本质盲目不见，当然更是由于，当我们想要领会时间的时候，恰恰像对待所有那些首先通达我们的事物那样，像理解诸物那样来理解时间。

本质性的事情在于，要对那些作为时间而揭示的东西之全部特有本质，保持一种自由的目光。我们在这里只可能把诸现象之一带到眼前，最直接地导致我们去把握出位的特性，而我们想要至少相对具体地解释这种特性（参见，1927年夏季学期《现象学的基本问题》第II部分[①]和《存在与时间》第I部分）。

我们借助数字和延伸来测量时间，借助量：从现在到当时，从现在到随后，从随后再到随后，我们用："现在""随后""当时"来列举时间，关键是要看到，这些表述以何种方式谈及时间。当我们完全不加反思地直接说"现在"时，那么这总是意味着：现在——门关着，现在——我在进行时间结构的分析。所以，我们说"现在"并不真正是要主题化地意指它本身，我们并不以这样的方式停留在"现在"那里，即我们意指：这个"现在"具有这样那样的性质，它接续着某个刚才还，接续着它的是某个立刻就，而是说：现在——门关着，我们意指门和它现在关着的状况，我们指的不是：现在和门关着一起发生，而是指两者之间这种特有的关系。但两者，现在和门关着之间的这种关联，并不是通过两者同时存在而生发出来，而是说，关联属于"现在"本身，只不过这种情况是任意的，也就是说，"现在"并没有指定那此时恰好对于这个"现在"所发生的事情。当我们说"现在"的时候，我们并不是主题化地针对"现

[①] 全集第24卷《现象学的基本问题》；hrsg. v. F.-W. von Herrmann, Frankfurt a. M.1975.

在"，好像一个孤立的现在的东西，而是说"现在"本身把我们引向或推向此时在"现在"中刚刚经过的东西。这种指以去向的作用本质上属于"现在"，因此可以说："现在"按照其本质，是一个"这样或那样……"的"现在"，一个"此时……"的"现在"，其余的时间表述同样如此："随后"，大多情况下无需我们明说，总是一个"之后……"的"随后"，"当时"总是一个"之前……"的"当时"。

这样命名时间，我们说，具有指以去向的特性：给每一个恰恰在现在、随后、当时的东西指以去向。但准确地说，现象性的情况恰恰相反：我们并不是指向"现在"，以便随后任其给我们指以"在"时间"之中"存在着的诸物或诸事之去向，而是说，我们忙碌于诸物，与之相关联，于是给它们配以这种或多或少确定了尺度的时间规定。门关着——现在：现在关着门。可是，现在难道不还是，非主题地，先于一切而存在吗？和往常一样，我通过说-现在，不把"现在"弄成主题化的对象，我不把它本身视为像门或黑板那样的东西。

这预示着，我们并不是像遭遇现存事物那样遭遇现在、随后和当时，但尽管如此，我们还是以其特有的直接性而说"现在"。我们当然不能延长我们面前所谓的现在序列，我们恰恰是从其中挑选、捕捉或命名一个现在。我们根本没有特意瞄向时间——可它还是直接"上手"，甚至当我们根本没有特意说出"现在"或"当时"的时候也是如此。最基本的例子还是使用钟表，确切地说，我们无需对有意识的使用加以反思。属于使用钟表之本质的是，当我读时间的时候，我不会问：时间有多少？而是比如说：我还有多少时间？我根本不说出现在，不如说是在直接读时间，而暗自在说：现在。我们究竟是从哪里真正获取我们在说－现在、当时、随后的时候——尽管非主题地——所意指或领会的东西呢？

接下来我们解释"随后"。我们从来都不是孤立地使用"随后"这个词，而是比如说，通过安排或布置：随后应该发生这件事，随后可能接着这件事；或者通过计划性的考虑：随后或许这件事会出现，而相应地必须这样去做，或者，当我们在那样一种讨论性的考虑中问：随后会怎样？同样指的是某种我们的计划所涉及的东西，只不过事情恰恰仍然是不确定或不可确定的。因此，我们是在与我们计划性的、商讨性的、未雨绸缪的活动之所指相关的范围内言说"随后"的；完全一般性地说：我们从一种**生存方式**出发说"随后"，我们通过这种方式**期待**某件即将来临的事，期待即将完成的某件事。只有在那种期待中，我才能够说出"随后"，在期待中我会自发地说：届时，而无需我们特意瞄向这个"随后"，我们所指向的恰恰向来是随后将要或应该存在的东西。这个"随后"绝不以这样的方式自在存在，即，这种期待仅仅是把握"随后"的方式，就像知觉通达某个物质性的物（如黑板）那样，毋宁说，期待从作为期待或"随后"的**自身出发形成自身**。"随后"是那种期待本身所说出的"随后"——所以是存在于期待本身中的东西，可以说"随后"潜藏在期待中，或者说只能潜藏在期待中。

然而，比起发现某种物理过程或某种物理特性，我们很难在客体上发现"随后"，"随后"将要或应该存在的那种东西，我们同样很难发现内在于灵魂中随便什么地方的"随后"。既不在客体上，也不在主体中（按照传统概念），既不在这里，也不在那里，而是仿佛在主体朝向客体的途中！而我们已经对这种途中有所认识：作为越出，作为**超越**。这只是指点出，我们此时作为时间特性而表述的东西最终"在""何处"。

"随后"从或在某种期待中生发，当然可以在某种界限内被不同程度清晰地规定；某种可能性，如果对于我们现在不重要，我们可以尝试另外一种。而我们关于"随后"所讨论的内容，以相应的方式适用于"当时"和"现在"，"当时"总说的是对以前事物的某种**保留**，就此而言，我们回忆过去的事物有多么遥远、多么准确，这是无关紧要的，我们同样可能遗忘了它，换句话说："当时"同样言说着**遗忘**。与之相应，"现在"说的是趋于在场的存在，我们称这种趋于在场的存在为拥有当下（Gegenwärtighaben），或者一般地称之为：**当前化**。

让我们再转回到"随后"的现象。它发源于期待本身，且既没有客观的特性，也没有主观的特性，而我们由此非但远没有穷尽其本质特性，而且首先还忽视了某种非常本质的东西。在期待中跳出来或可表达的"随后"总是被理解为：现在还不（而只是：随后）。"随后"表明为那样一种情况，那种"随后"我始终都可以选择，向来都返回到某个"现在"，更准确地说：它是从那样一个虽然还没有说出来的"现在"出发而被领会的。相反，每一个"当时"都是一个：现在不再，它本身按照其结构，是通向"现在"的桥梁。而这种"现在"向来是当时当前化或保留的"现在"，每次在其中都曾说出一个"随后"或"当时"。因此，一种特有的、其本质还模糊的当时、现在和随后之间的关系就显示出来了，而我们恰恰就把流俗理解的单纯现在系列（现在、现在还不：马上就，现在不再：刚才还）称为时间。

而我们同样以某种方式知道，时间不是现在的堆积，而是一个连续统；又说，时间不是僵固的，而是流动着的（"时间之流"）。这样理解的时间究竟如何能够被规定，或者说，以这种眼光规定究竟能否成功，任何情况下都很清楚：随后、当时和现在，更确切地说，其**统一**发源于期待、保留和当前化——于是很明显，它们本身，尤其是在自身中或自身之内必须是统一的。

如果我们此时把所遇到被源发出来的东西叫做时间的话，那么显然，那种对于这种被源发出来的东西来说是本源并发源出它们的东西，必然就越发，或在一种原始的意义上要被称为**时间**。于是，时间原始地是这种期待、保留和当前化。

请注意，柏格森第一次突出强调了派生时间和原始时间之间的关系，但是以这样的形式，即他更进一步并且说，被源发出来的时间是空间。柏格森因此而堵塞了通往真正理解派生时间的道路；因为他没有把被源发出来的时间直接看做发源着的时间，他其实是错认了这种时间的本质。而由于他这样简单地停留于被源发出来的时间，反过来也就没能真正成功地阐明原始的或真实的时间之本质，尽管柏格森的这种时间分析属于我们通常所获得的最内在的分析。说柏格森（和狄尔泰一样）模糊不清，所以他必须被精确地加以审视和改进，这是空洞的套话，但柏格森的"形象"恰恰表达出一种努力，真正地去把握被他所当作主题的领域内的现象。柏格森的缺点不在于想象中的模糊性——他在他所看到的领域中是完全清楚的——其缺陷在于提问的范围太过受到束缚。这不是通过"更加精确的"审视就能够消除的，众所周知，哲学中同样有精确的胡说八道！

我们再一次说：期待、保留和当前化绝不仅仅是把握随后、当时和现在的方式，有关这些东西之意识的方式，而本身就是本源；期待不是关于时间的意识的一种模式，而是说，在原始的和真正的意义上就是时间本身。

胡塞尔——在《年鉴》第 IX 卷发表了《内在时间意识现象学讲座》（出自哥廷根讲座 1904/05）①——在一种非常明确的关系中探讨时间问题，而这种关系对于视向来说是很有代表性的。胡塞尔谈到了"内在时间意识"，而作为这种关于时间意识的形式，他首先分析回忆、再现、重新再现、期待，这些现象导致他通过一种完全不同的问题，即一般意向性问题，也就是说，通过分析作为关于 – 的意识的意识而进行研究。（同样，亚里士多德就已经探讨了 $\mu\nu\eta\mu\eta$［记忆］和 $\dot{\epsilon}\lambda\pi\iota\varsigma$［期望］。）在解释诸如知觉、幻想、图像意识、回忆等现象的关系中，同样产生了时间问题：就此而言，回忆被理解为关于过去的一种确定的知识，所以，时间在这里仍然还是一种现在、马上和刚才的流淌，与一种非常明确的关于时间的知识相互关联。鉴于所有迄今为止的解释，胡塞尔的功劳在于第一次借助意向性结构看到了这种现象，只消看一看同代人的心理学或知识论，就足以衡量这里所迈出的步伐之重要性了。尽管有关时间问题，一切归根到底仍然照旧，这里更是把时间理解为某种最内在的东西，仍作为某种内在的东西停留在"主体"之中；为此才有"内在时间意识"这样的头衔。胡塞尔的全部研究都起因于他把关于时间的原初或原始意识，看作一种关于单纯感觉材料的知识；全部研究最

---

① 出版在《哲学和现象学研究年鉴》第IX卷或单行本，Halle 1928, hrsg, v. M. Heidegger, 现出版于《胡塞尔学派》第X卷：《内在时间意识现象学》（1893—1917），hrsg, v. R. Boehm, Den Haag 1996.

终通常还是围绕着关于声音的时间流现象展开。这个讲座（撇开具体对回忆、知觉等的分析）对于超出《逻辑研究》而更加明确地强调突出意向性来说至关重要，胡塞尔还称之为时间意识的东西，即关于时间的意识，恰恰是原始意义上的时间本身。

我们有意将原始时间称为**时间性**，是为了表明，时间不是此外还现存着，而是说其本质就是时间性的。这意味着：时间不"在"，而是自行时机化，所以，任何试图将其纳入到随便什么一个存在概念中的尝试都必然会垮台。如果人们试图借助辩证法来克服时间，那就和所有辩证法的下场一样。

时间性是在其时机化过程中期待、保留和当前化之原始的连结着自身的统一。通过返回所说过的最可把握的时间（"随后""当时""现在"），我们遇到这种统一，更确切地说，我们通过考察本质性的东西，即"随后"是"之后……"的"随后"，这意味着：依其本质，它向来从某种存在者出发才可获得规定。时间的这种特性，我们称之为可定期性质，在"随后，当……时"中，以**对于**存在者**指以去向**的方式发生着一种指示（Fortweisung），存在者本身预定一个"之后……"，于是"之后"就是可预期的。如果这种对此指以去向（Darüberwegweisen）从属于作为本质结构的说出来的时间，那么，它必然由于原始的时间性而携带着后者。这种对此指以去向在何种程度上可以在原始的时间性中被明确地造就呢？

我们再次从作为期待的"随后"出发。对待那种我们说它"随后"将存在的东西，就是比如说希望，或者说，担忧或期待，我们把这种方式称为意向性地对待将来的行为。希望不是担忧或相反，而期待不一定是希望或担忧，本身又可能展示各种不同的变格：急切的焦躁或无所谓的任其自然。如果不是此在，或希望或忧虑，或通过诸如此类的行为，作为此在而根本性地延伸到某种"随后的东西"（Dannhafte）之中，如果完全不考虑那随后由此可能与之照面的东西，所有这些行为就都是不可能的，也就是说，瞄向以某种方式"随后"将存在的东西，根本就不会具有开放的指向。我们称之为期待的行为，无非就是为那种行为奠定基础的向着"随后的东西"之出离（Entrückung），这种出离事先就已经向前越向了一切可能的存在者，对于那种存在者，我们可能或必然会说，它"随后"将存在。由于"随后"和每一个确定的"随后"，本质上都言说着或表述着这种依可能性从一开始就出离一切存在者的期待，所以"随后"，相应地作为这种出离，因其特有的对……指以去向的结构，就是可预期的。

反过来，如我们所言，期待是出位的。这里提到的出位，从自身中走出（ἔκστασις），某种程度上是一种 raptus（断裂、决裂）——这就是说：此在并不是通过依次接近对它来说实际将来的存在者，逐步地遍历某种期待着的东西，而是说，这种遍历只能逐步通过时间性本身的 raptus（断裂）所开辟的小路而进行。这些说明也相应地适用于保留和当前化，因此，我们把这三种基本现象称为时间性的**出位**。时间性本身就是通过出位的时机化连结着自身的出位的统一。

期待的意思是先行于自身（Sich-selbst-vorweg），是达到自身（Zu-sich-selbst）的基本形式，更准确地说：使那种事情根本上得以可能。期待意味着：通过自己的能在领会自身；自己的能在，又是在共在和在－近旁所归属的本质性的形而上学范围内来理解的。通过期待作为我的能在的自己的能在，我就已经，或者说，恰恰是在期待中或通过期待而走向我自己。这种蕴涵于先行之中的、出自于自己的可能性而趋向自身，就是**将来**之原初的、出位的概念。就其通常是可能的而言，我们可以用这样一个图来表明这个结构（问号意味着保持开放的视域）：

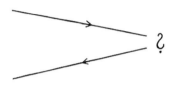

但这种走向自身本身绝不延伸到我的某个瞬间性的当前，而是延伸到我的**曾在**（Gewesensein）之整体，更准确地说——这是我们的话题：这种曾经（Gewesenheit）只能出自或通过将来而展示。曾经不是我自己的残留物，本身是落后了的和停滞着的，同样也不是柏格森喜欢用各种不同的图形来示范的东西：将来仿佛卷开的同时，过去卷起另一个圈，我们可以用下面这个图来展示：

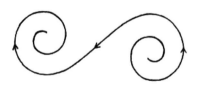

那样一种展示，就其暗示了将来和曾经的内在固有关系而言是正确的；但也是误导的，因为曾经的东西（Gewesen）不是一种本身持留着或堆积着的拖在我后面的累赘，我偶尔可能会这样或那样对待它们，而是说，我曾经的东西向来只能以将来的时机

化的方式，或只能在这种时机化之中"存在"。曾经的东西当然不再是在场的东西，就人们通常喜欢推论的那样：完成了的东西不再会改变，不是这样——而恰恰是曾经的东西之曾在，首先或不断地变成在当时的将来中的曾在。确实，在我们说"我们没有能力摆脱过去"这句话中，就已经表明了我们的曾在的一种明确的模式，因此，关于时间性之本质有这样的表述，即，出位的将来作为走向……，就是直接地、不间断地首先延伸到曾在中。

的确由于某种原因，曾在之优先模式是过去，也就是说，产生了假象，好像曾经的东西不再"存在"于此，而此在或许可以在领会自身的活动中出于其能在而返回到自身，但恰恰只是返回到目下的当前，向来恰恰是关闭了后面的通往曾经之门。但这种断后路本身恰恰向来是曾在时机化的一种方式，通过这种方式，它把曾经的东西带进存在中。而**当前化**只能在将来和曾经之出位的统一中展示。当时间性本身被解释的时候，时机化的基本方式就形成了。

如果与流俗或传统的解释相比，我们选择被表达出来的时间作为开端的话，那么，最贴近的总还是当前的东西，这就意味着：此时是现在，而"不再现在"和"现在还不"是两翼，作为"现在"的时间向来延伸到这两翼之非存在中。只要人们对时间性之出位特性视而不见，不追问时间性作为那样一种出位地将自身时机化的统一，这幅图景，以及由之所引出的时间分析就是不可避免的。

通过如上所述，或许反驳了一种明显的误解，即认为，虽然时间性是三个维度的出离，但仿佛这三向出位无论如何都汇集于一个实体，就像一个生物沿着各个不同的方向伸出触角，以便然后再收回来那样。出离之整体并不集中于本身不出离、不出位的、现存的某个东西中,不是出位之开始和终结之结合的中心。毋宁说,出位的统一本身就是出位的,它不像桥拱那样,无需支撑或支柱,而是说,如果我们一般性地谈及出位之"存在",就必须说:其存在恰恰就在于自由的、出位的跃动。柏格森用他的"élan"(冲动)来谈论这种现象,他在这里同样看到了本质的东西,只是他太过仓促地以一般形而上学的形式,将其交付给了存在者之一切不同的结构,而没有看到时间之出位的结构和视域特性。于是,"élan"只具有存在性层面的特性,可以说是瞄向前方。

时机化是原始的整体时间性之自由跃动;时间本身跃来荡去(只是因为跃动,所以才有抛掷、实际性和**被抛性**;只是因为跃动,所以才有**筹划**。参见,《存在与时间》中指出的关于时间和存在的问题)。

所以,对于第一次把握时间性之统一来说关键的在于,排除掉那些随便什么物性的、现存的东西的概念,仿佛介于曾经和将来之间;但人们同样也不能随便偷偷地塞进某个人格中心、某个自我中心或诸如此类的东西,而是说,时间之本质在于出位的统一性的跃动。时间的这种特有的统一属于其视域的统一。

关于第2点,出位的**视域特性**指的是什么?视域(Horizont)——我们所理解的是视线范围之周围。而地平线(Horizont),来自于 ὁρίζειν(划界),首先根本与视线或看无关,而简单地是指本身界定着的、包围着的东西,**被包围的东西**。而出位当然和知识、意识都无关,甚至连看都达不到。

我们说:任何出位都在自己本身的环围之内,更确切地说,

恰恰是因为 ἔκστασις（出神、移位），人们可能会认为，情况相反——出离恰恰是越出任何界限。无疑，在期待本身中包含着自身毫无规定的东西，它根本或决不能自为地明确决定，以之为基础，可能被期待的是什么或如何可能被期待。但出离本身仿佛还是给出了某些东西：将来的东西本身，一般将来性，也就是说，全然的可能性。出位无法从自身造就出明确的可能性，但或许可以形成一般可能性之视域，在其中，某种明确可能的东西才可能被期待。仍然要注意的是：出位越过所有存在者，视域也绝不是主体所定居的领域，因此，这种视域由于不展示任何确定的存在者，同样也不存在于任何地方，它既不被限定为空间性的，也不是时间性的。它根本不"存在"而是自行时机化，视域在出位中或通过出位（Ekstase）而展示，它是其**所出之位**（Ekstema）[①]（类似的如 σύστημα 对于 σύστασις［组织、社团］，或 σύνθημα 对于 σύνθεσις［约定、协议］）。与其通过时机化的出位之统一相应，视域的统一是原始的统一。

时间性的视域的这种出位的统一，无非就是**世界**及其本质上归属于**超越**的可能性的时间条件，因为这种超越在出位的跃动之统一中具有其可能性。这种在时机化中出位的跃动，本身就是越到上面而看到一切可能的、此时可以实际地进入世界的存在者。出位性的东西在跃动中显示为一种世界化的东西；只有诸如出位的跃动之类的东西，每次都作为时间性而时机化，**进入世界**才会发生。

[①] 从后面括号中的举例解释可以看出，这个词表示与动词"出位"意思一致的作为结果的名词，类似于通过组织形成组织或社团，通过约定形成约定或协议。——译注

进入世界根植于时间性之时机化。根本上有某种时间性这件事，是形而上学意义上的原初事实。存在者进入世界是全然的原初历史，从这种原初历史出发，问题领域必将展开，我们如今开始慢慢地以更强的清晰性接近这个：神秘的领域。神话的形而上学必须从这种原初历史出发来理解，更确切地说，借助于原始－时间的形而上学结构来理解，也就是说，时间随着原初历史本身一起开始。

通过指出作为时间性的时间之出位或视域的本质状况，我们要指出超越之内在可能性。如何更加具体地去规定这种超越，只有通过操心现象才能得以阐明。需要指出的是，实际性，正如个性化一样，如何根植于时间性，作为时机化的时间性本身在形而上学的意义上统一或个别化自身，作为 principium individuationis（个体原则），而这种个别化是此在和此在之间原始交往的前提条件。

现在您可能看到了和莱布尼茨**单子论**的某种对应——但同样也看到了差别。我们对单子论的解释确实是从解释作为时间性的此在出发引导的，首先由认识超越之本质来引导。我们现在可以说，对单子论的解释，正如我所做的那样，有意地被拔高了，更确切地说，鉴于两方面：1. 我们第一次将单子的基本规定：repraesentatio（再现）和 appetitus（欲求）理解为意向性结构，我们通过 2. 把这种意向性结构明确作为先验的结构，也就是说，就其与宇宙、"世界"的关联方面；所以单子才可能被规定为 mundus concentratus（微缩宇宙）。莱布尼茨对单子的解释和我们对作为时间性的此在的解释之间本质性的差别在于如下：在莱布尼茨那里，他的概念之真正形而上学意义的展开被阻碍了，这是由于他对单子或自我的理解，原则上是以笛卡儿的 ego cogito（我思）为基础的；所以他同样把单子理解为一种封闭在自己领域内的实体，只不过他将整个世界吞并为这种内在及其内容，所以莱布尼茨才可以说：单子无需窗户，因为它们在其内部就已经拥有了一切。相反我们则说：它们没有窗户，不是因为内在地拥有一些，而是由于既没有内也没有外——由于时机化（冲动）本身就意味着发生出位而进入世界，如果超越本身就是超出可能的存在者之可能的跳越的话，而这种存在者可能进入某个世界。所以，时间不是 mundus concentratus（微缩宇宙），而是相反：它本质上是的一种自行敞开或伸张到一个世界之中的东西。我不想再继续进行比较，尤其不想探讨这样的问题，人们在何种程度上——就像认定单子论意在解释存在者之大全那样——能够普遍地 - 存在论地去把握对于作为时间性的此在之解释，——这样的问题，我本人没有能力去决定，它对于我来说还完全是模糊的。

我们在何种程度上能够言及作为一种**虚无**的世界，现在一定也变得更加清楚了。它是怎样的一种 nihil（虚无）呢？就我们通常会讨论它，将其作为问题并试图证明它对于超越是本质性的而言，世界必然是某些东西。所以，如果说世界是某种 nihil（虚无），那么绝不是 nihil negativum（消极虚无），也就是说，不是简单的、对某种东西之全然空洞的否定。世界在其不是存在者的意义上什么都不是，尽管不是存在者，但仍然是某种"有"的东西。这个此时此地给出非 - 存在者的这个"有"，本身不是存在着的，而是自身时机化着的时间性。而这种时间性作为出位的统一所导致的东西，就是其视域的统一：世界。世界是原始地导致的虚无，完全在时机化中或与时机化相应的虚无——我们因此称其为 nihil originarium（原初的虚无）。

超越之 origo（源）是时间性本身，更确切地说，随着时机化就已经发生的超越，或者说进入世界。只有随着时间性之时机化，随着进入世界的发生，才有流俗意义上的时间，只有进入世界发生了，之后内在于世界的存在者对此在展开，同时才会有内在于时间的存在者，那种"在时间中"经过的存在者。

所以，时间性本身之特有的内在创造性就这样显示出来了，这种创造性是在这样的意义上，即产品恰恰是一种特有的虚无：世界。康德在其关于先验的生产性想象力的学说中，第一次遭遇了"主体"的这种原始创造性，当然，他没能充分估价这种认识其根本的影响，就此而言，他似乎必须借助新的洞见拆毁自己所建构的大厦，相反，这个重要的直觉归根到底还是消失了。尽管这第一次深入先验想象力，对于他来说其与时间的关系还很模糊，但在哲学的历史上，这是第一次试图将形而上学从逻辑学中解放出来的瞬间，更确切地说，那种逻辑学本身根本或绝没有发现自己的本质，而是停留于表面的、形式化的训练。但这个瞬间消失了。或许哲学史上真正发生的，始终只是那种瞬间的时机化，这种时机化通过抛弃或抛掷而显露，那种瞬间根本不会以其真正之所是而被现实地展开。——主体的这种创造性（先验的意义上理解），和往常一样，如果是某种哲学之核心的话，向来就已经在一切真正的哲学中出现了。作为例子我列举赫拉克利特（残篇115）：*ψυχῆς ἐστι λόγος ἑαυτὸν αὔξων*：此在是那自己从自身出发，以领会的方式充实自己的存在者。此在本身中本质性地蕴含着原始的、内在的充实之可能性；它总是具有比……更加丰富（Reicher-seins-als）或越－出之特性。

第13节 在时间性中形成着的超越和根据的本质

时间性首先通过将来时机化，这就是说：时间性之出位的整体以及由此视域之统一，首先通过将来得到规定。这是在形而上学层面上表达出，世界，无非就是根植于出位的时间视域之整体中的世界，首先通过**为之故**而导致。这种为之故向来的意愿或自由的为之故，也就是说，超越着的达到－自己－本身的－存在的为之故，而后者通过与原始的期待，即将来的出位的时机化相结合的方式，具有那样一种走向－自己－本身的内在可能性，在将来中，更准确地说：作为将来而组建此在的回返。但将来依其本性并不是被孤立了的或孤立着的出位；毋宁说，恰恰越是原始地将来，时间性就越是回返，整体的时间性的建构，以及其出位性视域之时机化，就是以这种形式发生的。

向世界的超越，在－世界－之中－存在作为时间性而导致，并且只有这样才是可能的，这就蕴含着：进入世界只有当时间性时机化时才发生。只有当这种事情发生了，存在者才可能作为存在者而公开，而就这些存在者只有基于存在之领会才是可能的而言，存在之领会的可能性必然包含在时间性之时机化中。通过或随着时间性之时机化和存在者进入世界，这些存在者进入到"时间中"：被把握或规定为内在于时间的东西。由于存在者进入世界的事件是原初事件或依其本性就是时机化，可想而知，这个事件也就要顾及到时间，在前哲学地对待存在者的活动中，在前存在论流俗地规定存在的活动中发生。在本身完全难以捉摸且根本或完全不是偶然的趋向中，存在者被理解为内在于、外在于或超时间的东西，此在之形而上学的原初历史表明为时间性。此在作为时间性，由此给自己提出了任务，通过其时机化去领会自身。

换句话说：形而上学属于人之本性，所以，人之此在依其本性而就对形而上学具有先行的－爱好（Vor-liebe）。我们同样可以说：一切生存活动就已经是哲学活动，哲学，始终已经被看到的东西，不是从随便什么地方派生出来的，而是以自己本身为根据，这种自己－本身来自于哲学本质上属于此在之本己－性（Selbst-heit）。由此并不是说，哲学的实际形成是完全必然的，恰恰相反，哲学－博学的运作或自称为哲学的文学之登场，不同于哲学活动，还担保不了哲学的实存。但一切真实的东西为了生存都需要假象，既没有哲学的纯粹性本身，也没有独断的诡辩术，两者都共同归属于某种向来确定的，或具有多种可能的历史性的"文教"。

上述哲学之自我奠基的方式在这里不再继续探讨，我们的意图在于其他事情，虽然不缺乏本质性。我们最终阐明了超越和时间性之间的本质关系，仅就主要特点而言。沿着所有维度在超越中发生着的对存在者的逾越，根植于时间性之出位状况。越向世界所指的无非就是：时间性的出位的统一作为出离的统一具有一个，更确切地说，首先出自将来、出自为之故的、被时机化了的视域：世界。超越就是在－世界－之中－存在。为了形而上学地阐明超越，我们的努力旨在揭示**根据**的本质，根据的本质对我们成了问题，因为奠基或可奠基性属于**真理**，而真理，正确地领会或普遍地理解，是**逻辑学**的主题。澄清根据的本质，或者说，达到此目的道路，不仅要谋求洞见这种本质，而且同时也要由此看到，逻辑学无非就是真理的形而上学。

根据的本质是什么？同样重要的，甚至比这个问题直截了当的、表面上平静的或仅仅是可知的答案更重要的，是对其劳作之道路的熟悉，更确切地说，之所以如此，是因为答案只能通过走上追问的道路并不断重复而被给出。尽管如此，我们现在应该尝试着回答根据之本质的问题，然而现在还是应该相当有保留地尝试对有关根据之本质的问题做出某种回答，这个问题似乎已经包含了这样一种回答——作为定义与孤立命题。

如果我们追问根据之本质，那么就不是在寻求某种东西的确定的根据，而是试图洞见到一般根据所表达的是什么，一般根据如何内在地是可能的，而这总是意味着：如何形而上学地是必然的。根据之本质的问题也可以另外一种形式表达，问题也可以表达为：我们，作为此在，为什么绝不只是实际地，而且是依本性,要追问**为什么**？为什么会有诸如"为什么"或"为此"这类的东西？因为此在生存着，也就是说，因为超越自身时机化！而超越活动就是通过为他－之故的方式，出位地达于自身。**为之故**，作为世界，即超越之首要特性，是**一般根据之原初现象**。由于我们以超越着的生存的方式，以在－世界－之中－存在的方式存在着，而这就是时机化，所以我们追问"为什么"。

但这句话还是容易误解，它不是说：由于我们实际现实地存在着，同样还对我们从何而来、向何处去感兴趣。毋宁说问题是，这种向来与一切存在者，而不仅是与我们自己相关的兴趣，究竟形而上学地发源于何处。在生存之先验规定了的本质中，也就是说，在此在以他自己的为之故而出离中，蕴含着某种像根据这样的东西之本源。如果为之故本身是根据的原初现象，那么它就按照其所有不同的 modi essentiae und existentiae（本质和存在的模态），超越一切存在者。

为之故不是漂浮不定的东西，而是在**自由**中导致的。作为向自己的能在之出位的自身筹划，自由通过这种能在领会自身，并同时把后者放到自己面前作为约束。所以，自由是**某种像根据这样的东西之本源**。我们可以非常简练地说：超越着、生存着的此在之形而上学的本质就是自由，而自由是先验的**成为根据的自由**。自由存在就是在自己的能在中领会自身；而"自身"或"自己的"不要做个体的或唯我的理解，而是要形而上学地理解，所以要通过超越着的此在之基本可能性，通过能与他人的共在，通过能在现存事物之近旁，通过向来实际生存性地达到自己本身的能在来理解。

从为之故出发领会自身，就意味着从根据出发领会自身，这种领会自身必然根据我提到的此在之内在延展（第 10 节），在其本身的基本可能性中已经将自己多样化了。根据的本质之所以区分为各种不同形式的"根据"（比如，四因），不是因为有各种不同的存在者，而是因为超越着的此在之形而上学的本质，具有恰恰才谋求使各种存在者进入世界的可能性。由于此在本身超越着自己，为了沿着各种不同可能的方向把握自身，它本身就是可奠基的，而且是以各种不同的，而绝不仅仅一种方式。实际的此在作为存在者，具有存在性层面领会或认识（历史的、生物学的、心理学的、宇宙学的）的各种不同的可能性。但或许，此在之可能的奠基之多样性，或者说，此在领会自身之可能的多种不同形式，本身还可以被解释为那种多样性，更确切地说，解释为共同归属的多样性。必须指出，作为实际的此在之本质，如何不仅关系到它自己，而且还非常广泛地要求其可能的超越之各种不同形式，如质问、认识、论证或证明等。

这个问题通常只有一条引线，如果我们弄清楚，根据之本质究竟根植于何处，也就是说，根植于此在之自由，即成为根据的自由中。只有这种自由"存在着"并将自身领会为约束之本源。由于为之故是返回到它自己的为之故，成为根据的自由就本质必然地是**根据的根据**。

所以，我们恰恰就是以这样的形式来追问"为什么"的：那个"为什么"为什么？于是，似乎人们可以继续追问那个"为什么"的"为什么"又是为什么等等，那样的继续追问具有追根问底的假象，自身永不停息；但这只是假象，其实未经深思。因为在为什么之为什么的问题中，两个"为什么"并不是简单地形式上连结在一起，这种连结可以相应的形式重复进行，而是说，追问"为什么"，也就是说，追问第二个"为什么"的第一个"为什么"，本身根植于被质问的，即，被当作问题的"为什么"。所以，追问为什么的终点是有待规定的东西，其规定无非就是被追问的"为什么"之本质。

于是，我们通过对一般根据之一般性的本质说明，已经突显出了两个问题领域：1.澄清了根据之多样性、根据之形式，或者说，根据之扩散的本源；2.对根据本质性地回返到某个根据中的解释（被抛到自身中）。这种根据之回返，也就是说，这种此在之回转是一个问题，与第一个问题最密切地相关，就像在领会活动的"循环"上表现的那样（参见，《存在与时间》）。

这里不再继续深入讨论两组问题，我们不如尝试进一步去澄清根据之本质，以便由此出发达到讲座的最终目的：理智地使逻辑学成为真理的形而上学。

根据的原初现象是属于超越的为之故。自身维持着的为之故，先行给予或将为之故约束在其自身中的自由，是成为根据的自由，自由存在就是从可能性出发领会自身。我们在分析世界概念时就已经说过，在世界现象中包含着我们称之为越出的活动，据此，自由作为出位地朝向可能事物的存在，本身就是越向诸多可能性之中。就自由（先验地理解）构成此在之本质而言，这种作为生存着的此在，就本质必然地总是比任何实际的存在者"更广阔"。基于这种越出，正如我们所言，此在总是超出存在者之上，可是恰恰以这样的方式，即，它首先经验到存在者之阻抗，与之相比，超越的此在是无力的。无力要形而上学地，即本质性地去理解：不能通过指出对自然的统治，指出如今像一头被激怒的野兽一样，在"世界"中肆意猖獗的技术而被驳倒；因为这种统治是此在之形而上学无力的真正的证明，此在只有在其历史中才能赢获自由。

请注意，自然科学和精神科学当然不是两个不同的科学群类，其概念形成的证明方式都有差别，或者说，差别在于一个致力于硫化氢，而另一个忙于诗歌，毋宁说，作为自由地阐明此在随同其世界的形而上学本质的基本可能性，它们本身是统一的或同一回事。

只是因为在实际意向性地对待所有种类的存在者的行为中，我们事先从可能性出发，以逾越着的方式返回或来到存在者，所以我们才可能让存在者本身成为其所是和如何是的东西。反过来：

由于超越着的此在作为实际生存着的此在，向来就与存在者争辩，而因此，形而上学地理解，面对存在者之无力，通过超越和进入世界变得显而易见，所以，此在——它只有（形而上学地）作为自由的此在才可能是无力的，必须受制于其无力之可能性条件：受制于成为根据的自由。所以，我们本质上把每一个作为存在者的存在者，都置于其根据问题之中。

我们追问以所有方式对待存在者的行为中的"为什么"，因为在我们自己心中，可能性高于现实性，因为通过此在本身，这种较高存在变成了实存的。这种可能性相比于现实性的较高存在，只有当时间性自身时机化时才会实存。如果人们通过时间性之时机化，看到了比其他存在者更具存在性的存在者之存在的话，那么情况就应该是：πρότερον ἐνέργεια δυνάμεώς ἐστιν（亚里士多德，形而上学 Θ 8，1049b 5）："早于可能性的是现实性"——之所以如此，恰恰是因为可能性高于现实性。

此在依其形而上学之本性，就是追问着"为什么"的存在者。人首先不是说－不者（正如舍勒在其最后一本论著中所言），但同样也不是说－是者，而是问－为什么者。只因它是问为什么者，它才可能或必然每次都不仅说"是"或"不"，而且本质上说"是"和"不"。在肯定或否定判断的名下，传统逻辑学表面上的无害性，其实就活动在这个维度上。

第 14 节　根据的本质和逻辑学的观念

逻辑学，这个讲座一开始这样称呼的学科，是 λόγος（逻各斯）、陈述的知识，其基本特性是真理，进一步的结论是：

陈述真理首先以不具有陈述特性的活动为基础，如直观等诸如此类的活动。这些行为具有揭示的特性，作为关于存在者之存在性的真理，根植于存在之领会中，也就是说，根植于可以造成存在者的可揭示性的东西中。而这就是进入世界，也就是说，在－世界－之中－存在事件的发生。存在之领会是超越；一切关于存在之领会，不管是非主题化、前存在论的，还是主题化、概念的存在论的，都是先验的。这种关于存在之领会及其本质性的基本方式，就是那种揭示活动，存在于时间性之出位的统一，视域之时机化的绽露之中。这种揭示活动是形而上学的原始的真实存在，超越本身之所是的真理：veritas transcendentalis（先验的真理），这是任何存在性－意向性的真理之可能性的条件。

随着超越和先验的真理之发生，存在者同样就已经被揭蔽，尽管恰恰是从一般真理之本质和超越事件之发生的形而上学开端显示出来，所以，存在者首先或久已被遮蔽，与这种首要的遮蔽性相关,真理必然被称为不－遮蔽。只要进入世界不发生，存在者通常就全然被遮蔽，因此，希腊文真理一词：*ἀ-λήθεια*（无蔽）中就蕴藏着真知灼见。存在者首先必须夺走遮蔽状态，遮蔽必须被从存在者那里取走，以这样的方式取走，即通过时机化的时间性给予进入世界之机缘。以特有的方式对希腊真理概念之褫夺性消极特性的这种解释，绝不是词源学的消遣游戏，在前苏格拉底和柏拉图及亚里士多德的著作中随处可见。以赫拉克利特的一句话为证就足够了（残篇，123）：*φύσις κρύπτεσθαι φιλεῖ*——自在存在者及其本质喜欢隐藏自己，停留于遮蔽状态。

存在于超越之本质中的真理，是原始的先验的真理，而如果逻辑学的基本主题是真理的话，那么逻辑学本身就是形而上学，只要超越问题，如我们试图指出的那样，展现了形而上学的基本主题。

传统流传下来且流行至今的观念，把判断的形式强调为逻辑学的核心，这方面仅有一点是正确的，那就是，真理由此走到了中心，而随后就要根本性地去追问真理之本质；就此而言，不应该把形而上学转运到逻辑学中，反过来也不行，所关系到的根本不是学科的划分，毋宁说，学科本身成了问题。

现在我们看到，传统逻辑学是关于陈述、关于思想的科学，更确切地说，主要意图是去规定思想或陈述之规则，这些规则的特点（不管是自然规律，还是一般规则，还是完全不同种类的规则）都还是摇摆不定的。惯常的规则之惯常的顺序是：同一律、矛盾律、根据律。而我们看到：对于莱布尼茨来说，由于他在同一性中看到真理之本质，原始的真理就是 identitas（同一性）A=A。

我们的命题是：逻辑学的第一条定律是根据律。但这个命题不是简单的传统次序之颠倒，毋宁说，是从逻辑学之根本化谈到形而上学。根据律不是陈述的规则或规范，毋宁说，它是作为形而上学的逻辑学的第一原则。现在我们看到：其首要主题是先验的真理，超越。鉴于此，根据律具有什么样的意义呢？与我们称之为根据-律的那样一条"定律"之特性相应的，是怎样的特性呢？

这个问题只有着眼于根据之本质才能做出回答。根据的原始现象是为之故，"根据"之本源存在于成为根据的自由之自由中。而为之故是世界之首要特性，在自由中的世界筹划，无非就是存在之领会的时机化。如果由此说来，作为为之故的根据是原初的世界特性的话，而世界是在存在之领会中被领会的存在，为存在者谋求进入世界的存在，也就是说，使之被领会为存在者，**那么"根据"本质上就属于存在。**由此就得出了根据律之真正的形而上学的意义，就是说：一般根据之基本特性属于一般存在之本质。只有由此出发，才会导致各种级别的规则，关于存在者的陈述，由于恰恰是以揭示着的方式对存在者做陈述，所以就必须为自己奠基。

存在性层面上论辩的证明系列，首先并不形成实证科学的奠基关系，毋宁说，它们在存在论中有其基础，在这一点上，首要的根据，更准确地说：去奠基之倾向，蕴含于存在之领会中。因为科学是存在性层面的（关涉存在者），所以必须奠基。

根据律之形而上学的内容，当人们先验地强调它的时候，往往从归根据律之流俗表达出发，轻率地被解读为：nihil est sine ratione: omne ens habet rationem，任何存在者都有其根据——这就是说：由于根据属于存在者之存在，存在者，就其作为存在者而揭示而言，必须自行奠基。当然，这里的"根据"要理解得比传统 ratio（理智）的概念广泛得多或更为根本。

由此同样可以得出的这条原理的原理特性。它全然是首要的基本-原则（Grund-satz），因为它是关于根据（Grund）的原则（Satz），这是因为：一切基本-原则都根植于根据的原理之中，而之所以有完全不同的形式，不只是因为它们从根据律那里分有了形式的特性，特别是不能以随便某种线性的推论，从根据律出发思考其余的原则（比如就像费希特试图从同一律出发那样）。毋宁说，如果这些原理根植于根据律，这意味着：这些原理同样只有从根据律出发，即从自由出发，而这又意味着：从时间性出发才能得到解释。

而就是在第一次描画莱布尼茨那里根据律的真正意义时，我们就已经试图指出，流俗的表达形式隐瞒了某种本质性的东西：das potius quam（毋宁……而不是），根据律中包含着某种优先特性。而我们从自由，从超越出发，关于根据之本质和本源所可能积极展示的东西，指出了在何种程度上优先性事实上从属于根据之本质。因为这个 potius（毋宁）只不过就是世界的超逾或自由的越出之可能性的表达，如何具体地看到根据之毋宁-特性，而恰恰与之相应的根据之诸多形式、各种奠基或论证如何多样化，这些都要求做艰难的思考。

根据本质上属于存在之本质。随着具体地洞见这种形而上学的关联，我只不过将您引回到柏拉图的立场上，他在《国家篇》中所写的话（《国家篇》VI，509b 6-10），我以之结束讲座：*Καὶ τοῖς γιγνωσκομένοις τοίνυν μὴ μόνον τὸ γιγνώσκεσθαι φάναι ὑπὸ τοῦ ἀγαθοῦ παρεῖναι, ἀλλὰ καὶ τὸ εἶναί τε καὶ τὴν οὐσίαν ὑπ' ἐκείνου αὐτοῖς προσεῖναι, οὐκ οὐσίας ὄντος τοῦ ἀγαθοῦ, ἀλλ' ἔτι ἐπέκεινα τῆς οὐσίας πρεσβείᾳ καὶ δυνάμει ὑπερέχοντος.* 于是你一定会说：对于所认识的存在者或与之一道，不仅认识活动同时在场，基于善而在场（善不仅为存在者谋得可认识性，并因此进入世界），而且也通过那东西（即善）给存在者派以存在和所是。为之故（超越）不是存在本身，而是逾越它的东西，更确切地说，通过超出存在者的地位和力量而为之。

附件　远和近

哲学活动意味着出自根据的生存活动。

哲学既不是众科学的其中之一，也不是世界观的制造；它比任何一门科学都更原始，同样也比任何一种世界观都更原始。要做的只是，我们以正确的方式满足它，也就是说，哲学活动中的一切或任何事物，始终都已经在我们之中或对于我们本身而改变。只要我们肤浅地在理论性的原理和实践性的准则之双重性中摇来摆去，我们就还没有处于哲学之中。逻辑学和形而上学根植于由存在论差异所规定的存在之领会，而这似乎对于我们显得抽象、单调而空洞，然而我们必须追问：存在之领会是什么？

成为根据的自由就是通过越出，通过使我们出离并给予我们"远"而跃动。

人是一种"远"的存在物，只有通过真正的、原始的、通过其朝向一切存在者的超越所形成的"远"，与诸物之真实的"近"才会通过他而得以提升。只有远听的能力，才会激起那些本与之近的人的回应。

编者后记

这里出版的讲座,马丁·海德格尔冠以《逻辑学》,做于1928年夏季他在马堡/拉尔大学的最后一个学期。海德格尔每周讲四个小时,周一、周二、周四和周五,第一讲做于5月1日,最后一讲两个小时,做于7月28日,一个星期六。马克斯·舍勒的悼词(第62页及以下)——他5月19日逝世,是海德格尔在1928年5月21日,星期天发布的。"总结性回顾"(第70页及以下)做于圣灵降临节休假之后。附件"近和远"(285)是一个没有讲的用以结束讲座的文本。

对于出版来说,可供使用的有海德格尔的讲座手稿及他当时的学生赫尔曼·莫什和海伦妮·维斯的手抄笔记。原手稿有73页,呈横写对开本形式,左半页有约四分之三语句表达连贯的文本,还有大量部分相互重叠、表达不总是很清楚的插入页,右半页上主要是大量提示语性质的边注,还有一系列对此注释和补充的附件。首个文体上已做过修订的副本是由黑尔德哈特·菲克完成的,她的文本——应该提出特别感谢——首先对于克服当时因辨别海德格尔字迹异常微小的手稿所带来的困难帮助巨大。赫尔曼·莫什的手稿是一个全部讲座的提纲式的随堂笔记,海伦妮·维斯的文本在临近第9节末尾,讲解莱布尼茨部分之后才开始;除了最初的几页,体现出她对提纲式随堂笔记的加工。

两个笔记——与海德格尔未加改动的手稿 - 各段落相比照可以显示出这一点——都非常可靠地反映了讲座的进程和抽象性,尽管它们——作为非 - 速记式的随堂笔记——只是概括性地重新呈现了思想的进程。它们因此不可避免地会缺乏手稿的厚重,同样,思想活动的张力也大大地丧失了,在原初文本高潮的地方,海德格尔借助这种张力直接争得决定性的思想。此外,讲座的复杂性往往不及被记录下来的内容之复杂性,因此,大量的辛劳被用在确保手稿之完整性方面;出自原稿的每一句提示语和每一处思想之暗示,不止是简单的重复,都要予以考虑。考虑到文本情况,同样不允许用出自笔记中的各个部分代替原始文本,或者以这些插进来的段落作为文本形式的基础。从笔记中可以利用的是:所有在讲座时与手稿相比扩展了的或附加发挥了的思想,总结性的回顾,只要它们包含有新的概念或思想的转折,所有在手稿中仅仅以提示方式记下来的补充或边注的详尽阐述,以及在表达形式方面的特意做的变化。总之就是要使讲座中有待考虑的东西,符合更为严格的书面表达形式。

最终的文本按照海德格尔本人的指导思想进行拼合,这就意味着,插件、边注和出自手稿的附录摘记,对笔记的采纳,以及来自附件或笔记中的讲座 - 扼要重述中的表达形式的变化,在周全考虑海德格尔当年的风格的情况下,都被加入到了连贯的文本中,以便尽可能地再现出思想发展的统一性。

着眼于思想的可读性和可理解性,我们把海德格尔亲手出版的讲座作为模本,在风格方面避免过多地去润色手稿文本,这对于读物之流畅或避免误解来说似乎是必不可少的。"那么""也""而"等语助词，此外，某些海德格尔特有的修辞性习惯用语或尖刻必须大部分予以保留，其独特的讲座风格在书写本中同样应该明显地保持。

段落划分是海德格尔本人完成的，导论的分节和第 5、9 和 11 节的次级分节是我做的，第 10 节标题的表达形式符合实际的阐述内容。在这里，海德格尔的手稿中仅限于将文本划分为大多很长的段落，个别句子中句法的停顿转折，大多只是通过破折号来标记，同样，文本段落的划分和标点工作很多也留给了编者。

纯粹起证据作用的外文引文，在海德格尔手稿中没有被翻译。对于思想进程显得特别重要的引文原文，海德格尔至少——大多是评注性的——进行了一些翻译，此外常常也带上外语原文。这里的这些规范，以手稿和笔记为样板均被采纳。

方括号里的内容在正文中是海德格尔对引文和翻译的补充，在脚注中则是编者对文献的说明。

正文中用"请注意"引起的段落是边注，海德格尔本人在手稿中就是这样标记的。

讲座绝不是要展示传统的或现代的逻辑学，而是在追问存在之光中探究"逻辑学的形而上学始基"；这就是海德格尔本人为讲座的主要部分选择的标题，这个表达因此同样被选作全集这一卷的标题。为了揭示那样的始基，海德格尔在讲座的前半部分，着眼于其对莱布尼茨本人的和一般的传统逻辑学之基本功能，对大量分散于个别文稿或言论中的莱布尼茨形而上学进行了解释。

海德格尔对莱布尼茨首先进行的这个长篇解释，对于他解释近代主体形而上学来说特别富有启发。把实体规定为力而这种力规定为（两方面的）表象，这似乎对海德格尔非常重要，以至于他多次——康德也同样——解释莱布尼茨：在这个讲座中，在《尼采－书》第2卷的一篇论文中以及在《根据律》讲座中。海德格尔这里解释莱布尼茨的部分内容，已经在纪念鲁道夫·鲍尔特曼80岁生日的文章中发表了（《时间和历史》，E. Dinkler，Tübingen 1964，491–507），当时印刷的文本包含由海德格尔从黑尔德加特·菲克的复本中挑选出来的若干部分，略微做了校对并带有一个简短的导言。对于当下的编辑工作来说，这个文本使得我们又要重新考虑手稿。就此而言，对所有在菲克的复本中没有顾及到的仍被保留着的插页、边注和注解的附加辨认，此外，还没有被用于手稿中及菲克女士的复本中的莫什笔记，都可以被用来帮助补足原文，校正不同版本的个别词句，整理句子的总量和段落的顺序，以符合海德格尔原初预定的思想导向。人们可以说，海德格尔第一次解释莱布尼茨的核心文本现在才真实完备地呈现出来。

在P. Good出版的纪念册《当代哲学事件中的马克斯·舍勒》（Bern und München 1975，S. 9）中，由海德格尔简化了的纪念马克斯·舍勒的印刷本，同样也依照了菲克的复本。这个文本现在同样也完备地被呈现出来。

对于海德格尔的思想道路来说——全集本应能使人们理解——意义重大的，除了讲座第二部分对莱布尼茨的解释之外，首先是对超越和意向性的探讨，此外还有与马克斯·舍勒的争辩，理解《存在与时间》的指导原则，导入时间问题，对基础存在论转入一种"单子论"的预示，以及在与根据问题之关联中对世界概念特别详尽的探讨，从这些探讨中形成了《论根据的本质》。

眼下的这一卷如果没有海因里希·胡尼博士先生的合作将无法完成，我和他一道核对文本，他以无比的细致周全和巨大的献身精神，完成了所有之前和之后必不可少的准备工作。凭借着他对海德格尔思想和话语的熟悉，在常常是十分艰难地组建最终的文本形式时，他对于我来说是不可或缺的，我衷心地感谢他。我同样要对马格达林娜·布劳斯女士的抄写工作表示感谢。

马丁·海德格尔逝世一周年纪念日 于乌珀塔尔

克劳斯·黑尔德

译后记

海德格尔《全集》中有三分之一左右是解读哲学史的著作，与他的那些无论在思想内容、还是在行文用词方面都有意远离或颠覆传统形而上学的论著相比，这些作品显得相对"规范"，至少沿用着传统哲学的术语，引证着所阐释思想家的论断。正因为如此，这些著作有助于我们一方面看到其批判和解构传统哲学的切入点和思路，另一方面看到海德格尔思想的根基或渊源。这些著作大多以讲课稿形式出现，与正式出版著作的反复斟酌修正相比，更能体现思想的原发性，看到这位最初以讲课闻名的思想家授课的运思和风格。

《从莱布尼茨出发的逻辑学的形而上学始基》是海德格尔1928年夏季学期在马堡大学的一个讲稿。讲稿从逻辑学这种学理性极强的角度切入，追问其形而上学的始基，引入时间问题，最终与此在之生存与超越联系在一起，为莱布尼茨这位哲学史教科书上的"近代""唯理论"者，赋予十足的"现代""生存论"意味，令我们不得不佩服海德格尔这种大手笔解读和解构的能力和魅力。

本人在翻译海德格尔解读哲学史的著作时，力求文风平实，尽量沿用学界传统翻译术语，突显海德格尔这部分著作的"学理化"及其与传统思想的牵连。译文中的错误和值得商榷之处，敬请学界同仁通过各种途径批评指正，以期不断完善。

本文的翻译过程中遇到大量的拉丁文和一些费解的德文段落词句，特别感谢庄振华和李华博士在这方面提供的指点和帮助。感谢陈越老师为丛书出版付出的辛劳，以及西北大学出版社相关人员的大力支持。

赵卫国
2014 年 9 月 29 日

著作权合同登记号：陕版出图字25-2012-014

图书在版编目（CIP）数据

从莱布尼茨出发的逻辑学的形而上学始基/（德）海德格尔著；赵卫国译．—西安：西北大学出版社，2015.1

（精神译丛/徐晔，陈越主编）

ISBN 978-7-5604-3565-7

Ⅰ．①从… Ⅱ．①海… ②赵… Ⅲ．①莱布尼茨，G.W.（1664~1716）—形而上学—研究 Ⅳ．① B516.22 ② B081.1

中国版本图书馆CIP数据核字（2015）第013003号

从莱布尼茨出发的逻辑学的形而上学始基

[德] 马丁·海德格尔 著
赵卫国 译

出版发行	西北大学出版社
地　　址	西安市太白北路229号
邮　　编	710069
电　　话	029-88305287
经　　销	全国新华书店
印　　装	陕西博文印务有限责任公司
开　　本	889毫米×1194毫米 1/32
印　　张	10.25
字　　数	210千
版　　次	2015年1月第1版 2023年5月第3次印刷
书　　号	ISBN 978-7-5604-3565-7
定　　价	55.00元

METAPHYSISCHE ANFANGSGRÜNDE DER LOGIK
IM AUSGANG VON LEIBNIZ
By Martin Heidegger
Copyright © Vittorio Klostermann,
Frankfurt am Main 1978. 3rd, revised edition 2007.
Chinese simplified translation copyright © 2015
by Northwest University Press Co., Ltd.
ALL RIGHTS RESERVED

Re 精神译丛

第一辑

*从莱布尼茨出发的逻辑学的形而上学始基	海德格尔
*德国观念论与当前哲学的困境	海德格尔
*正常与病态	康吉莱姆
孟德斯鸠：政治与历史	阿尔都塞
论再生产	阿尔都塞
*斯宾诺莎与政治	巴利巴尔
*词语的肉身：书写的政治	朗西埃
*歧义：政治与哲学	朗西埃
*例外状态	阿甘本
来临中的共同体	阿甘本

第二辑

*海德格尔——贫困时代的思想家	洛维特
政治与历史：从马基雅维利到马克思	阿尔都塞
论哲学	阿尔都塞
赠予死亡	德里达
恶的透明性：关于诸多极端现象的随笔	鲍德里亚
*权利的时代	博比奥
民主的未来	博比奥
帝国与民族：1985—2005年重要作品	查特吉
*政治社会的世系：后殖民民主研究	查特吉
*民族与美学	柄谷行人

Re 精神译丛

第三辑

哲学史：从托马斯·阿奎那到康德	海德格尔
试论布莱希特	本雅明
否的哲学	巴什拉
论拉辛	巴尔特
马基雅维利的孤独	阿尔都塞
写给非哲学家的哲学入门	阿尔都塞
康德的批判哲学	德勒兹
无知的教师	朗西埃
野蛮的异端：斯宾诺莎形而上学和政治学中的力量	奈格里
狄俄尼索斯的劳动：对国家形式的批判	哈特 奈格里

（加*者为已出品种）